AF521724

A mis padres, quienes me mostraron otras maneras de ver el mundo y me enseñaron a valorar el poder de las ideas.
To my parents, who showed me other ways of seeing the world and taught me to value the power of ideas.

A Emanuel, gracias siempre por recorrer juntos este camino.
To Emanuel, thank you always for walking this path together.

A Lisa, por imaginar juntas.
To Lisa, for imagining together.

A mis maestros, colegas, amigos y colaboradores por el diálogo y discusiones fundamentales en el proceso.
To my teachers, colleagues, friends, and collaborators, for the dialogue and discussions fundamental to this process.

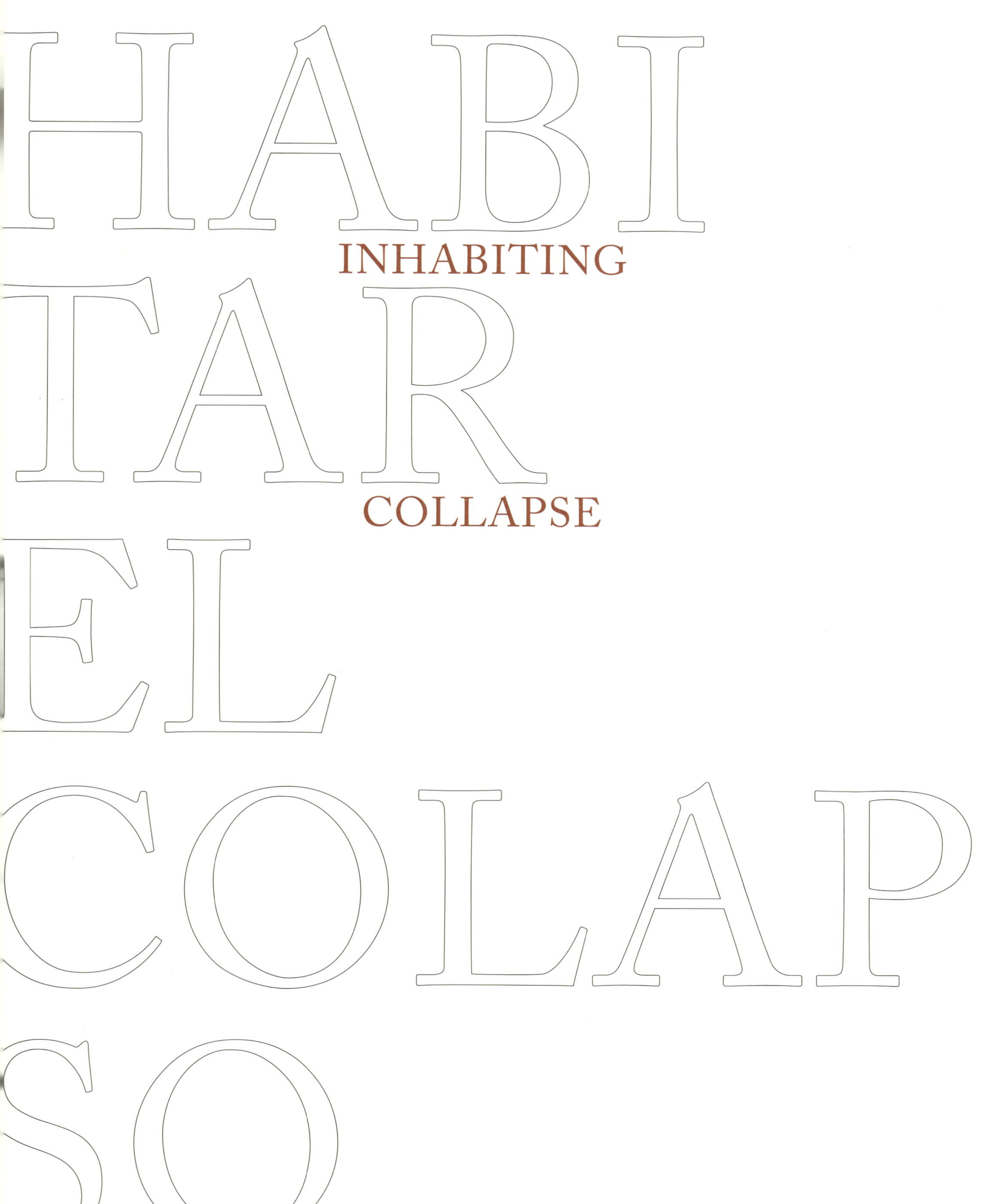

CYNTHIA GUTIÉRREZ

CONTENIDOS
CONTENTS

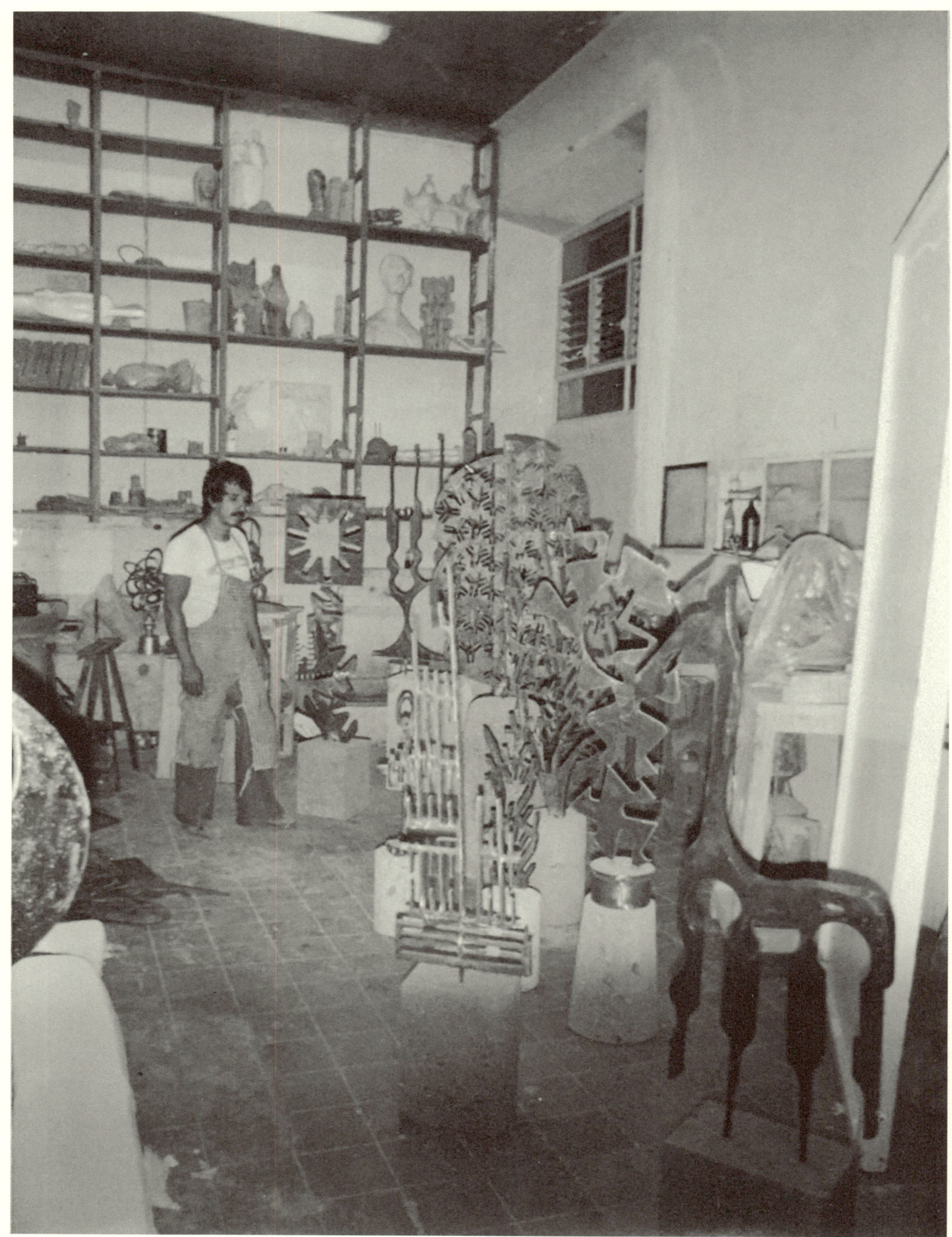

Juan Gutiérrez en el taller de escultura de la at the sculpture workshop of the Escuela de Artes Plásticas de la of the Universidad de Guadalajara, ca. 1976

LA CAÍDA PERMANENTE: Contradicciones y huellas en la obra de Cynthia Gutiérrez

Lorena Peña Brito

En los años setenta, el escultor Juan Gutiérrez aún estudiaba en el Claustro de Santa María de Gracia, sede de la Escuela de Artes Plásticas de la Universidad de Guadalajara. En una ocasión surgió en uno de los pasillos un gran revuelo. Jugando, Juan lanzaba algo a las personas para que lo cacharan: un pequeño disco que aventaba de un lado a otro, pero las personas reaccionaban perturbadas entre risas y asco. Juan, sonriente, divertidísimo, provocaba con el juego a sus compañeros y colegas; aquello que hacía volar sobre el pasillo, en un ir y venir como si fuera una bola de papel con un secreto adolescente, era una oreja humana. Afuera de la escuela ocurrió un accidente automovilístico que involucraba un camión de refrescos. Juan Gutiérrez acudió buscando productos desbalagados. Alguien había perdido una oreja y el escultor la había tomado como se toman las oportunidades —así, a quemarropa— para abrir un paréntesis en la vida. Esta historia sobre su padre me la contó Cynthia Gutiérrez, cuando aún éramos muy jóvenes, mientras volvíamos a Zapopan, a la colonia en la que vivimos con nuestras familias, en su Peugeot azul. Me lo contó riendo, por lo inaudito del caso, y con una suerte de empatía, inquietud y sorpresa simultáneas.

Aquella es la primera imagen que relaciono con Cynthia y que tiene que ver, por un lado, con un sentido del humor oscuro y profundo y, por el otro, con el desmembramiento. Sus años formativos contienen los hilos que marcan la trama sobre la que más adelante va a entretejerse su investigación, su poética y las formas filosóficas que dan cuerpo a su trabajo.

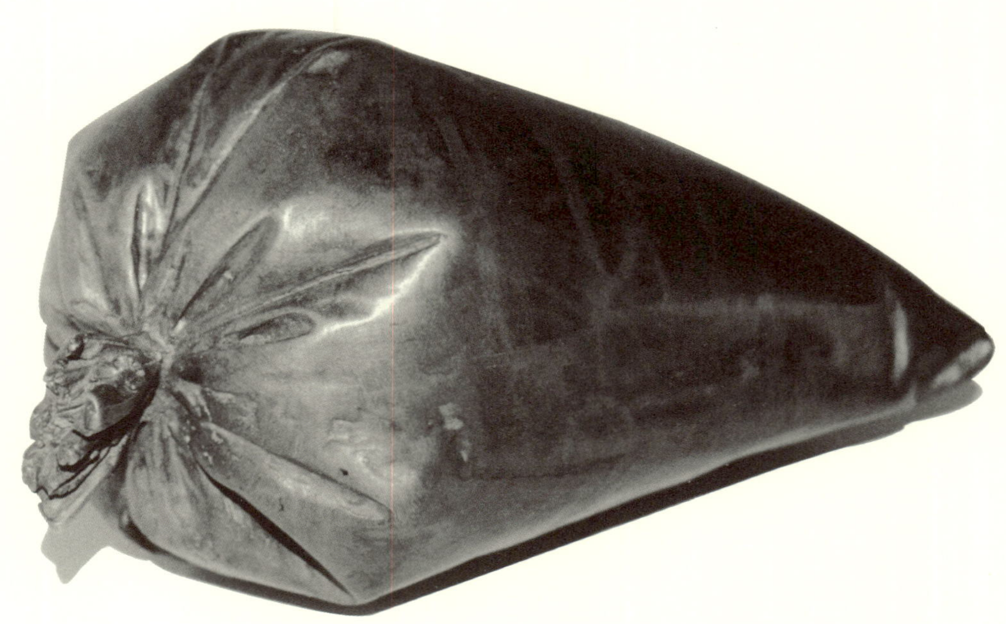

MANTENER EL CONTENIDO
[MAINTAINING THE CONTENT],
2002
Bronce **Bronze**
20 x 17 x 11 cm
La Colección Jumex

UNA ESCULTURA DE BRONCE PRESERVA LA FORMA QUE TOMA EL AIRE CONTENIDO EN UNA BOLSA DE PLÁSTICO

Hasta hace muy poco la Escuela de Artes Plásticas de la Universidad de Guadalajara fue el espacio de formación artística más tradicional y de mayor resistencia frente a los lenguajes contemporáneos. Al contrario de las escuelas de arquitectura de la Universidad de Guadalajara y del Instituto Tecnológico y de Estudios Superiores de Occidente (ITESO) —que en los años sesenta y noventa del siglo pasado habían intentado respectivamente traer al entorno jalisciense metodologías y teorías más actuales y vanguardistas—,[1] la Escuela de Artes Plásticas mantenía en su programa educativo un importante énfasis en los talleres y el desarrollo de técnicas artísticas que le permitieron preservar la tradición de lo figurativo y el interés en el arte moderno, en el mejor de los casos. La generación del artista Juan Gutiérrez, quien fue estudiante de escultura allí mismo, fue marcada por esta estrategia educativa y la mayor parte de su producción estuvo vinculada a formas más tradicionales. Durante varios años, a Gutiérrez le fue comisionada, por distintas instancias, la producción de figuras de personajes históricos —principalmente relacionados con la política— que han sido parte del espacio público en distintos contextos de la ciudad.

1 Vale la pena revisar el planteamiento de Carlos Ashida en el catálogo de la exposición *Asimétrica. Afinidades y discrepancias. Acciones artísticas colectivas / Guadalajara 1949-2006* (Guadalajara: Instituto Cultural Cabañas, 2006), en el que se abordan las tensiones entre las escuelas de Arquitectura y de Artes Plásticas de la Universidad de Guadalajara, y sus detonaciones junto a las de las carreras de Arquitectura y Comunicación del ITESO, de algunas agrupaciones de artistas jóvenes al inicio de la década de los años dos mil en Guadalajara.

Bustos y rostros en proceso, cabezas de gran formato suspendidas en los muros del estudio de su padre en Santa María Tequepexpan formaron parte del entorno de Cynthia Gutiérrez. La cercanía a las distintas herramientas que circulaban en ese contexto fue el marco de algunas líneas de investigación que hoy prevalecen en su trabajo: en su obra, la contraposición de fuerzas y conceptos está estrechamente vinculada y pone en tensión la noción misma de "herramienta". Aunque durante

muchos años despotricamos sobre lo rancio que resultaba el programa educativo de la Escuela de Artes Plásticas, Cynthia reconoce hoy ciertas habilidades adquiridas ahí mismo y una perspectiva que destella en su obra como parte de una reflexión crítica y abierta, no sólo sobre sus principales vetas de pensamiento, sino sobre la práctica artística y escultórica en sí. Para ella, el entendimiento del arte como un espacio de resistencia surgió en la Escuela de Artes Plásticas a partir de una generación motivada por un impulso constante de cuestionarlo todo, de explorar otras formas de acción, más allá de lo dado por sentado. De alguna manera, la herencia que abrigaba Artes Plásticas de la energía revolucionaria sesentera y su desenvolvimiento en el trabajo técnico fue transformada por Cynthia para mantener la suspicacia frente a la inercia y la inmediatez del presente.

> Fui hace unos meses a su estudio, un sábado por la mañana. Me sorprendió ver el busto de plastilina verde que claramente estaba siendo recientemente trabajado. Me dijo que se trataba del encargo de un vecino que conoce a su padre de toda la vida. En una ocasión que visitó su taller, el vecino le pidió realizar el retrato de su abuelo para regalárselo a su abuela. Accedió para tener la oportunidad de realizar una tarea manual. "Es relajante", dijo, "poner las manos sobre el material".

La formación artística tradicional de Cynthia Gutiérrez contrastaba con la energía vibrante e inusual de una escena del arte contemporáneo en Guadalajara, incipiente durante los años dos mil, que venía de experimentar la Feria Expo Arte en los años noventa. Una escena enmarcada en la acción de dos curadores sobresalientes a nivel nacional, Carlos Ashida y Patrick Charpenel —y los proyectos que echaron a volar en la ciudad junto con sus entramados profesionales y afectivos—, y por una joven generación de artistas proactivos que reconocían en la autogestión una posibilidad para ampliar el panorama de las manifestaciones artísticas actuales.[2]

Durante los primeros años del siglo XXI, Guadalajara se perfilaba como una ciudad en edificación constante de proyectos de arte contemporáneo a nivel internacional. Arena México, Cu.Mu.Lo y el Taller Mexicano de Gobelinos (TMG), liderados por la familia Ashida; Cerámica Suro,[3] la Oficina para Proyectos de Arte (OPA):[4] la oficina de Patrick Charpenel, la colección Alma Colectiva y Central de Arte[5] de la familia López Rocha; eran todos proyectos que se posicionaron en la escena del arte nacional y global. En una época en que los museos aún calendarizaban a artistas modernos, estas iniciativas trajeron a una gran cantidad de artistas contemporáneos extranjeros, permitiendo que las generaciones de artistas, gestores y curadores en formación nos acercáramos a personalidades de otros contextos, prácticas y metodologías diversas. Algunos de nosotros empezamos a colaborar en estas oficinas como asistentes, montajistas, pero también como autores gracias a las enseñanzas y puentes construidos por agentes como Rubén Méndez, Cristián Silva y Mónica Ashida.[6]

2 Como los artistas que integraron los Jalarte A.I., Grupo Incidental, o el taller liderado por Guillermo Santamarina, Corpus Callosum.

3 Tanto el TMG como Cerámica Suro estaban poniendo en el visor global el cruce entre prácticas artesanales y arte contemporáneo que más tarde le darían una fuerte particularidad identitaria a la escena artística de Guadalajara.

4 Conformada por Fernando Palomar, Jose Dávila y Gonzalo Lebrija, dirigida en distintas etapas por gestoras como Mariana Munguía, Adriana Torres y Gabriela Castañeda, por mencionar sólo a algunas.

5 Dirigida entonces por Geovana Ibarra.

6 Los talleres y programas pedagógicos que Rubén Méndez y Cristián Silva llevaron a cabo, junto a las actividades de encuentro con artistas internacionales organizadas por Mónica Ashida en Cu.Mu.Lo, marcaron a nuestra generación.

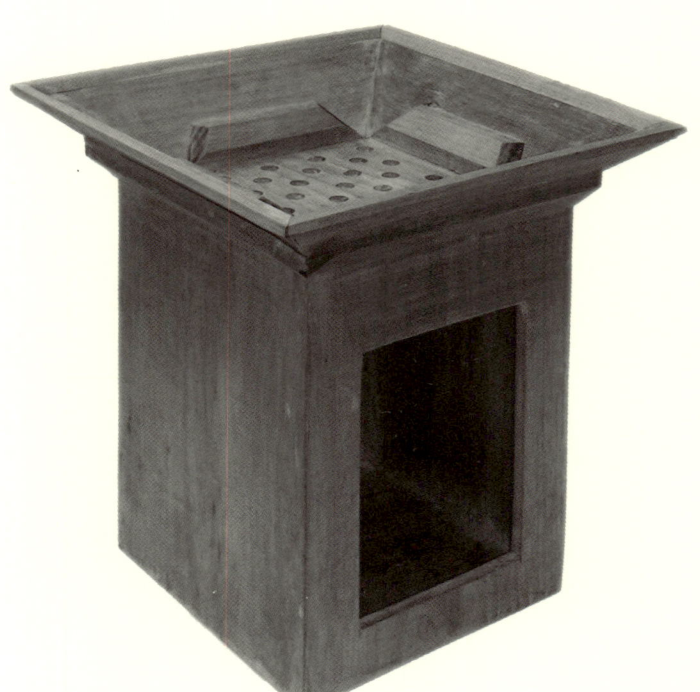

EL FANTASMA DE LA LIBERTAD [THE PHANTOM OF LIBERTY], 2004
Madera Wood
55 x 30 x 30 cm

A inicios de la década de los dos mil, todos estos estímulos contribuyeron a la creación de varios colectivos artísticos: LIPO —del que Cynthia Gutiérrez formó parte—, Tree Amigos, Sector Reforma y Colectivo de Acción y Creación Artística (C.A.C.A.), en el que yo misma participé, entre otros. Más tarde también creamos proyectos y espacios independientes —aún no los llamábamos auto-organizados o autogestivos— que intentaban acercar a distintas generaciones de artistas y a un público aún en formación para iniciativas de arte contemporáneo. Surgieron Clemente Jacqs Laboratorio —en el que coincidimos Cynthia y yo—, LIGA, Abarrotera Mexicana, por mencionar algunos. A pesar de la Guadalajara conservadora y resistente al arte contemporáneo que tocó a nuestra etapa de formación, esta generación —y sobre todo el grupo de colegas al que pertenecimos— tuvo la fortuna de encontrar una energía colectiva que incentivaba la acción crítica y el trabajo constante, aunado a una visión profunda de la práctica artística, que nos motivaba a estar cerca de personas cuya experiencia iluminó los intereses y búsquedas en los que coincidimos.

> Pensé que habíamos sido una generación con una cantidad enorme de carencias y quizá fue así por una parte, pero a la vez ella me hizo ver con mayor claridad que también fuimos una agrupación privilegiada. Creí que no tener acceso a formas teóricas y curatoriales desde las instituciones nos había marcado de alguna manera, pero también es así que accedimos a espacios críticos que abrieron un grupo de personas que sabían la importancia de ello. No noté entonces que hubiera disparidad de género en los agentes moviendo la escena del arte contemporáneo, por ejemplo. Cuando hablé con ella a profundidad, por primera vez después de muchos años, me sorprendió su perspectiva tan afectuosa y nostálgica sobre el pasado.

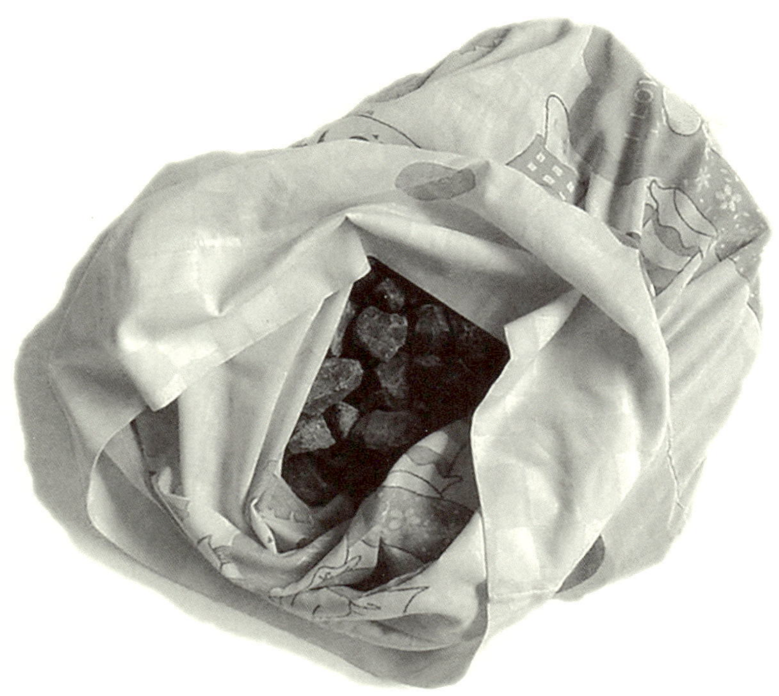

HOME [HOGAR], 2002
Piedras, funda de almohada
Rocks, pillow case
75 x 43 x 33 cm

LA FUNDA DE UNA ALMOHADA CON ESTAMPADO DE RAGGEDY ANN ESTÁ LLENA DE PIEDRAS

Desde un punto temprano, se vislumbra en el trabajo de Cynthia Gutiérrez una serie de impulsos y deseos que evolucionarían a lo largo de su carrera. En primera instancia, un interés por cuestionar los límites de la tradición y la disciplina; después, una necesidad casi imperante por cuestionar a la institución. Aunque ella enuncia su perspectiva crítica en relación con los muchos sistemas que rigen el mundo, una línea es clara: Gutiérrez cuestiona ante todo la institucionalización del relato y el endurecimiento del pensamiento, ya sea a partir de la historia y sus vínculos con la memoria, de los roles e ideologías dominantes, o de las estructuras éticas e identitarias sobre las que ciframos nuestro accionar a nivel social, cultural, político y económico. Para esto, la artista echa mano, en ocasiones de maneras más evidentes que otras, de un sentido del humor constante, refinado, oscurecido y agudo.

Mientras nos servíamos café, me contó algo que me hizo entender mejor la naturaleza de su pensamiento. Narró alegremente los procesos colaborativos que está siguiendo para la producción de piezas recientes, vinculados a metodologías artesanales; habló sobre el gozo y su aproximación a los tiempos del trabajo manual. Me contó sobre la escucha activa que implementa para intentar abrir un espacio de aprendizaje compartido y dijo que detrás de todo esto encontró que algunos relatos surgidos en la conversación con sus colaboradores dan cuenta de ciertas inconsistencias narrativas; vueltas de tuerca que hacemos las personas de manera casi infantil para atender y cumplir distintos objetivos: diplomáticos, turísticos, míticos. Me lo contó riéndose por la manera tan irónica con la que construimos y "parchamos" la memoria.

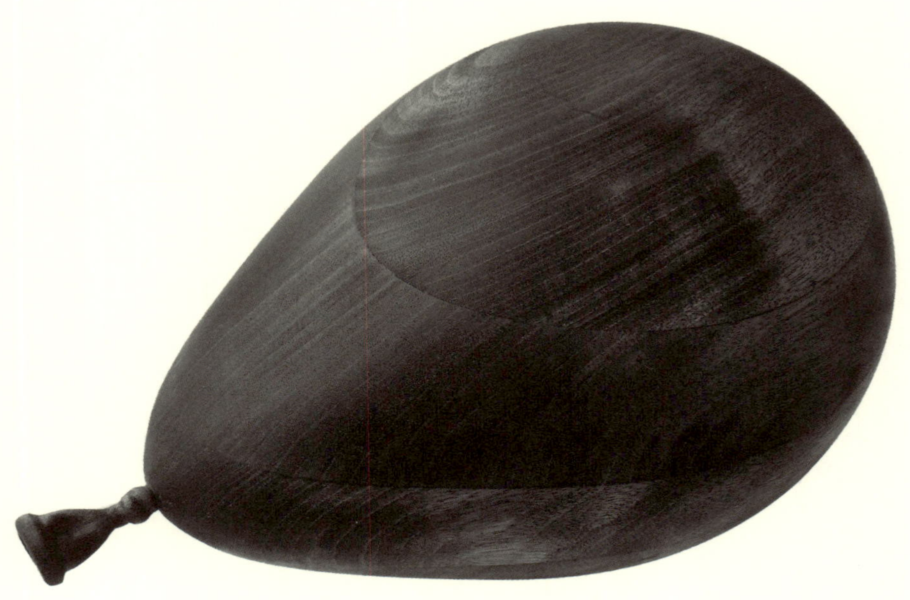

ALIENTO SOSTENIDO
[SUSTAINED BREATH], 2013
Madera Wood
23 x 35.5 x 23 cm

UNA PERSONA CUELGA DE UNA VIGA, BOCA ABAJO, AMARRADA DE UN SOLO PIE. BAJO SU CABEZA, SOBRE EL PISO, DESCANSA UN GLOBO DE MADERA

La obra temprana de Gutiérrez da cuenta de los distintos procedimientos que ha llevado a cabo para tratar de romper con la escultura y sus elementos más arraigados. Obras en las que al contraponer conceptos, se anulan; resultando en un absurdo risible: un anafre de madera que está por siempre condenado a que su vocación sea inmolada. Obras que transitan entre objetos encontrados y formas esculpidas, invadidas por cierta imaginería lúdica, infantil y rebelde: como un plato de cerámica que se ha transformado en un escape para líquidos. Todas, formas que cambian su función predecible para rebelarse contra su condición, contradecir su naturaleza y su destino, ser algo más. El lenguaje visual de Cynthia Gutiérrez se ha formado sobre la indisciplina al implementar estéticas que introducen formas subvaloradas en la llamada alta cultura y la historia del arte occidental: ilustraciones infantiles llevadas al bronce; globos, flores y borlas de peluche al más puro estilo Fantasías Miguel o la primera cabeza griega[7] —la cual aparece en este estadio temprano de la obra de Gutiérrez— que, colocada sobre el piso y acoplada a un conjunto de telas, en la imaginación se convierte en un destripamiento. Los referentes de la infancia se conectan con formas cotidianas de la vida en el hogar y tienden siempre un puente que de forma suspicaz nos conduce a interpelar las narrativas y estéticas hegemónicas en las prácticas artísticas.

Había visto su trabajo un par de meses antes de la pandemia en Estudio Hospital cuando Emanuel Tovar y ella aún tenían allí sus

7 Dos de las primeras cabezas griegas que Cynthia Gutiérrez utiliza son copias de una figura que hizo su padre en la Escuela de Artes Plásticas como parte de una práctica escolar común. Más tarde, ella misma modeló la cabeza de Hera a partir de imágenes de internet. Luego, la replicó en un taller en Tonalá, Jalisco, en donde se repitió hasta su deformación. Las tiendas de artesanías, barro y cerámica populares características de Tlaquepaque y Tonalá incluyen en sus catálogos la producción industrial de esculturas, cabezas y columnas grecorromanas. A lo largo del trabajo de Gutiérrez es notable un interés por la manera en que estos estereotipos de belleza occidental permean las producciones locales y se repiten y replican hasta su distorsión y apropiación. Las columnas que ha utilizado en sus piezas dicen: *Hecho en México*.

talleres. Vi algunas versiones de la serie *Sepulcros modernos* (2019) y de *Así comienza una montaña* (2019). Esa mañana le pregunté sobre la importancia en su trabajo de las formas familiares, hogareñas, cotidianas, a propósito del envolvimiento y la calidez que presenta la serie *Preludio.* Telas, fundas de almohada, platos y coladeras, bordados, estampados e instrumentos de cocina han aparecido intermitentemente en su visualidad. Me explicó que empezó a trabajar con textiles tradicionales mexicanos después de darse cuenta de que habían estado presentes en casa de sus padres toda la vida, apiladas por aquí y por allá, hasta que reparó en ellos.

Me gusta la carta de El colgado en el Tarot. Su interpretación se vincula a lo estático y al sacrificio. Pero El colgado es un personaje que mientras pende de un sólo pie y está maniatado, la expresión de su rostro es relajada y en ocasiones muestra una ligera sonrisa, como si estuviera en esta posición por voluntad propia; una pose incómoda que le permite obtener una perspectiva distinta del mundo y de las cosas, ver otros paisajes. Creo que la mirada de Cynthia Gutiérrez tiene que ver un poco con ello. A través de un posicionamiento inusual, junto con la facilidad que tiene para tomar el absurdo y la desesperanza con humor, logra ver un poco más allá, un panorama al que difícilmente tenemos acceso.

EL CUERPO DE UNA GALLINA SIN CABEZA SE POSA SOBRE UNAS TABLAS DE MADERA BELLAMENTE APILADAS

En distintos proyectos, Cynthia Gutiérrez ha abordado el colapso como una manera de evocar el momento histórico en el que enfrentamos pasivamente el deterioro de las estructuras institucionales, ideológicas y políticas. Si hay algo punzante en su trabajo es la enunciación constante de que todo sistema, todo andamiaje histórico, simbólico, teórico o social va a caer y colapsar hacia sí mismo; buscamos con tal vehemencia la posesión de la verdad y de la razón que le damos rigidez y validación sólo a lo que a nuestros ojos se devela con claridad. La maldición de “tener la razón” a cuestas. Las tensiones abordadas en su obra en la oposición de conceptos aluden siempre a esto, y siempre de una manera poética: la ruptura, la fragmentación y el reacomodo de las cosas, el hundimiento, el peso que se desvanece, la inestabilidad de una estructura blanca y prístina, el derrumbamiento de íconos para construir montañas, el cruce de lo blando y lo cálido con el peso del metal, de un edificio entero. Esta postura es tan difícil de aceptar porque lo que trae a nuestras manos es la imposibilidad de futuro; Gutiérrez nos ofrece imágenes que vibran en dos sentidos: por un lado, la sospecha siempre zumbante, la desesperanza; y por otro, presenta formas que, si miramos a través del filtro humorístico del colgado, nos dan también la posibilidad de reírnos de nosotros mismos. Un cúmulo de cabezas griegas (¿acaso la filosofía y la razón?) apiladas unas sobre otras como si fueran balones; un conjunto de bases de museo que se funden con el suelo y se inclinan sin poder sostener y mostrar nada nunca más. Es tan liberador podernos reír también de las instituciones del arte. De estos golpes en el teclado: e l a r t e.

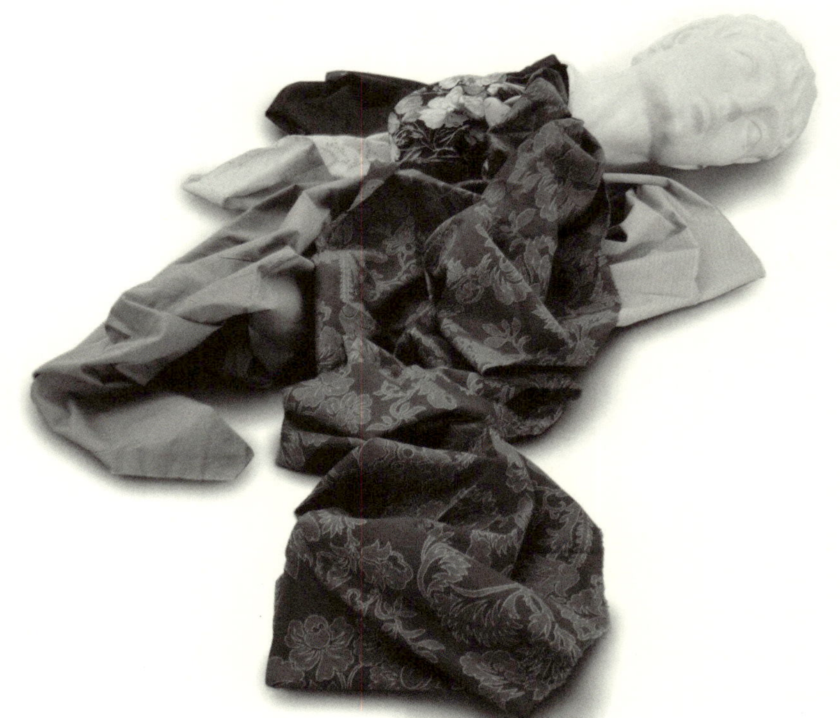

DECAPITADOS: UNA DECORACIÓN PARA NUESTRO TIEMPO [DECAPITATED: AN ORNAMENT FOR OUR TIME], 2011
Fibra de vidrio, pintura, tela
Fiberglass, paint, fabrics
Dimensiones variables Variable dimensions

Mencionó que debíamos encontrar la manera de ralentizar el tiempo. Que el tiempo exterior, el del mundo, y el interior, el de cada persona, se hacen tan disímiles que terminamos por desconectarnos, por alienarnos y perder la perspectiva sobre lo que realmente importa. Le pregunté si el arte podía cambiar el rumbo de las cosas. Me habló del tiempo de los artesanos y de su vínculo con la tierra, con la forma en que moldean y transmiten sus saberes, sin dejar de operar en lo político, pero también sin dejarse llevar por la vorágine cotidiana de la urbe, de las sociedades de consumo, de los tiempos de la producción en masa. Dijo que ahora trabajaba desde un lugar distinto en relación con sus metodologías iniciales: se hace consciente de la responsabilidad que lleva pronunciarse, de enunciar a través de los objetos, de la narrativa, de la secuencia de acciones. Dijo que el arte puede, desde distintos imaginarios, cambiar la manera de ver el mundo; cuestionarlo, hacer pequeñas pero contundentes modificaciones y fisuras a nuestra forma de pensar. Allí vi que en realidad abraza la posibilidad del futuro, pues señaló que quizás hay que pegar la cabeza al suelo, estar más cerca de la tierra.

UNAS MANOS BORDAN DURANTE VARIAS HORAS LA FRASE "NO TENGO TIEMPO". SE PIENSA SI ESAS MANOS PUEDEN PERTENECER A CUALQUIER ÉPOCA

Hay líneas críticas en el trabajo de Cynthia Gutiérrez que no se nombran abiertamente. Cierta crítica de la violencia queda implícita en su obra sin que esté directamente enunciada desde casos específicos. Así, las posibilidades de interpretación destellan abiertas y libres para

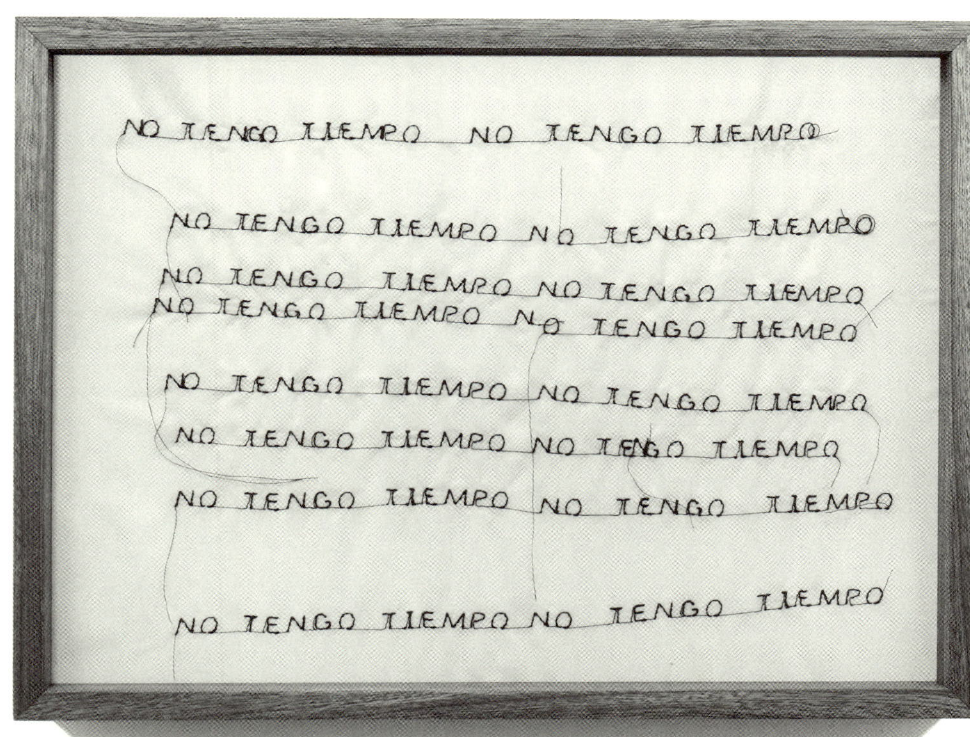

PRESENTE SIN VENTANAS II [PRESENT WITHOUT WINDOWS II], 2019
Tela, hilo Fabric, thread
29.7 x 39. 7 x 3.3 cm

quienes deseen dedicar mayor o menor tiempo en la experimentación de sus piezas. Injusticias y violencias sistemáticas desde el colonialismo, despojo del territorio, en la apropiación cultural, el saqueo, en la alteración de formas económicas y sistemas de producción que reducen la carga cultural de lo artesanal; la desaparición forzada; una historia nacional y una noción de patria escritas y diseñadas para invisibilizar identidades; la educación y el arte como formas de adoctrinamiento, instituciones igualmente susceptibles de poner en tela de juicio; las formas del capitalismo como el esquema de opresión. Aunque llegué a preguntarme las razones por las que algunos temas no son nombrados explícitamente en la obra de Cynthia, ahora creo que esta decisión está cifrada justo sobre la base de su trabajo: la evasión de cualquier juicio, sesgo o reducción moral que se institucionalice. De esta forma la obra queda potencializada y fértil para casi cualquier contexto geopolítico en el que se articule.

La artista interpela a la memoria porque ésta, ya sea individual o colectiva, escrita u oral, puede también ser institucionalizada y petrificar, por decirlo de alguna manera, los recuerdos que valida; complementa las inconsistencias y el vacío a partir de ficciones. Nos esmeramos en recordar, procurar y aprender de la historia, pero somos tan susceptibles a la ficción que no hay manera de asirse sobre ninguna certeza, ni salvaguardar una verdad. A partir de la escultura, Gutiérrez evoca el absurdo y la imposibilidad implicados en nuestro intento por preservar cualquier cosa: sólo es un recordatorio de algo que estuvo vivo.

Cynthia me contó que solía tener un sueño recurrente en el que su cuerpo caía sin parar, sin llegar al fondo, sólo caía. Aunque al principio era inquietante, después de un tiempo se acostumbraba a ese estado de permanencia

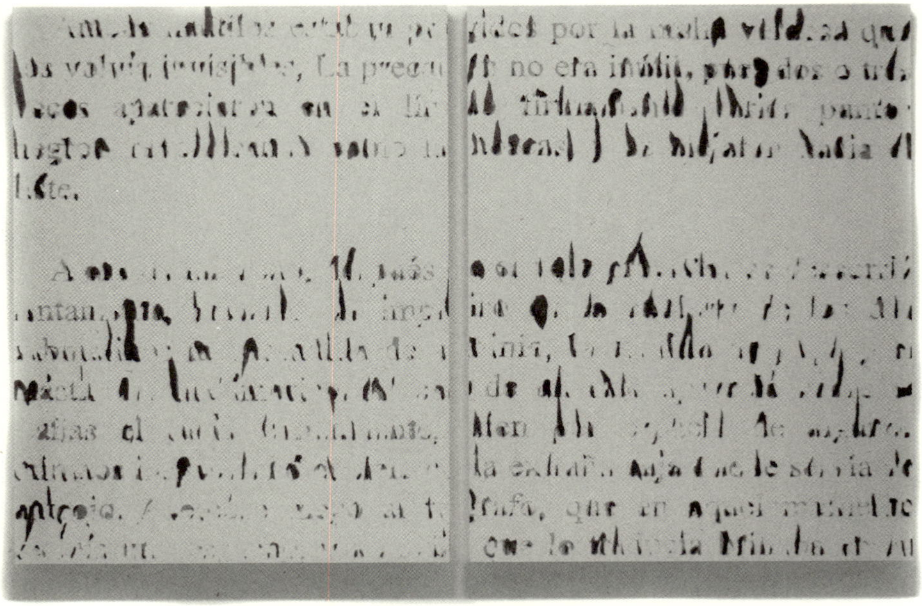

ECOS DE UN IMPERIO II
[ECHOES OF AN EMPIRE II],
2014

Fragmentos del texto Excerpts from the text *La caída del águila* de by Carlos Gagini removidos de tablaroca removed from drywall
78 x 58 x 5 cm

sin referentes espaciales, arriba o abajo. Pensé que su trabajo se posiciona justo entre la negación del futuro y la esperanza; en un paréntesis de duda y de sospecha, en el gozo de habitar la incertidumbre, una invitación abierta a observar. La obra de Cynthia Gutiérrez es una silenciosa provocación para conservar el tránsito, el paso del tiempo, los saberes compartidos, los paisajes distintos que ofrece el movimiento y, también, para disfrutar la sensación de dejarse caer.

THE PERMANENT FALL: Contradictions and Traces in the Work of Cynthia Gutiérrez

Lorena Peña Brito

In the 1970s the sculptor Juan Gutiérrez was still a student at the Claustro de Santa María de Gracia, the headquarters of the Escuela de Artes Plásticas at the Universidad de Guadalajara. One day there was a big commotion in one of the hallways. Juan was fooling around, playing catch with a small disc that he was slinging from one end of the hall to the other. Onlookers were reacting to the object with a mixture of laughter and disgust, but Juan was smiling and having a great time as he provoked his friends and classmates. For what he was launching down the corridor as though it were nothing more than a paper ball containing adolescent secrets was in fact a human ear. There had been a car crash involving a truck transporting glass soda bottles outside the art school. Juan Gutiérrez went over to look for some of the ejected products. Someone had lost an ear, and the sculptor had seized upon it like one seizes an opportunity—just like that, point-blank—opening a parenthesis in life. Cynthia Gutiérrez told me this story about her father when we were very young, while we were on our way back to Zapopan, to the neighborhood where we lived with our families, in her blue Peugeot. She told me the story with a sort of simultaneous empathy, concern, and surprise, all the while laughing at how outrageous it all was.

This is the first image I associate with Cynthia. It has to do, on the one hand, with her dark, rich sense of humor, and on the other, with dismemberment. Her formative years contain the threads that define the framework across which her research, her poetics, and the philosophical forms that give shape to her work will later be woven.

A BRONZE SCULPTURE TAKES THE SHAPE OF THE AIR CONTAINED IN A PLASTIC BAG

Until very recently, the Escuela de Artes Plásticas at the Universidad de Guadalajara was the most traditional art school and the one that had most resisted contemporary art languages. Unlike the architecture schools at the Universidad de Guadalajara or the Instituto Tecnológico y de Estudios

Superiores de Occidente (ITESO)—which had both tried to introduce more contemporary and avant-garde methodologies to the scene in Jalisco in the 1960s and 1990s, respectively[1]—the Escuela de Artes Plásticas retained a strong emphasis on workshops and the development of artistic skills in its program, an emphasis that, on the whole, allowed the school to preserve a figurative tradition and an interest in modern art. The generation of artists to which Juan Gutiérrez—who was a sculpture student at that institution—belonged, was marked by this educational strategy, and the majority of the work produced at that time was closely tied to more traditional methods. For several years, for example, Gutiérrez was commissioned to create sculptures of historical figures—mostly political—that are part of the public landscape in several different contexts in the city.

In-process busts and portraits and large-format heads suspended from the walls of her father's studio in Santa María Tequepexpan constituted part of Cynthia Gutiérrez's environment growing up. The proximity of the variety of tools that circulated in this context provided the impetus for some of the lines of investigation that appear in her work today: the opposition of forces and concepts in her oeuvre is closely connected to the very notion of the "tool," which is simultaneously called into question. Although we ranted for years about how out-of-date the Escuela de Artes Plásticas' educational program was, today Cynthia recognizes that she acquired certain skills there, as well as a perspective that shines through her work—part of an open critical reflection not only on the central veins of thought that run through her work but also on artistic and sculptural practice in general. Her understanding of art as a space of resistance emerged at the Escuela de Artes Plásticas, influenced by a generation that was motivated by a constant drive to question everything and explore forms of action beyond those sanctioned by the institution. In a way, Cynthia transformed the legacy of the 1960s revolutionary energy harbored at Artes Plásticas and its development in technical work as a way to retain skepticism in the face of the inertia and immediacy of the present.

A few months ago, I went to her studio on a Saturday morning. I was surprised to see a green plasticine bust that she had clearly been working on. She told me it was commissioned by a neighbor who had known her father all his life. One time while visiting her workshop, the neighbor asked her to make a portrait of his grandfather to give to his grandmother. She accepted the commission as an opportunity to work manually. "It's relaxing," she said, "to sink your hands into the material."

Cynthia Gutiérrez's traditional art education contrasted sharply with the unusual and vibrant energy of the contemporary art scene that emerged in Guadalajara in the 2000s following the Expo Arte fair of the 1990s. It was a scene framed by the work of two curators, Carlos Ashida and Patrick Charpenel, both distinguished on a national level. The projects they initiated in the city along with their professional and affective networks, and a young generation of proactive artists who seized that opportunity for self-direction, opened up possibilities for expanding the landscape of contemporary art production.[2]

In the first years of the twenty-first century, Guadalajara began to emerge on the international scene as a city with flourishing contemporary art practices. Arena México, Cu.Mu. Lo, and the Taller Mexicano de Gobelinos (TMG), all led by the Ashida family; Cerámica Suro,[3] the Oficina para Proyectos de Arte (OPA);[4] Patrick Charpenel's office, the Alma Colectiva collection, and the Central de Arte[5] run by the López Rocha family were all projects that gained recognition in the national and global art scenes. At a time when museums were still primarily exhibiting modern artists, these initiatives brought a large number of foreign contemporary artists to the city, allowing generations of artists, managers, and curators-in-training to build relationships with people from other contexts and with different practices, who employed diverse methodologies. Some of us began to

1 It is worth revisiting Carlos Ashida's overview in the exhibition catalogue *Asimétrica. Afinidades y discrepancias. Acciones artísticas colectivas / Guadalajara 1949–2006* (Guadalajara: Instituto Cultural Cabañas, 2006), in which he discusses the tensions between the art and architecture schools at the Universidad de Guadalajara and their conflicts, alongside those of the Architecture and Communication program at ITESO, with certain groups of young artists at the beginning of the 2000s in Guadalajara.

2 This includes, for example, the artists who comprised Jalarte A.I., Grupo Incidental, or the Corpus Callosum workshop led by Guillermo Santamarina.

3 Both TMG and Cerámica Suro were directing global attention to the intersection of craft practices and contemporary art; this intersection would come to strongly characterize the unique identity of the art scene in Guadalajara.

4 The OPA was originally formed by Fernando Palomar, Jose Dávila, and Gonzalo Lebrija, and directed at different points by such curators as Mariana Munguía, Adriana Torres, and Gabriela Castañeda, to mention only a few.

5 The Central de Arte was directed at that time by Geovana Ibarra.

collaborate in these offices as assistants, editors, and authors thanks to the connections and guidance that figures such as Rubén Méndez, Cristián Silva, and Mónica Ashida made possible.[6]

At the start of the 2000s, all these stimuli contributed to the creation of several different artist collectives: LIPO (of which Cynthia Gutiérrez was a member), Tree Amigos, Sector Reforma, and Colectivo de Acción y Creación Artística (C.A.C.A.)—in which I myself participated, among others. Later we also created independent projects and spaces—although at the time we didn't yet refer to them as self-organized or self-directed—that sought to bring together different generations of artists and an audience that was still taking shape to participate in contemporary art initiatives. Out of these emerged the Clemente Jacqs Laboratorio (where Cynthia and I both collaborated), LIGA, and Abarrotera Mexicana, to mention only a few. In spite of Guadalajara's conservative character and its resistance to contemporary art present in our formative years, this generation—and above all the group of students to which we belonged—was fortunate enough to discover a collective energy that encouraged critical action and constant work. Along with a strong vision of what constituted an artistic practice, this motivated us to remain close to people whose experiences illuminated the interests and investigations in which we were engaged.

> I thought we were a generation with a huge number of shortcomings, and perhaps we were in some ways, but at the same time it made me see our privilege with greater clarity. I believed that not having access to curatorial and theoretical methods through institutions had marked us in some way, but it was also precisely because of this that we engaged with the critical spaces that helped to create a group of people who understood the importance of such spaces. I didn't notice then that there was a gender disparity among those who were driving the contemporary art scene, for example. When I spoke with Cynthia in depth for the first time in many years, I was surprised by how affectionate and nostalgic her view of the past was.

6 The workshops and pedagogical programs that Rubén Méndez and Cristián Silva led, as well as the activities that Mónica Ashida organized at Cu.Mu.Lo, shaped our generation.

A RAGGEDY ANN PILLOWCASE IS FILLED WITH STONES

From an early point, one glimpses in the work of Cynthia Gutiérrez a series of impulses and desires that would evolve throughout her career. First among them, an interest in questioning the limits of tradition and discipline; later, an almost compulsive need to question the institution. Although she has defined her critical perspective in relation to the many systems that govern the world, one line of inquiry is particularly clear: Gutiérrez questions how stories are institutionalized and thought is entrenched, whether through history and its relationship to memory, dominant roles, and ideologies, or the ethical and identificatory structures upon which we base our actions at the social, cultural, and economic levels. In order to accomplish this, the artist makes use—at times more obviously than others—of a steady, refined, dark, and sharp sense of humor.

> Cynthia told me something over coffee that helped me to better understand the nature of her thinking. She casually went through the collaborative processes that she is employing in the production of some recent pieces involving craft methodologies; she spoke about enjoyment and her approach to the pace of manual labor. She told me about the active listening she engages to try to open up a space of shared learning, and she said that out of all this, certain stories emerged in her conversations with her collaborators that account for certain narrative inconsistencies—the twists and turns that people perform in almost childish ways in order to meet and fulfill different objectives: diplomatic, touristic, mythic. She told me all this laughing about the ironic way in which we build and "patch up" memory.

A PERSON HANGS UPSIDE DOWN FROM A BEAM, TIED BY ONE FOOT. BENEATH THEIR HEAD, ON THE FLOOR, RESTS A WOODEN BALLOON

Gutiérrez's early work reveals the distinct processes she has employed in her attempt to break with the tradition of sculpture and its most deeply ingrained characteristics. Works whose opposing concepts cancel one another out to create comical absurdities: a wooden stove whose function forever condemns it to self-immolation. Works that move between found objects and sculpted forms pervaded by a certain playful, childlike, and rebellious imaginary—like a ceramic plate

transformed into a drain for liquids. All these forms change their ordinarily legible function to rebel against their condition and contradict their nature and destiny to be something more. Cynthia Gutiérrez has shaped her visual language around the idea of the lack of discipline, implementing aesthetics that introduce forms that have gone undervalued in so-called high culture and Western art history: illustrations for children cast in bronze; balloons, flowers, and pom-poms à la Fantasías Miguel; or an ancient Greek head,[7]—which appears in this early stage of her work—laid on the floor and paired with a pile of fabrics, the piece transforms in the imagination into a kind of disembowelment. The referents of childhood are connected with everyday objects of life in the home and always end up leading us to question the hegemonic narratives and aesthetics of art practices.

I had seen her work a few months before the pandemic at the Estudio Hospital when she and Emanuel Tovar still had studios there. I saw a few versions of the series *Sepulcros modernos* (2019) [Modern Sepulchres] and *Así comienza una montaña* (2019) [This Is How a Mountain Begins]. That morning, I asked her about the importance of familiar, domestic, and quotidian forms in her work, especially regarding the involvement and warmth that the series *Preludio* [Prelude] presents. Fabrics, pillowcases, plates and strainers, embroideries, prints, and cooking implements appear intermittently in her visual language. She explained to me that she started working with traditional Mexican textiles after realizing that they had been around her parents' house all her life, heaped here and there, waiting to be noticed.

I like the Hanged Man card in Tarot. It is linked to remaining static and to sacrifice. But he also bears a relaxed countenance even if his hands are tied and he is hanging from one foot. Indeed, sometimes he even seems to be smiling faintly, as though he had assumed the position of his own volition, an uncomfortable pose that allows him to gain a new perspective on the world and on things, to see other landscapes. I think Cynthia Gutiérrez's way of looking at things has some element of this. Through unusual positioning and her ability to approach the absurd and despair with humor, she manages to see a little further, taking in a panorama that can only be accessed with great difficulty.

THE BODY OF A HEADLESS CHICKEN PERCHES ON SOME BEAUTIFULLY STACKED SCRAP WOOD

Cynthia Gutiérrez has used the idea of collapse in different projects as a way to evoke our historical moment, one in which we seem to watch passively as political, ideological, and institutional structures deteriorate around us. If there is a poignant element in her work it is the constant enunciation of the fact that every system, every historical, symbolic, theoretical, and social framework will eventually fall and collapse in on itself; we are so obsessed with finding truth and reason that we only view as valid and concrete the things which are revealed before our eyes. The curse of "being right" rides on our backs. The tensions Gutiérrez explores in her work through opposing concepts always allude to this, and they do so poetically: rupture, fragmentation, and the rearrangement of things, sinking, a weight that dissipates, the instability of a pristine, white structure, the toppling of icons to build mountains, the intersection of things soft and warm with the weight of metal, with the weight of an entire building. This stance is so difficult to accept because it confronts us with the impossibility of the future. Gutiérrez offers us images that vibrate on two frequencies: on the one hand, she gives us always-buzzing skepticism, despair, and on the other, she presents forms that, seen through the humorous filter of the hanged man, also offer us an opportunity to laugh at ourselves. A cluster of Greek heads (Philosophy and Reason, perhaps?) piled one on top of another like balls; a group of museum plinths that merge into the ground, tilting so that they can no longer support and display objects. It is so liberating to be able to laugh at institutions of art. At these keyboard strokes: a r t.

Cynthia mentioned that we needed to find a way to slow down time. That exterior time (the world's time) and interior time (each person's time) are so different that we end up disconnecting from one another, alienating ourselves, and losing our perspective

7 Two of the first Greek heads that Cynthia Gutiérrez used were copies of a figure that her father made at the Escuela de Artes Plásticas as part of a school exercise. Later, she herself sculpted Hera's head using images from the internet and then replicated it in a workshop in Tonalá, Jalisco, where it was reproduced until it lost its shape. The popular handicraft, ceramics, and clay shops characteristic of Tlaquepaque and Tonalá often offer industrial production of Greco-Roman columns, heads, and sculptures. An interest in the way in which these stereotypes of Western beauty permeate local production and repeat and replicate themselves to the point of their distortion and appropriation can be seen running through Gutiérrez's work. The columns that she has used in her pieces are stamped with the words: *Made in Mexico.*

on what really matters. I asked her if art could change the course of things. She spoke to me about artisans' time and their connection to the earth, to the form through which they shape and transmit their knowledge, without ceasing to operate politically, but also without letting themselves be carried away by the quotidian maelstrom of the city, of societies of consumption, of time regulated by mass production. She said that she was now working in a different place in relation to her initial methodologies: she was becoming aware of the responsibility that comes with making a statement, with speaking through objects, narrative, and sequences of actions. She said that through its different imaginaries, art can change our way of seeing the world, questioning it, making small but impactful changes, and opening up fissures in our way of thinking. In that moment, I saw that in reality she embraced the possibility of the future, suggesting that perhaps we just have to put our head to the ground and be closer to the earth.

FOR SEVERAL HOURS, A PAIR OF HANDS EMBROIDER THE PHRASE "I DON'T HAVE TIME." ONE WONDERS IF THOSE HANDS COULD BELONG TO ANY EPOCH

There are critical lines running through Cynthia Gutiérrez's work that cannot be clearly discerned. There is an implicit critique of violence in her work, though not directly stated through specific pieces. Her work is alight with interpretative possibilities for those who wish to dedicate time to experiencing her pieces. The injustice and systematic violence wrought by colonialism, the plundering of the land, cultural appropriation, pillaging, the alteration of economic forms, and systems of production that demote the cultural importance of craft; forced disappearance; a national history and a concept of the nation designed to render certain identities invisible; education and art as forms of indoctrination, institutions equally susceptible to being questioned; all forms of capitalism as the means of oppression. Although I once wondered why certain themes were not explicitly referenced in Cynthia's work, now I believe that this decision is embedded in the foundation of her work: the choice to evade any institutionalized judgment, bias, or moral reductivity. This way the work remains empowered and fertile for almost any geopolitical context in which it may be articulated.

The artist also calls memory into question because, whether individual or collective, written or oral, it too can be institutionalized and act as an agent of petrification through the memories it validates. It complements inconsistencies and voids by creating fictions. We strive to remember and try to learn from history, but we are so susceptible to fictions that there is no way to hold on to any certainty or safeguard any truth. Through sculpture, Gutiérrez evokes the absurdity and impossibility implicated in our attempt to preserve things: it is simply a reminder of something that was once alive.

Cynthia has told me that she has often had a recurring dream in which her body is continuously falling—never reaching a bottom, just falling. Although at first she found it disturbing, after some time she became accustomed to this permanent state without spatial referents above or below. I see her work as existing precisely between a negation of the future and hope, in a parenthesis of doubt and suspicion, and in the pleasure of inhabiting uncertainty: an open invitation to observation. Cynthia Gutiérrez's work is a silent provocation to conserve a state of transition, the passage of time, shared knowledge, different landscapes that offer movement, and to enjoy the feeling of letting yourself fall.

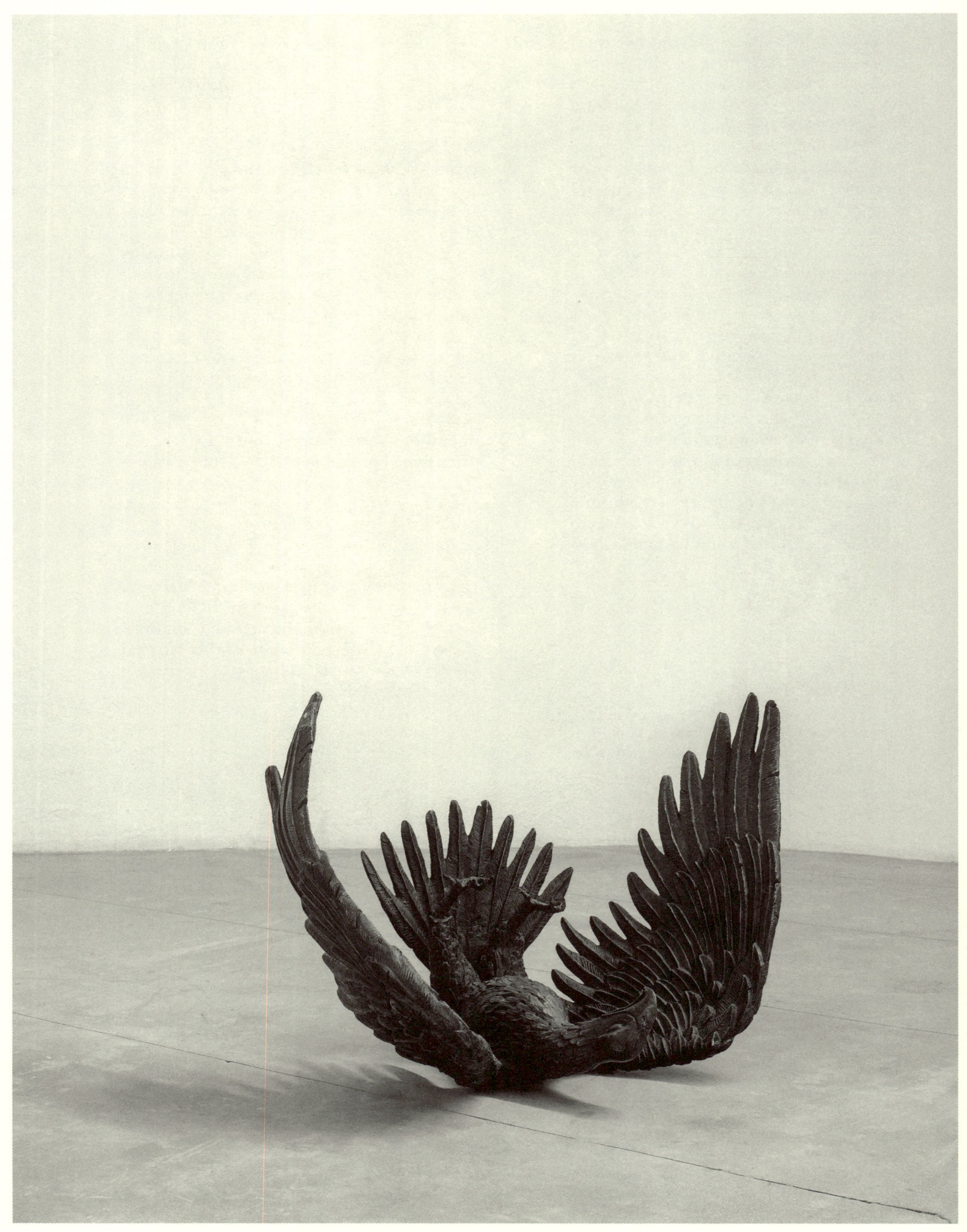

EL FRACASO DE LA LIBERTAD [THE FAILURE OF LIBERTY], 2014
Bronce Bronze
57 x 78 x 51 cm
Fotografía Photography: Ramiro Chaves
Cortesía de Courtesy of La Tallera

APARICIONES Y REPRODUCCIÓN CULTURAL EN LAS OBRAS DE CYNTHIA GUTIÉRREZ

Eduardo Abaroa

Aceptemos que una de las funciones de la estatuaria es preservar la memoria de una figura pública. Su propósito específico es el de inmortalizar a alguien a través de las formas y, con esa operación, también refrendar la vigencia de una serie de valores: el altruismo, el amor a la patria, la abnegación, la valentía, el trabajo incansable, etc. En fin, se fabrica un ideal con el cual la colectividad habrá de identificarse en varios niveles. Es común que la gente confunda la relevancia artística de cualquier obra con los valores éticos o sociales que ella promueve, pero quizá esta distorsión sea aún mayor en el caso de la escultura pública. Quedan en juego al menos dos parámetros distintos. El primero implica aquello que sucede entre el simbolismo y la narrativa. El otro —más que un significado— es una sensación, una percepción relativamente extraordinaria. La escultura, desde la antigüedad, debe producir el efecto casi mágico de una *aparición inmaterial*, una sensación apolínea de ensueño.[1] A través de un viejo artilugio transforma lo inanimado y concreto en una apariencia de vida. El milenario oficio de confeccionar la efigie humana conserva algo de su antiguo poder, incluso en nuestra época de proliferación de imágenes digitales instantáneas (en las cuales, por cierto, encontramos una versión distinta de esa *aparición inmaterial*).

Sin embargo, el efecto de ensoñación de las estatuas se pierde como el de un chiste contado demasiadas veces. La aparición queda reducida a una simple cosa. Si en algunas épocas la escultura parece prodigiosa, en otras fastidia la repetición de motivos, formatos y materiales. Eso podríamos decir de la mayoría de las estatuas que hoy encontramos en parques

1 Aquí parto de las nociones sobre la escultura que elaboró Friedrich Nietzsche en su obra de juventud *El origen de la tragedia del espíritu de la música*, (1872). Allí se habla de la antigüedad griega, pero en todo caso esa tradición toma mucho de otras tradiciones plásticas que la anteceden. La estatuaria en México, como en muchos lugares, parte de la tradición europea.

y edificios públicos por todo el mundo. Quizá, México es un país que se distingue en este sentido. Como recopilaron hace tres décadas Helen Escobedo, Rita Eder y Paolo Gori, en su extraordinario libro *Monumentos mexicanos*,[2] la función propagandística de la estatuaria durante el priísmo eclipsaba por completo el efecto estético, al grado que si aún sobrevivía alguna encarnación, ésta sería la del discurso político con su inevitable dosis de ignorancia, estulticia y cinismo. A través de los monumentos, los gobernantes y los poderosos se sueñan a sí mismos y pretenden que el resto hagamos lo mismo. Lo que van dejando en esta pretensión narcisista es abundante y malogrado,[3] pero la imaginación requiere de operaciones de aparición más libres y distintas. La pericia artística estará dispuesta a proveerlas.

Cynthia Gutiérrez destruye simbólicamente los monumentos por medio de la confección de otros, como si el ansia por reproducir símbolos fuera una adicción desastrosa pero imposible de abandonar. Respondiendo a la proliferación de las estatuas históricas que a casi a nadie le importan, la artista nos presenta el busto de Maximiliano de Habsburgo (*Interferencias*, 2019), un noble europeo que fue impuesto como emperador de México tras la invasión francesa de 1861, sólo que la artista también ha decidido inmortalizar a las palomas que se posan habitualmente en los bustos metálicos de las plazas públicas. La obra juega a eternizar un instante específico en la existencia de un monumento; un instante definitivamente banal. En *El fracaso de la libertad* (2014), un águila heráldica yace patas para arriba y en *Aliento suspendido* (2016), los fragmentos de esta ave —símbolo nacional— están adosados a la pared como reproche o festejo de un aniquilamiento. Gutiérrez aquí enfatiza la materialidad del símbolo, lo cual implica necesariamente un gesto crítico. Los pedazos de la catástrofe no pueden perderse completamente, ni tampoco pueden conformar un todo. Quizá, Gutiérrez nos insta a percatarnos de que el símbolo nacional pierde un poco su capacidad para inspirar orgullo cada vez que exige nuestra adhesión o sumisión. No encontramos aquí una nostalgia o un lamento por la pérdida de vigencia de las estatuas o las ruinas. La inestabilidad forzada de los basamentos —explorada en la instalación *Soportando el abismo* (2016) y también en el proyecto al aire libre *Rumores de piedra* (2018), realizado en Zacatecas— enfatiza la caducidad de la escultura y los monumentos públicos. Las obras nos plantean la pregunta de si es posible realizar un emblema relevante para nuestras ciudades. Cualquier forma resbalaría de esos pedestales inclinados. No se trata de sustituir unos héroes por otros. La ausencia de los símbolos queda en estas obras registrada en piedra, más como un desastre o una admonición, que como una nueva adhesión. El sinsentido es evidente y deliberado.

Pero al denunciar la impotencia del símbolo también queda atrapada o, al menos suspendida, la instancia transgresora. Nuestra mente podría, en dado caso, olvidar cualquier pretensión jerárquica, cualquier versión de esa individuación, que se presenta en el monumento como un todo coherente a través de la imagen. No obstante, la artista siempre deja algo ahí, un rastro o un vestigio para recordarnos esta ausencia. Ese artilugio destructivo, presentado como un nuevo tipo de aparición —como un nuevo tipo de

2 Helen Escobedo, et al., *Monumentos mexicanos. De las estatuas de sal y de piedra*, coord. Helen Escobedo, fotografías Paolo Gori (Ciudad de México: Consejo Nacional para la Cultura y las Artes – Editorial Grijalbo, 1992).

3 Aunque habría que admitir que los resultados de la impericia artística pueden también verse como una anti-estética. La sensibilidad del siglo xx nos permite interpretar, algunos casos de escultura deforme, como una forma voluntaria de rebelión por parte del artista.

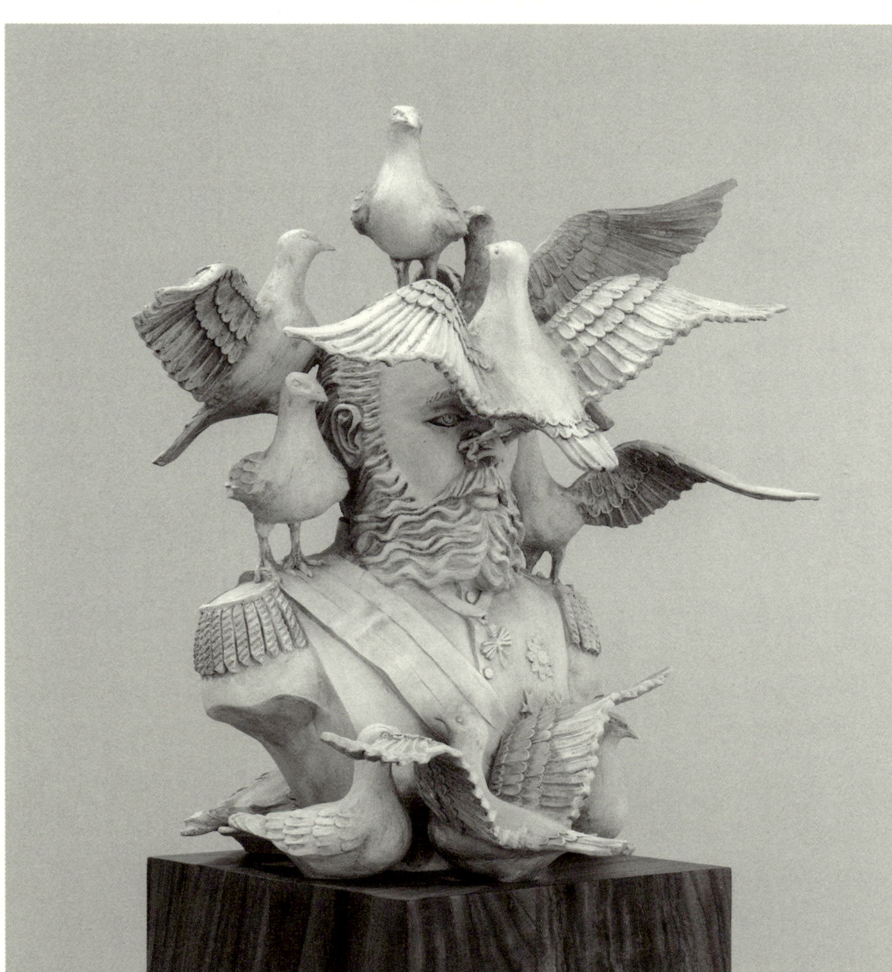

INTERFERENCIAS [INTERFERENCES], 2019
Fibra de vidrio, pintura, madera
Fiberglass, paint, wood
Fotografía Photography: Ramiro Chaves
Cortesía de Courtesy of La Tallera

arte— es de carácter ambiguo.[4] La instalación *Vals del abismo* (2016) conmemora la triste existencia de una gallina que en la década de los cuarenta del siglo XX logró sobrevivir sin cabeza por un año y seis meses.[5] Si en obras anteriores de Gutiérrez la decapitación se refiere al automatismo de la violencia y de su registro,[6] en este caso el abismo apunta a una especie de liberación. En la pared de esta instalación encontramos el siguiente texto de la artista:

> **De pronto mi cuerpo se separa de mi cabeza y danza solo, de manera arrítmica, en una suerte de mundo deshuesado. Pienso que cuando a una gallina le cortan la cabeza y su cuerpo aletea y anda solo, es que se experimenta un verdadero estado anárquico.**[7]

Aquí también, como en su versión del busto de Maximiliano, la artista se rebela contra la jerarquía que el impulso monumental establece sobre la realidad y sobre el tiempo con la producción de nuevas apariciones fantasmales. Un grupo de pollos decapitados se posan sobre unas maderas como si estuvieran listos para dar la bienvenida al día. La instalación es una especie de eterno retorno de esta única gallina que logró superar la engorrosa circunstancia de tener cabeza. Más que humor, aquí hay un escape irónico a una extravagante utopía.

4 Aunque no hay que olvidar el papel que tiene el vacío en las expresiones plásticas del budismo y el hinduismo.

5 Ben Cosgrove, "Life with Mike the Headless Chicken: Photos of a Famously Tough Fowl ", en *LIFE* (10 de septiembre, 2015). Consultado el 9 de noviembre de 2021, en: https://www.life.com/animals/life-with-mike-the-headless-chicken-photos-of-a-famously-tough-fowl/.

6 Eduardo Abaroa, "Notas de carnaval"(septiembre de 2011) Consultado el 9 de noviembre de 2021, en: https://cynthiagutierrez.com/texts/#carnival.

7 *A Certain Urge (Towards Turmoil)*, exposición colectiva curada por Blanca de la Torre, EFA Project Space, Nueva York, Estados Unidos.

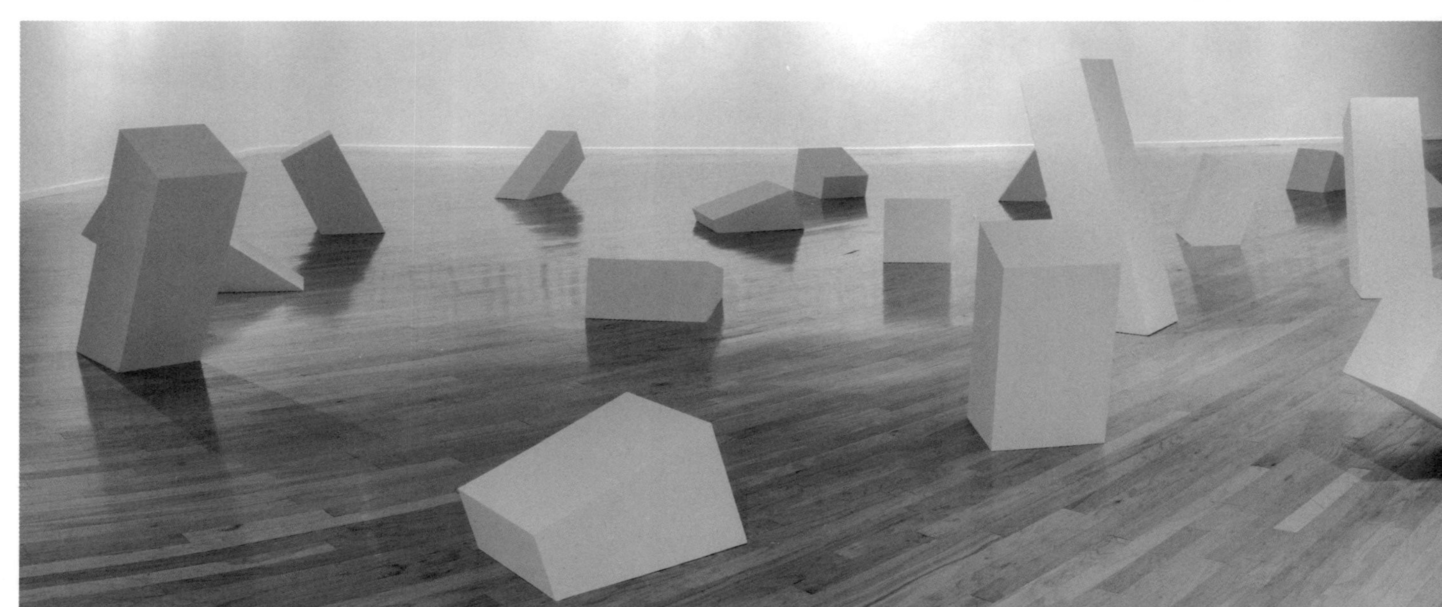

No nos conmueve el símbolo nacional extranjero o, al menos, no de la misma manera. El impulso de pertenencia de muchas personas en nuestra época se finca en el nacionalismo, porque en él se remedia la insignificancia de nuestra persona a través de la adhesión a una jerarquía incuestionable y eterna. Cuando no tenemos un sentido de pertenencia a una estructura comunitaria, rica en evocaciones y operaciones de intercambio de una serie de comportamientos que generen círculos virtuosos de productividad estética, afectiva, incluso económica, el nacionalismo funciona para llenar ese vacío que genera deliberadamente la instauración de un Estado.

Desde el 2010, año del bicentenario, hasta la actualidad, hemos presenciado un interés creciente de la literatura y las artes mexicanas por el tema de la identidad nacional. Ejemplos de ello son los textos de Federico Navarrete y Heriberto Yépez, y la obra de artistas y colectivos tan diversos como Mariana Castillo Deball, Teresa Margolles, Jesse Lerner y Sandra Rozental, Tania Candiani, la Cooperativa Cráter Invertido y el grupo Arte a 360 grados. En el caso de Cynthia Gutiérrez, encontramos una inquietud por recorrer el análisis de la monumentalidad antes descrita y también por articular una reflexión sobre la relación entre las diferentes culturas que, a nuestro querer o no, conforman esa inefable maquinaria de desastres torpemente llamada México. Un montón de artesanías de inspiración precolonial hechas añicos, claramente tiene una fuerza alegórica que parece revivir el interés distópico de artistas posmodernos de los años ochenta como Rubén Ortiz Torres, quien en sus pinturas tempranas pintó fragmentos de piezas precoloniales entre los escombros del terremoto de 1985. En efecto, hoy podríamos pensar que en estos años se ha producido un nuevo neo-mexicanismo, o un neo-mexicanismo *reloaded*. Algunos autores como Heriberto Yépez y Roger Bartra plantearon, desde posiciones bien distintas, un *posmexicanismo*. Después de un periodo en el que muches artistas en México adoptaron una especie de estilo global, el péndulo iconográfico ha regresado de nuevo hacia la imaginería precolonial. Pero sería un error pensar que se trata de una simple repetición. Hay una serie de circunstancias muy distintas a lo que sucedía hace treinta y tantos años, cuando el pastiche posmoderno reclamaba su vigencia como improbable catalizador

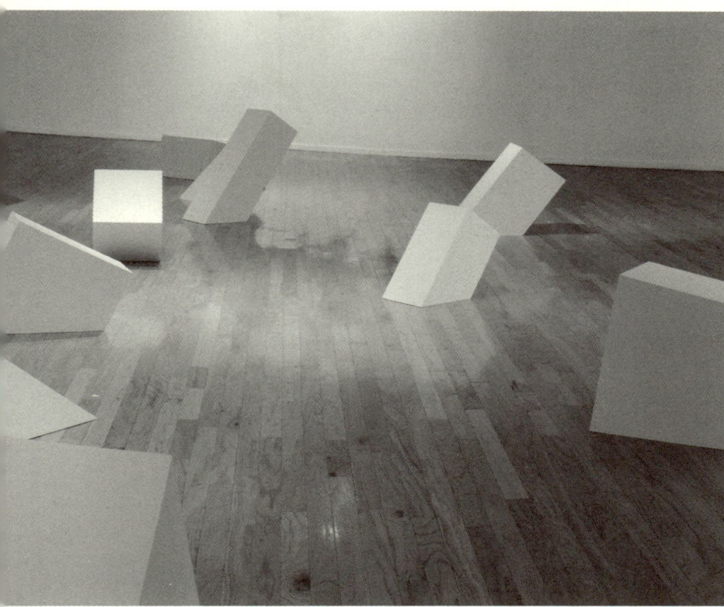

SOPORTANDO EL ABISMO
[SUPPORTING THE ABYSS], 2016
Conjunto de 30 piezas de MDF, pintura blanca y contrapesos **MDF 30-piece ensemble, white paint, and counterweights**
Fotografía **Photography**: Javier M. Rodríguez
Cortesía de **Courtesy of** Museo de Arte Raúl Anguiano

social. En la época de las redes sociales encontramos una situación más compleja dada la velocidad de la producción y circulación de información. Las diferentes culturas que conforman el país han logrado tener mayores espacios para desestabilizar y denunciar procesos como el colonialismo, el mestizaje o el patriarcado. La difusión de los movimientos sociales ha evolucionado mucho desde la rebelión en internet que llevó a cabo el EZLN. Al relajo posmoderno y las desafortunadas jaulas melancólicas hoy se opone una discusión muy seria por parte de intelectuales que pertenecen a los pueblos originarios como Jaime Martínez Luna, Yásnaya Aguilar, Pedro Uc Be y muches otres que cuestionan los indigenismos apropiacionistas del Estado y denuncian la verdadera dimensión del nacionalismo. Algo de esta riqueza discursiva y metodológica transforma también las estrategias artísticas. Hay un resurgimiento de las propuestas de carácter participativo y comunitario. Otras investigaciones, como las de Cynthia Gutiérrez, son de carácter crítico. Una revaloración iconográfica superficial de las culturas precoloniales desde las artes contemporáneas ha sido y sigue siendo problemática. Hoy no parece viable una reivindicación histórica del *pathos* occidental desde la consciencia poscolonial en una época en que el gobierno en turno ha instrumentalizado, de manera bastante burda y anticuada, las culturas de los pueblos originarios y la historia nacional. Lo que procede, quizá, es analizar el proceso mismo de instrumentalización de la diferencia cultural.

La instalación *Así comienza una montaña* (2019) es un conjunto de piedras, cada una dividida con una tira realizada con textiles tradicionales. Según la artista, estos son de diferentes procedencias; algunos elaborados manualmente con fibras naturales en telar (comercializados en mercados o tianguis turísticos), otros con fibras sintéticas fabricados de manera industrial (de venta en tiendas como la Parisina).[8]

La labor textil tradicional puede entenderse como un flujo cotidiano de materiales, conocimientos, signos y patrones que se estabiliza a través de las generaciones marcando una identidad comunitaria.[9] El contraste de estos hilos relativamente frágiles y efímeros con el flujo interrumpido y

8 Cynthia Gutiérrez en conversación con el autor vía Zoom, 24 de febrero de 2022.

9 El gobierno mexicano ha protegido los motivos textiles de los pueblos originarios con el mismo argumento, como se lee en este comunicado de prensa "La Secretaría de Cultura pide explicación a las marcas Zara, Anthropologie y Patowl por apropiación cultural en diversos diseños textiles" (28 de mayo de 2021). Consultado el 4 de marzo de 2022, en: https://www.gob.mx/cultura/prensa/la-secretaria-de-cultura-pide-explicacion-a-las-marcas-zara-anthropologie-y-patowl-por-apropiacion-cultural-en-diversos-disenos-textiles?idiom=es .

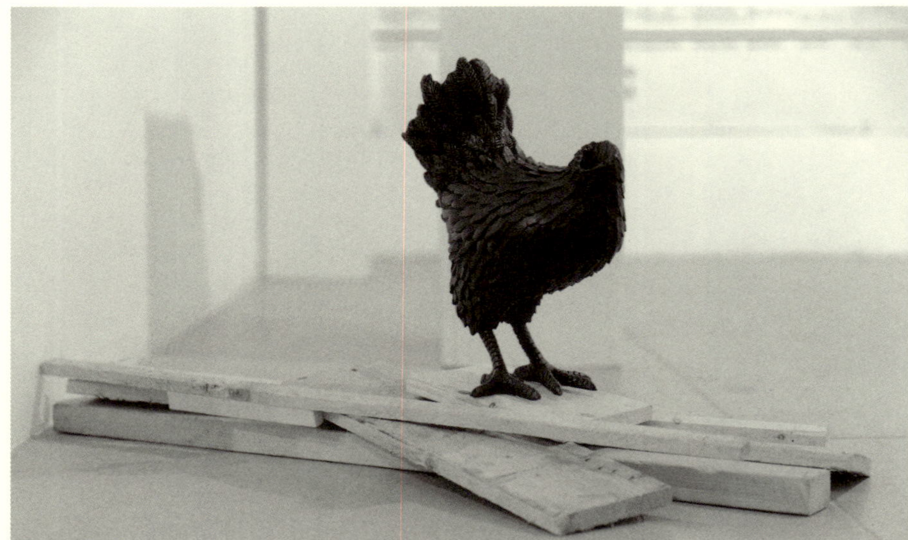

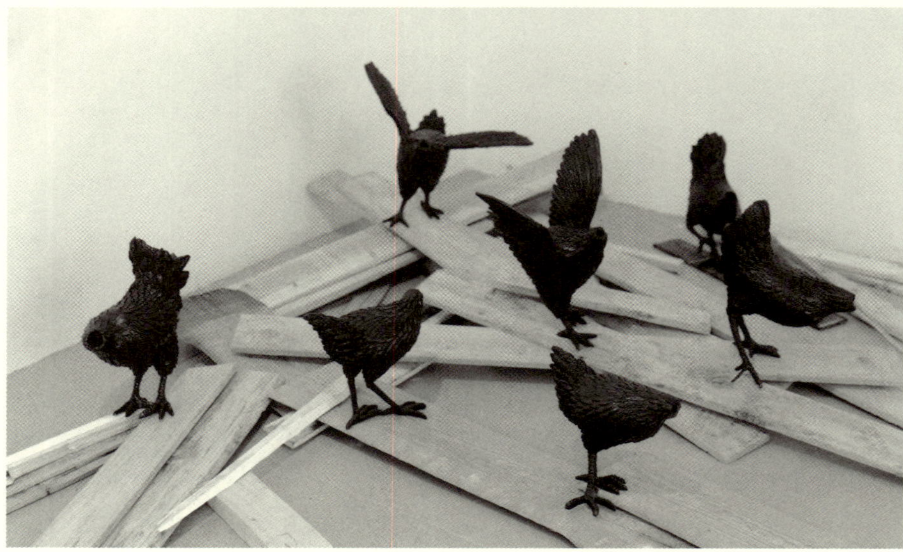

VALS DEL ABISMO
[WALTZ OF THE ABYSS], 2016

Fibra de vidrio, pintura, madera, texto en grafito sobre muro y fotocopias **Fiberglass, paint, wood, graphite text on wall, and photocopies**

Fotografía **Photography**: Matthew Vicari
Cortesía de **Courtesy of** The Elizabeth Foundation for the Arts

solidificado de la lava volcánica, evoca diferentes escalas temporales: la humana y la geológica. En el caso de *Respiro* (2020), los textiles dividen el concreto de una fábrica de productos fotográficos, de modo que la atención parece trasladarse a la noción de la actividad humana como medio de comunicación. Los tejidos, como las fotografías, son sólo indicios, marcas que la gente pretende dejar para el futuro.

¿Sería posible reactivar la vigencia de los monumentos (o algo que se le parezca) como verdadera instancia de identificación y sentido compartido? Acaso Cynthia Gutiérrez se hizo una pregunta similar con su obra *Patria* (2016), para la cual perforó el muro del Museo de Arte Raúl Anguiano de tal forma que desde ahí se pudiera ver la escultura alegórica de la Madre Patria, el punto más alto del Monumento a los Niños Héroes, ubicado donde convergen las avenidas Niños Héroes, Chapultepec y Mariano Otero de la ciudad de Guadalajara. De este modo, Gutiérrez saboteó el épico espíritu militarista del conjunto escultórico y tergiversa la vigencia del nacionalismo legendario del pasado. Mismo gesto que nos hace recordar aquel día en el que la ciudadanía, hastiada por gobiernos a todas luces disfuncionales y cómplices de la violencia generalizada, transformaría tiempo después este mismo memorial en una Glorieta de las y los desaparecidos.[10]

10 ZonaDocs. Periodismo en resistencia, “Glorieta de las y los desaparecidos”. Consultado el 12 de febrero del 2022, en: https://www.zonadocs.mx/tag/glorieta-de-las-y-los-desaparecidos/.

APPARITIONS AND CULTURAL REPRODUCTION IN THE WORK OF CYNTHIA GUTIÉRREZ

Eduardo Abaroa

One of the functions of statuary is to preserve the memory of public figures. Its specific purpose is to immortalize someone through a physical form and, in doing so, to endorse a number of values: altruism, love for the motherland, self-sacrifice, bravery, tireless work, etc. This all serves to construct an ideal that the community is expected to relate to on various levels. The public often confuses the artistic relevance of a work of art with the ethical or social values it promotes, and this distortion occurs most frequently with public sculpture. At least two different issues are at stake. The first one concerns what occurs between symbolism and narrative. The latter—beyond the textual meaning of the piece—has to do with a feeling, a relatively extraordinary perception. Since antiquity, sculpture has been called upon to produce the almost magical effect of an *immaterial apparition*, an Apollonian sensation of illusion.[1] It uses an ancient method to transform the inanimate and concrete into a simulation of life. The age-old craft of forging a human model conserves something of its ancient power, even in our time of proliferating instantaneous digital images (which, of course, can be seen as producing a different kind of *immaterial apparition*).

However, statues lose their illusory effect just as a joke told too many times ceases to be funny. The apparition is reduced to a simple thing. If in some periods sculptures were prodigious, in others the repetition of motifs, formats, and materials becomes irritating. This could be said of most of the statues we encounter today in parks and public buildings around the world. Mexico stands out particularly in this regard. As Helen Escobedo, Rita Eder, and Paolo Gori demonstrated three decades ago in their extraordinary book *Monumentos mexicanos*,[2] the propagandistic function of statuary under the PRI[3]

1 I am building on notions about sculpture developed by Friedrich Nietzsche in his early work ***The Birth of Tragedy from the Spirit of Music*** (1872). In it he discusses Greek antiquity, though that tradition borrows extensively from other sculptural traditions that preceded it. Statuary in Mexico, as in many places, comes from the European tradition.

2 Helen Escobedo, et al., ***Monumentos mexicanos. De las estatuas de sal y de piedra***, coord. Helen Escobedo, photographs by Paolo Gori (Mexico City: Consejo Nacional para la Cultura y las Artes – Editorial Grijalbo, 1992).

3 Translator's note: The Partido Revolucionario Institucional (PRI) is a political party in Mexico that held power—both the presidency and the Senate—for seventy-one years in Mexico, from 1929 to 2000. Also called the "state party" by some academics, it is closely associated with the crafting of the Mexican nation-state over the course of the twentieth century and with corruption.

completely eclipsed its aesthetic effect, to the extent that if any echo remains from that era, it is of its political discourse with its inevitable dose of ignorance, stupidity, and cynicism. It is through monuments that those who rule and those in power dream about themselves and pretend that the rest of us do the same. The physical remains of this narcissistic tradition are both abundant and unsuccessful in capturing our attention.[4] The imagination requires freer and more varied apparitions, and artistic expertise is better poised to provide them.

Cynthia Gutiérrez symbolically destroys monuments by making others, as if the urge to reproduce symbols were an addiction, both disastrous and impossible to abandon. Responding to the proliferation of historical statues that hardly anyone cares about, she presents us with the bust of Maximilian of Habsburg (***Interferencias*** [Interferences], 2019), a European nobleman who was imposed as emperor of Mexico after the French invasion of 1861, except that the artist has also decided to immortalize the pigeons that habitually perch on metal busts in public squares. The work plays at eternalizing a specific moment—and a decidedly banal one—in the existence of a monument. In ***El fracaso de la libertad*** [The Failure of Liberty] (2014), a heraldic eagle lies upside down on the ground, and in ***Aliento suspendido*** [Suspended Breath] (2016), fragments of this bird—the national symbol of Mexico—are stuck to the wall as admonition or celebration of the annihilation of this symbol. Gutiérrez here emphasizes the materiality of the symbol, which necessarily implies a critical gesture. The pieces of the broken symbol are not completely lost, but neither do they form a whole. Perhaps Gutiérrez is urging us to realize that the national symbol loses a little bit of its ability to inspire pride every time it demands our loyalty or submission. We do not find nostalgia or lamentation in Gutierrez's work for the diminished power of statues and ruins. The instability she injects into foundations, which she explores in the installation ***Soportando el abismo*** [Supporting the Abyss] (2016) and in the outdoor project ***Rumores de piedra*** [Rumors of Stone) (2018) in Zacatecas, emphasizes the idea that sculptures and public monuments have reached their expiration date. These works raise the question of whether it is possible to create an emblem for our cities that is relevant today. It is not about replacing certain heroes with others: any form placed atop those pedestals would slide off. In these works, it is the absence of symbols that is captured in stone; they seem to register a disaster or a warning, rather than offering us something new to conform with. Nonsense is obvious and deliberate.

But in denouncing the impotence of the symbol, the act of transgression is also trapped, or at least suspended. We could simply forget any claim for hierarchy, any version of that act of individuation that monuments present as a coherent whole through image. However, the artist always leaves something behind, a trace or a vestige to remind us of these symbols' absence. Presented as a new type of apparition—as a new type of art—this destructive move is ambiguous in character. The installation ***Vals del abismo*** [Waltz of the Abyss] (2016) commemorates the sad existence of a hen that managed to survive without a head for a year and six months in the 1940s.[5] If in previous works by Gutiérrez decapitation refers to the automatism of violence and its recording,[6] in this case the abyss points to a kind of liberation. On the wall as part of the installation we find the following text by the artist:

Suddenly my body separates from my head and dances alone, arhytmically, in a sort of boneless world. I think that when a chicken is decapitated and its body flaps its wings and moves around, a true state of anarchy is experienced.[7]

Here too, as in her version of the bust of Maximilian, the artist rebels against the hierarchy that the monumental impulse has established over reality and over time by producing new ghostly apparitions. A decapitated chicken is perched on piled-up planks of wood as though ready to welcome the new day. The installation is a kind of eternal revisitation of that one hen who succeeded in overcoming the tedious circumstance of having a head. This piece is not so much humorous as it is an ironic escape into an extravagant utopia.

4 However, it is also true that the results of artistic inexperience may be seen as anti-aesthetics. Twentieth-century sensibility allows us to interpret some cases of deformed sculpture as a voluntary form of rebellion on the part of the artist.

5 Ben Cosgrove, "Life with Mike the Headless Chicken: Photos of a Famously Tough Fowl," ***Life***, September 10, 2015, https://www.life.com/animals/life-with-mike-the-headless-chicken-photos-of-a-famously-tough-fowl/.

6 Eduardo Abaroa, "Notas de carnaval," September 2011, accessed November 9, 2021, at: https://cynthiagutierrez.com/texts/#carnival.

7 ***A Certain Urge (Towards Turmoil)***, a group exhibition curated by Blanca de la Torre, EFA Project Space, New York, USA.

The national symbol of a foreign nation does not move us, or at least not in the same way as the image of our own nation's symbol. For many today, the impulse to belong is tied to nationalism, because nationalism assuages our feelings of individual insignificance by tying us to an unquestionable and eternal hierarchy. When we do not have a sense of belonging to a community structure—rich in memories and exchanges that generate virtuous circles of aesthetic, affective, and even economic productivity—nationalism can fill the void that the state deliberately creates.

Since 2010, Mexico's bicentennial, the country has witnessed a growing interest in national identity in Mexican literature and arts. Examples of this include the writings of Federico Navarrete and Heriberto Yépez, and the work of artists and collectives as diverse as Mariana Castillo Deball, Teresa Margolles, Jesse Lerner, Sandra Rozental, Tania Candiani, the Cooperativa Cráter Invertido, and the group Arte a 360 Grados. In Cynthia Gutiérrez's work, we can detect an interest in analyzing monumentality, as noted above, and in reflecting on the relationship between different cultures that, whether we like it or not, make up that ineffable conglomeration of disasters clumsily called Mexico. A bunch of crafts inspired by precolonial artistic traditions strewn into the ground in pieces clearly has an allegorical power that seems to revive the dystopic interest of the postmodern artists of the 1980s, like Rubén Ortiz Torres, whose early paintings depict fragments of precolonial pieces among the ruins of the 1985 earthquake. In fact, today we could say that we are seeing the creation of a new Neo-Mexicanism, or a Neo-Mexicanism Reloaded. Some authors like Heriberto Yépez and Roger Bartra have proposed the term ***post-Mexicanism***, although from very different positions. After a period in which many artists in Mexico adopted a kind of global style, the iconographic pendulum has swung back toward precolonial imagery. But it would be a mistake to think that this return is a simple repetition. The circumstances are very different today from what they were thirty years ago, when postmodern pastiche established its validity as an improbable social catalyst. In the age of social media, we are faced with a more complicated situation given the speed at which information is produced and circulated. The different cultures that make up the country have succeeded in taking more space in order to destabilize and denounce processes like colonialism, ***mestizaje***, and patriarchy. The spread of social movements has greatly evolved since the internet rebellion staged by the EZLN.[8] Today native intellectuals like Jaime Martínez Luna, Yásnaya Aguilar, Pedro Uc Be, and many others are responding to postmodern laxity and its unfortunate melancholic cages by leading a serious discussion questioning the state's appropriation of Indigeneity and decrying the negative impacts of nationalism. Something of this discursive and methodological richness has also transformed artistic strategies. Today there is a resurgence of proposals for participatory and community projects. Other practices, like Gutiérrez's, take a critical approach. The superficial appropriation and celebration of precolonial cultural traditions in the contemporary arts has been and continues to be problematic. Today a vindication of Western pathos through postcolonial consciousness does not seem viable when the government has itself instrumentalized the cultures of native peoples and national history to its own ends in a crude, outdated way. More appropriate, perhaps, would be an analysis of this very process of instrumentalizing cultural difference.

The installation ***Así comienza una montaña*** [This Is How a Mountain Begins] (2019) presents a group of stones, each divided by bands made of traditional textiles. According to the artist, the fabrics are of different origins: some were woven by hand using natural fibers (sold in tourist markets and street fairs); others are made of synthetic fibers and produced industrially (sold in large shops like Parisina).[9]

Traditional textile work can be understood as a daily flow of materials, knowledge, signs, and patterns that develop and stabilize over generations and mark a community identity.[10] The contrast between these relatively fragile and ephemeral threads and the flow of volcanic lava—here interrupted

8 Editors' note: The Ejército Zapatista de Liberación Nacional (EZLN) an insurgent army formed in its majority by Tzeltales, Tzotziles, Choles, and Tojolabales that rose up by the demand of "work, land, food, health, education, independency, freedom, democracy, justice, and peace" and took control of their communities, redistributing power and organizing new and directly democratic ways of running society.

9 Cynthia Gutiérrez in conversation with the author via Zoom, February 24, 2022.

10 The Mexican government has protected the traditional textile motifs of Indigenous people using this same argument, as in this press release: "La Secretaría de Cultura pide explicación a las marcas Zara, Anthropologie y Patowl por apropiación cultural en diversos diseños textiles," Gobierno de México, Secretaría de Cultura, May 28, 2021, https://www.gob.mx/cultura/prensa/la-secretaria-de-cultura-pide-explicacion-a-las-marcas-zara-anthropologie-y-patowl-por-apropiacion-cultural-en-diversos-disenos-textiles?idiom=es.

and solidified—evokes different time scales: human and geological. In *Respiro* [Breath] (2020), Gutiérrez embedded textiles into the concrete floor of a factory that produced photographic equipment; the insertion of the textiles draws our attention to the idea of human activity as means of communication. The weavings, like the photographs, are just indices, marks that people intend to leave for the future.

Would it be possible to reactivate the power of monuments (or something like it) as true loci of shared identification and meaning? Perhaps Cynthia Gutiérrez asked herself a similar question with the work *Patria* [Motherland] (2016), for which she punctured the wall of the Museo de Arte Raúl Anguiano in such a way that it was possible to glimpse the allegorical sculpture *Madre patria* [Motherland], the highest point of the *Monumento a los Niños Héroes* [Monument to the Child Heroes], located where the Niños Héroes, Chapultepec, and Mariano Otero Avenues converge in the city of Guadalajara. In this piece, Gutiérrez sabotages the epic militarist spirit of the sculptural grouping and undermines the validity of nationalism centered on the legendary past. A gesture that also asks us to remember the day when the people, fed up with a dysfunctional government clearly complicit in the generalized violence running rampant in the country, transformed this same memorial into a tribute to those who have disappeared.[11]

11 ZonaDocs. Periodismo en resistencia, "Glorieta de las y los desaparecidos", accessed February 12, 2022 at: https://www.zonadocs.mx/tag/glorieta-de-las-y-los-desaparecidos/.

SELECCIÓN DE OBRAS

FEATURED WORKS

1.

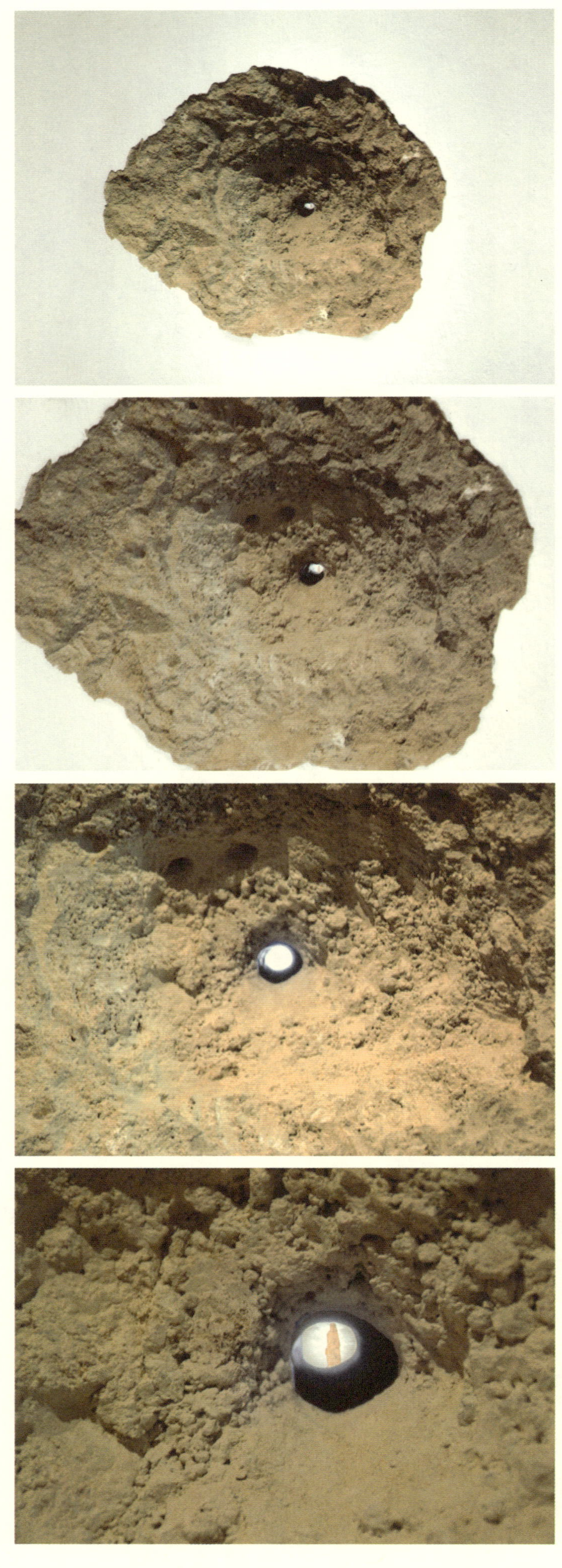

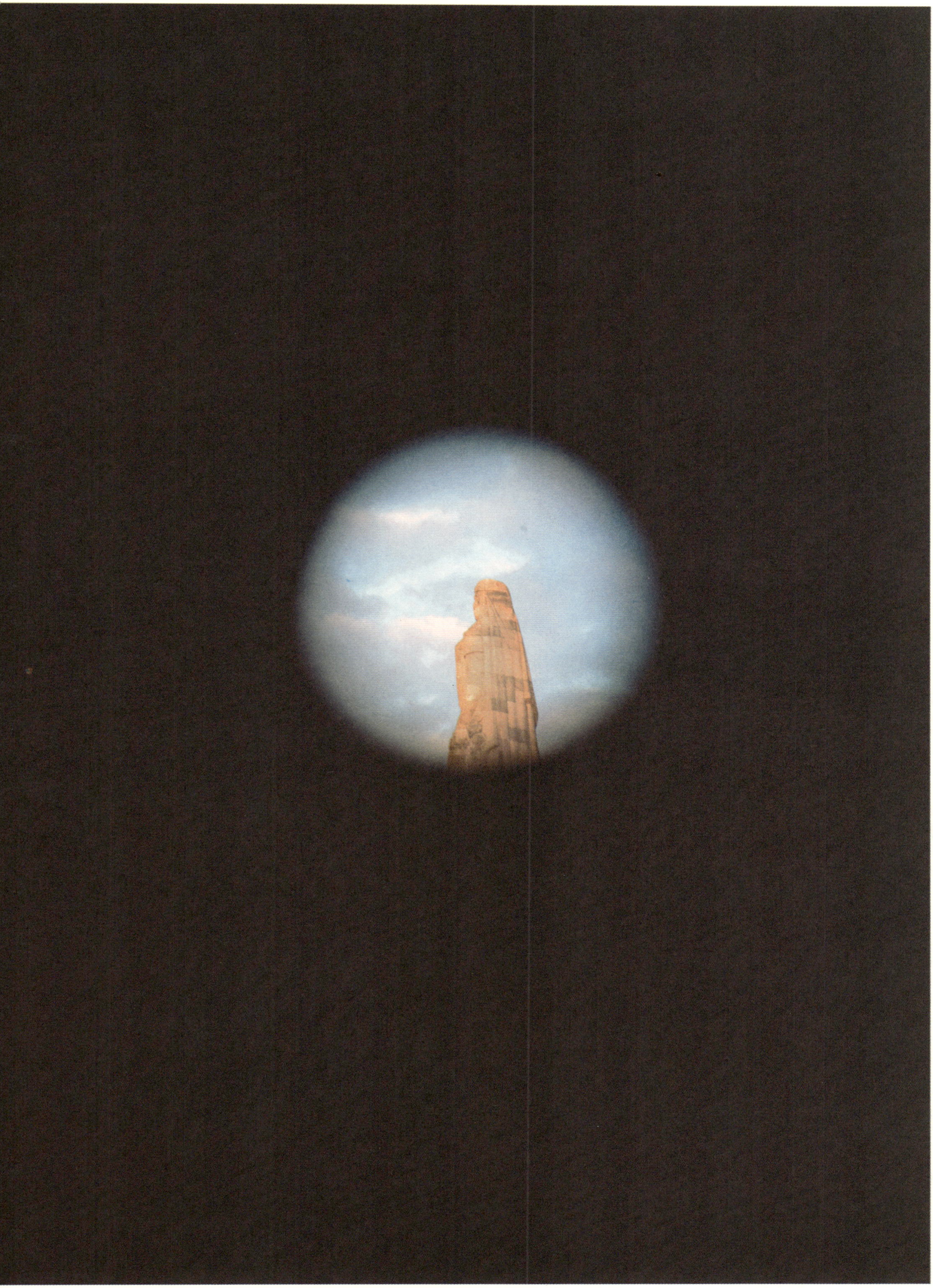

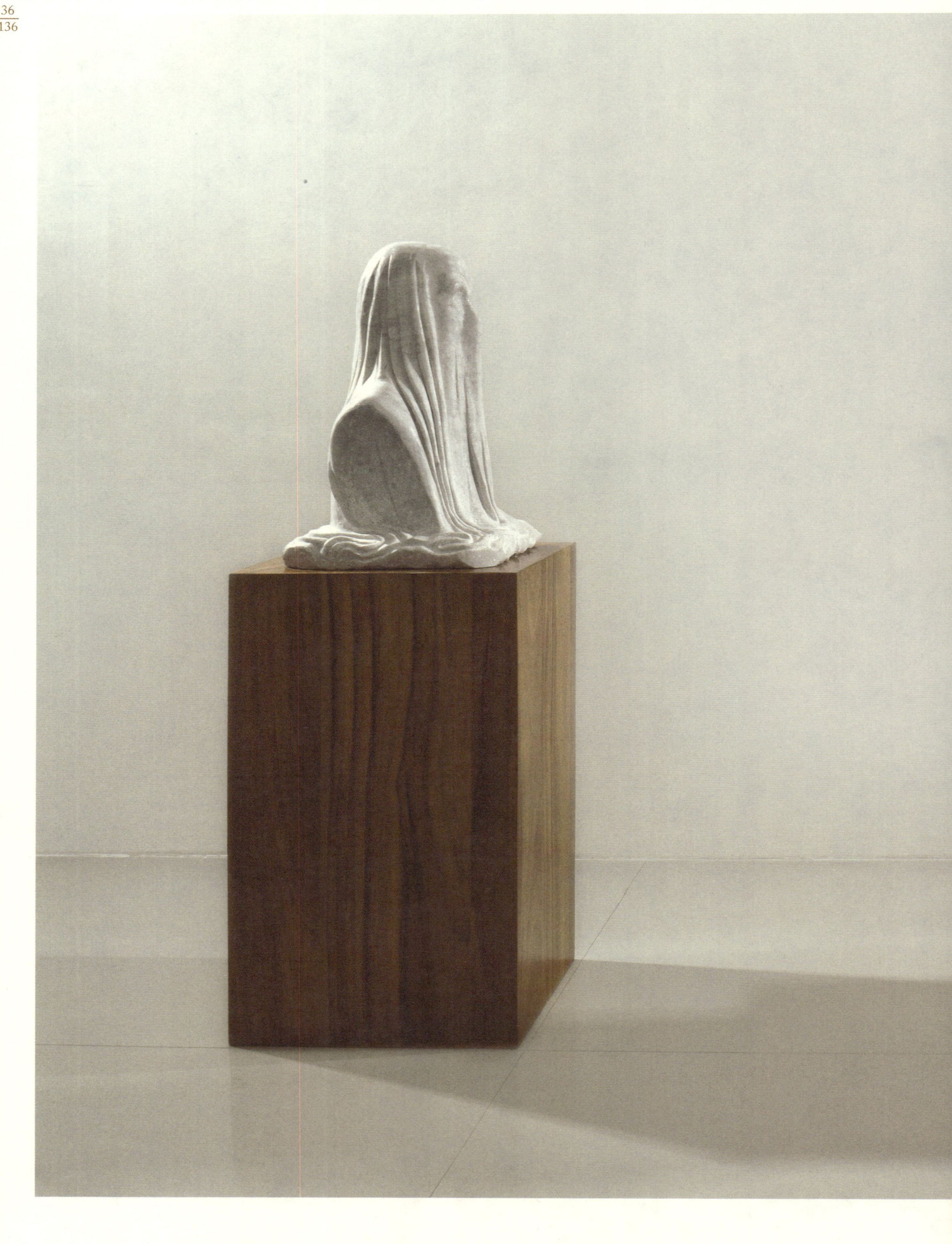

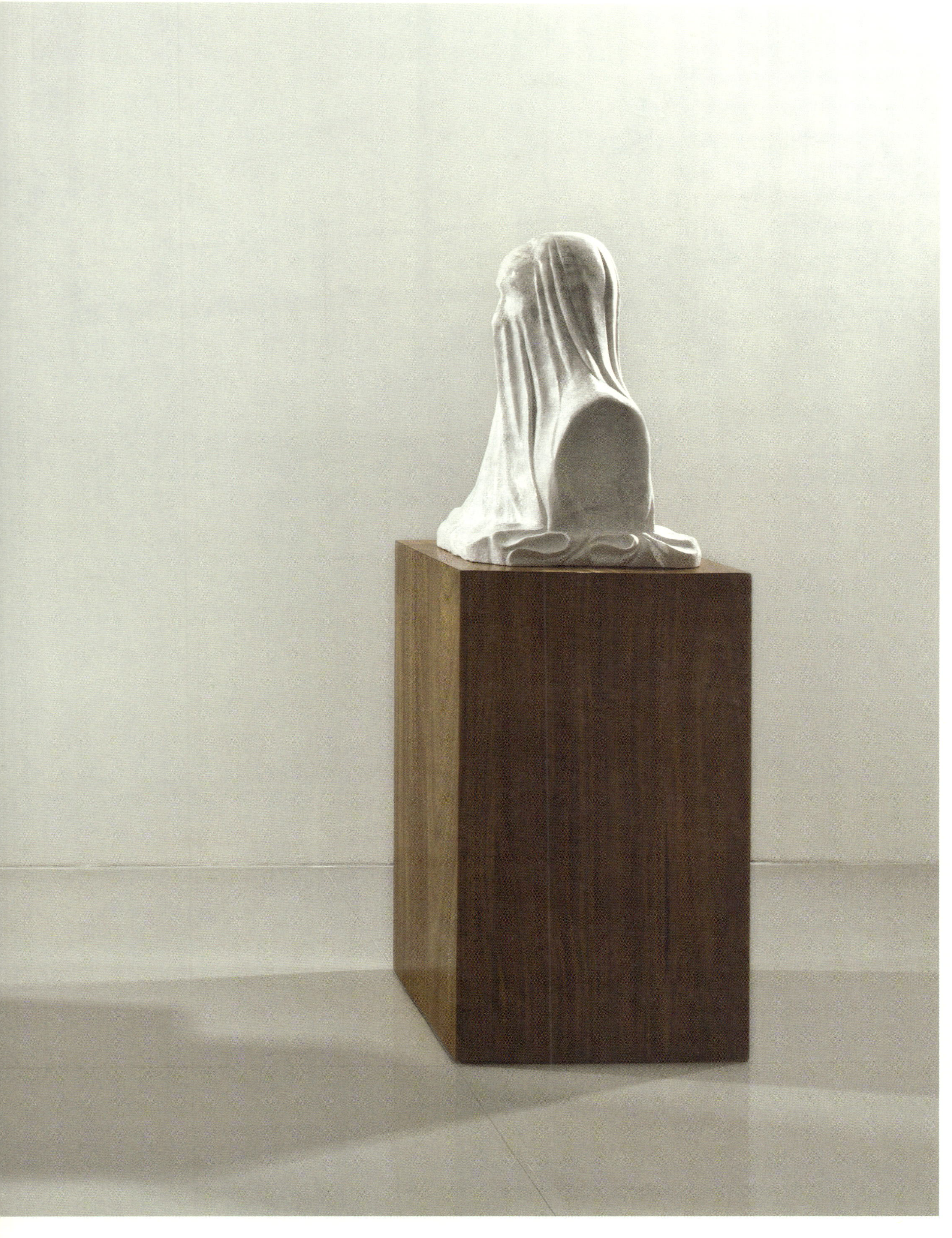

2.

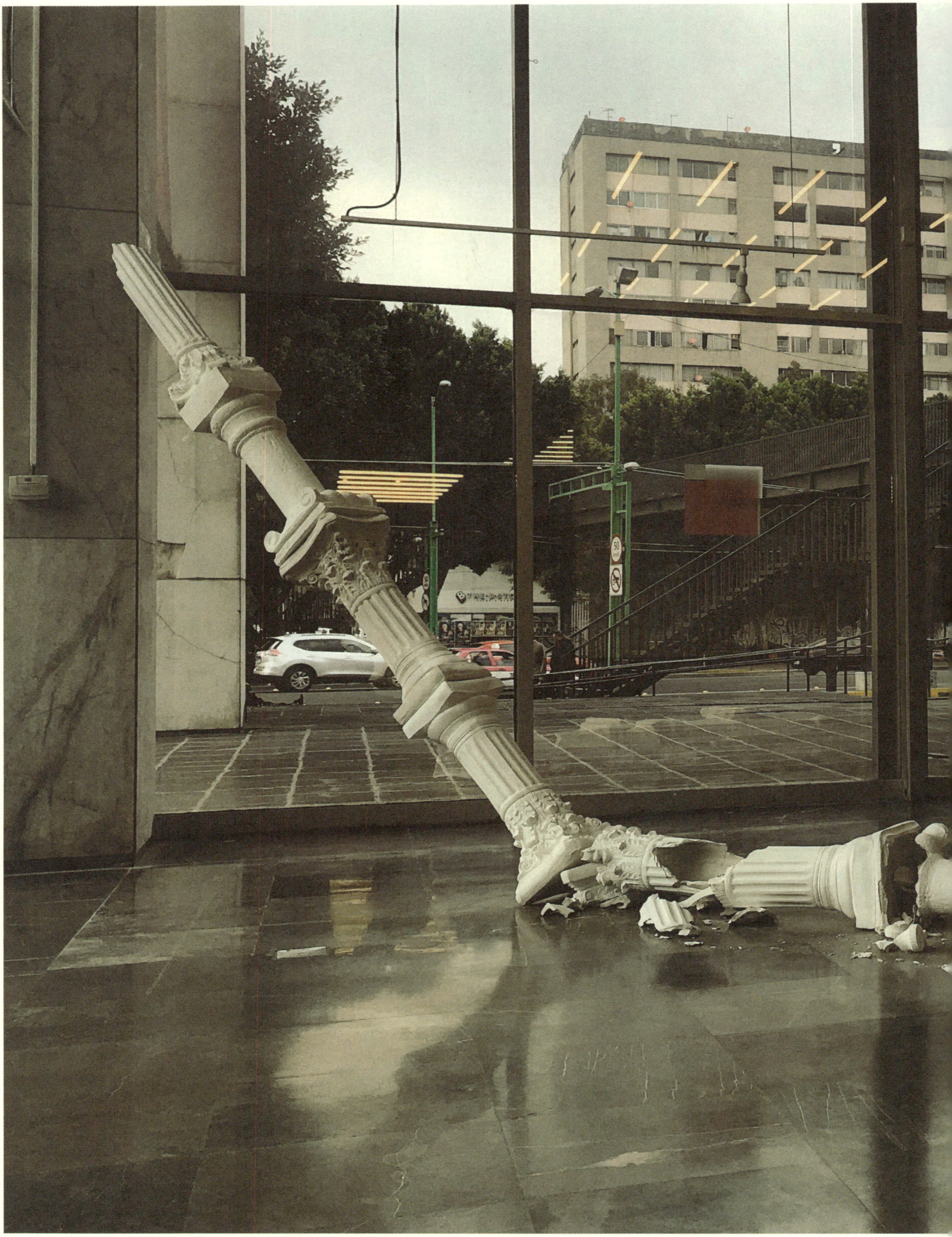

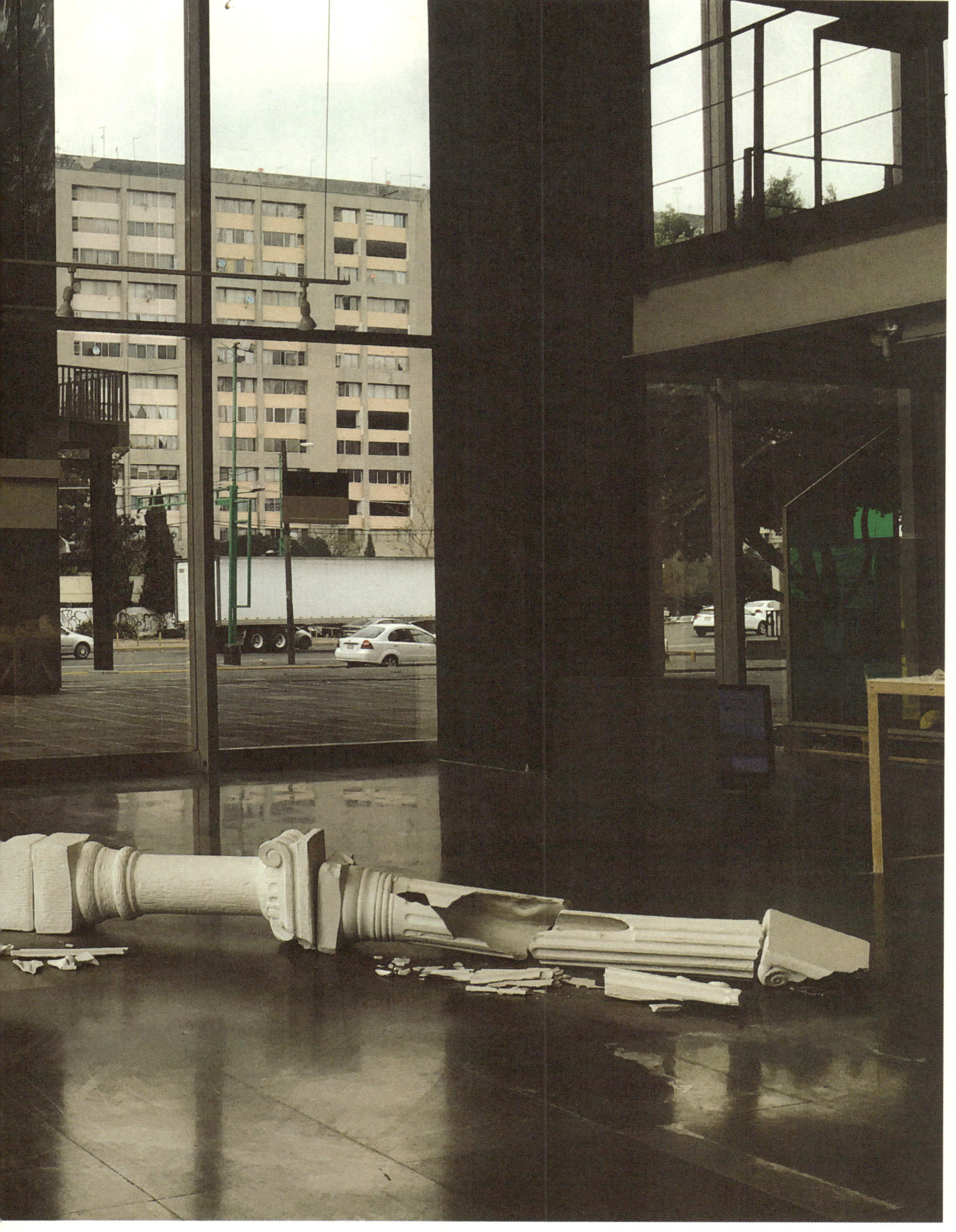

3.

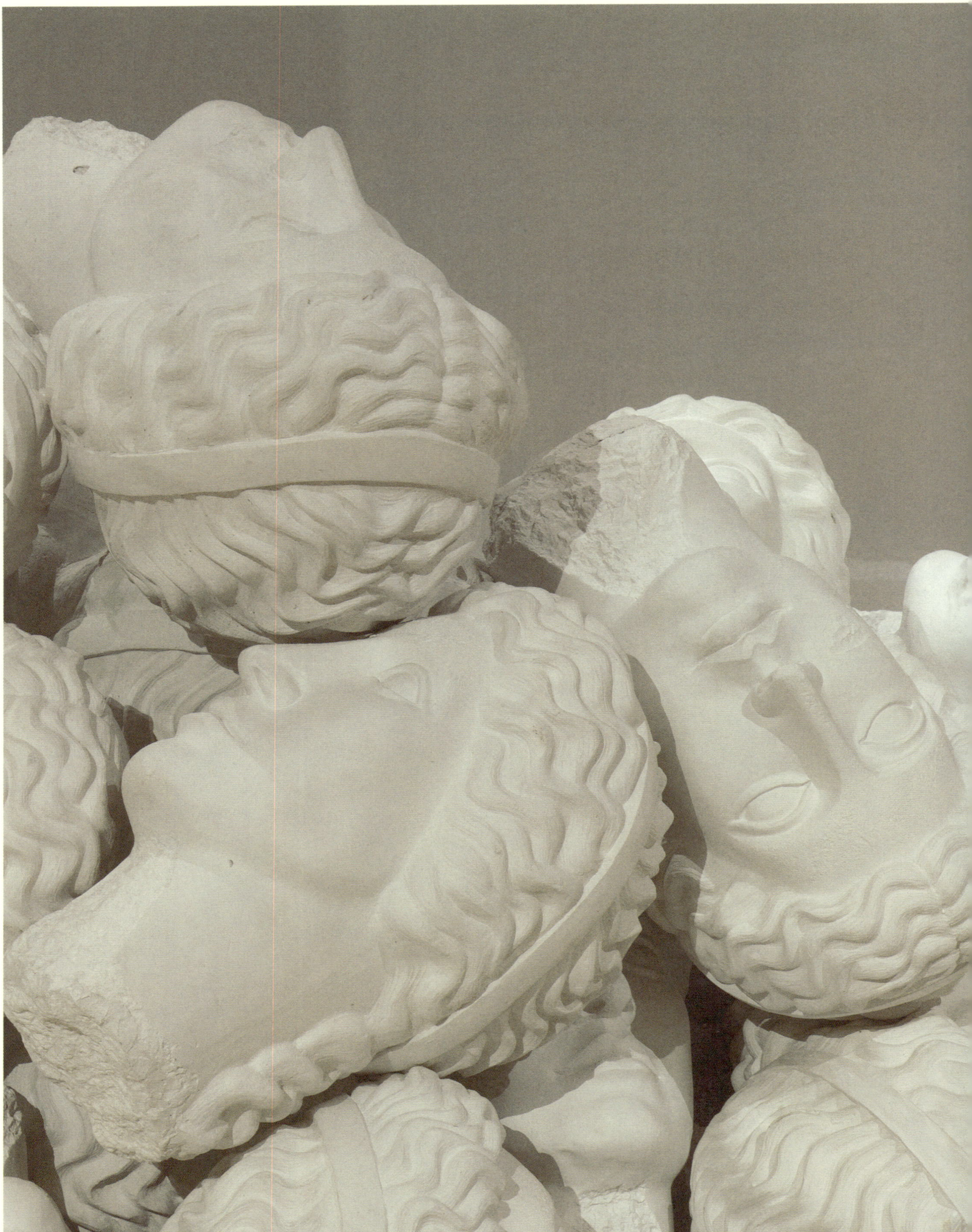

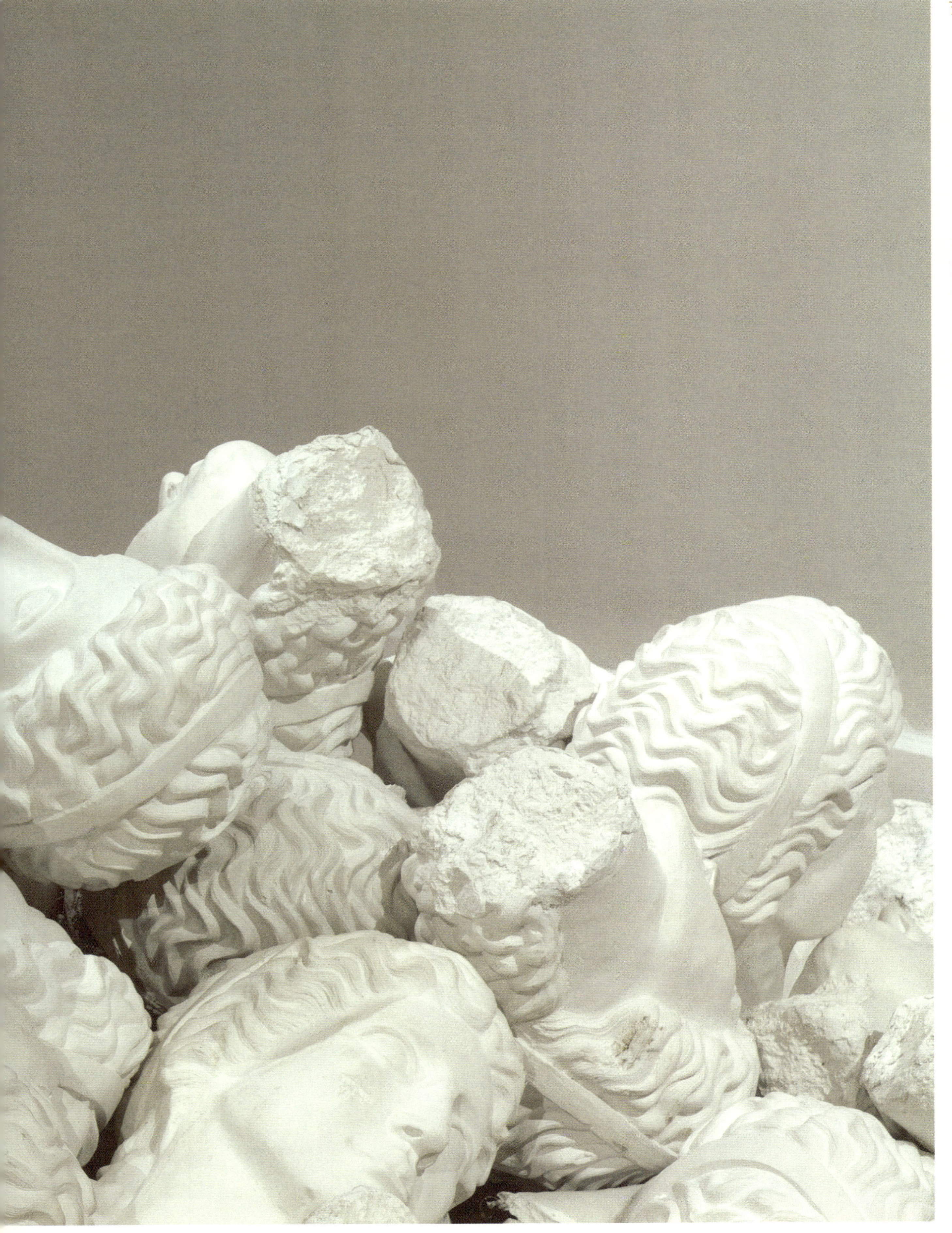

4.

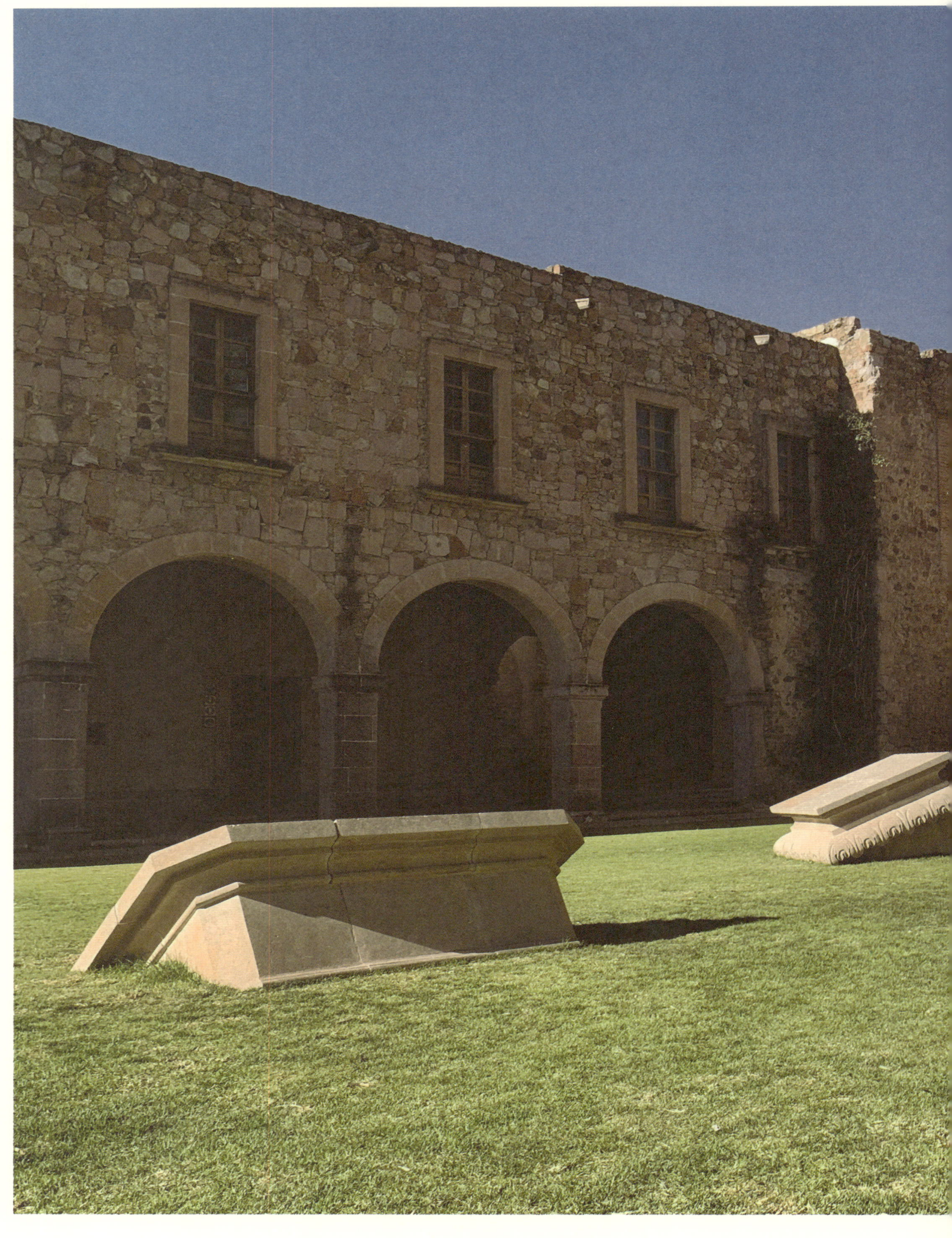

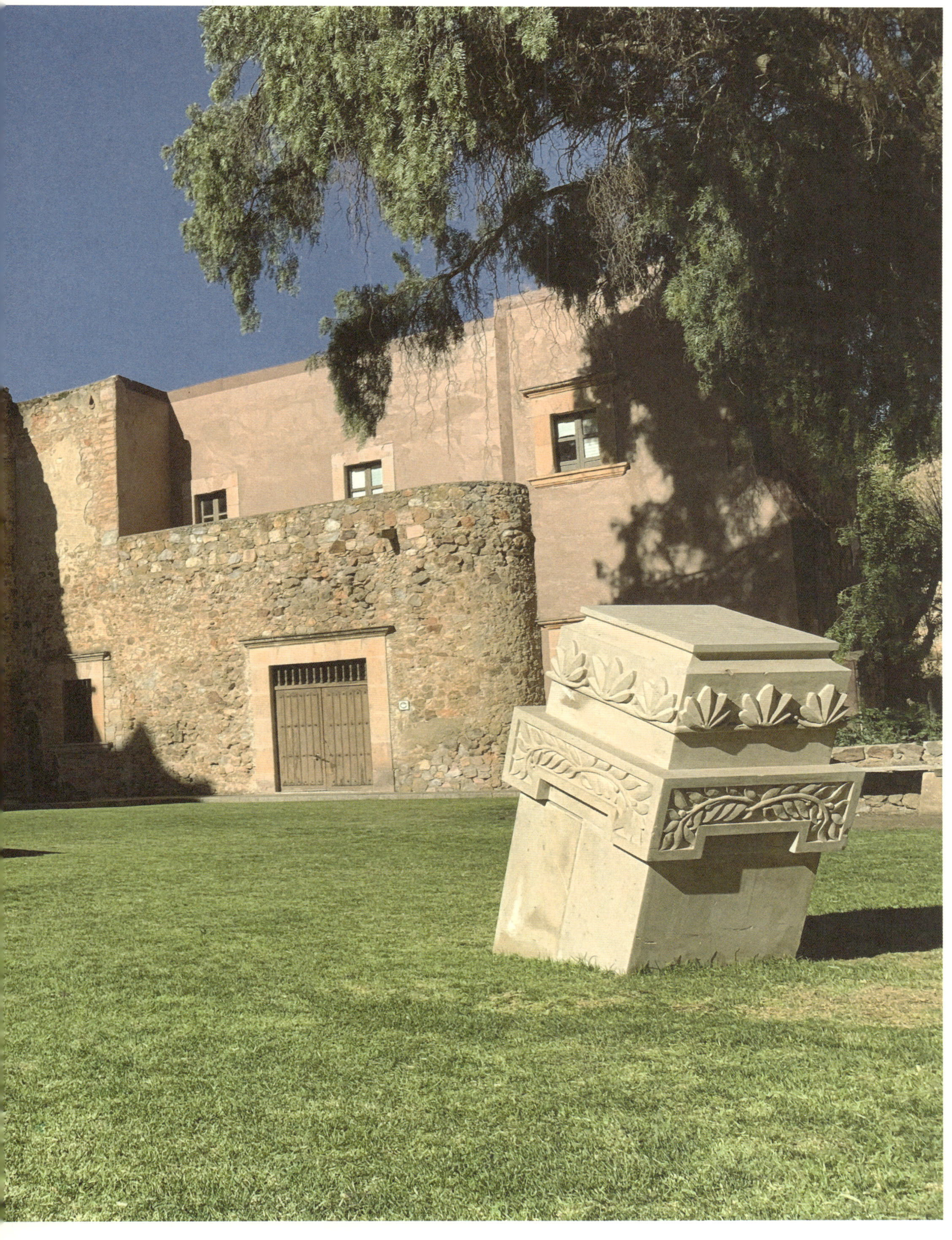

5.

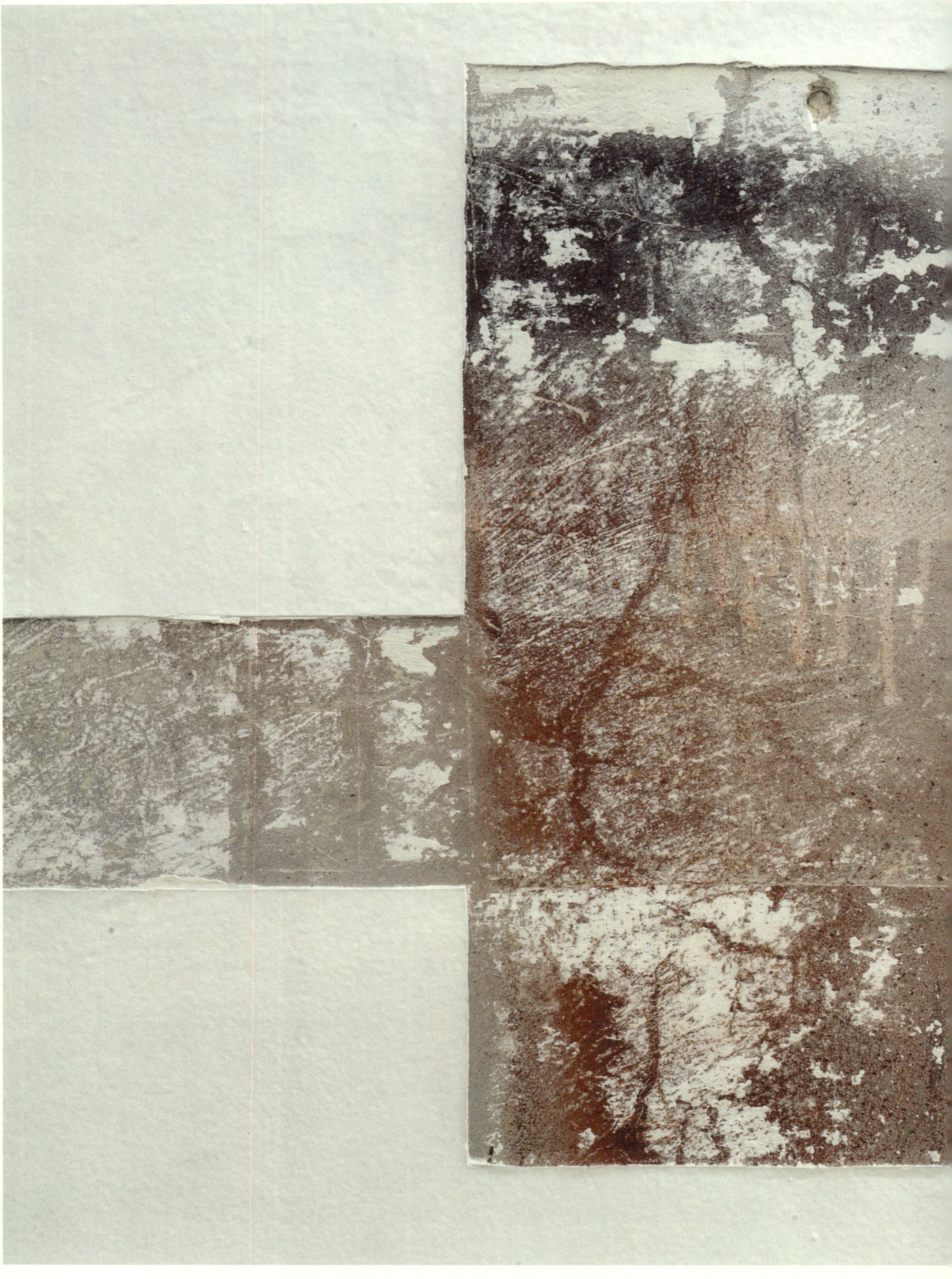

6.

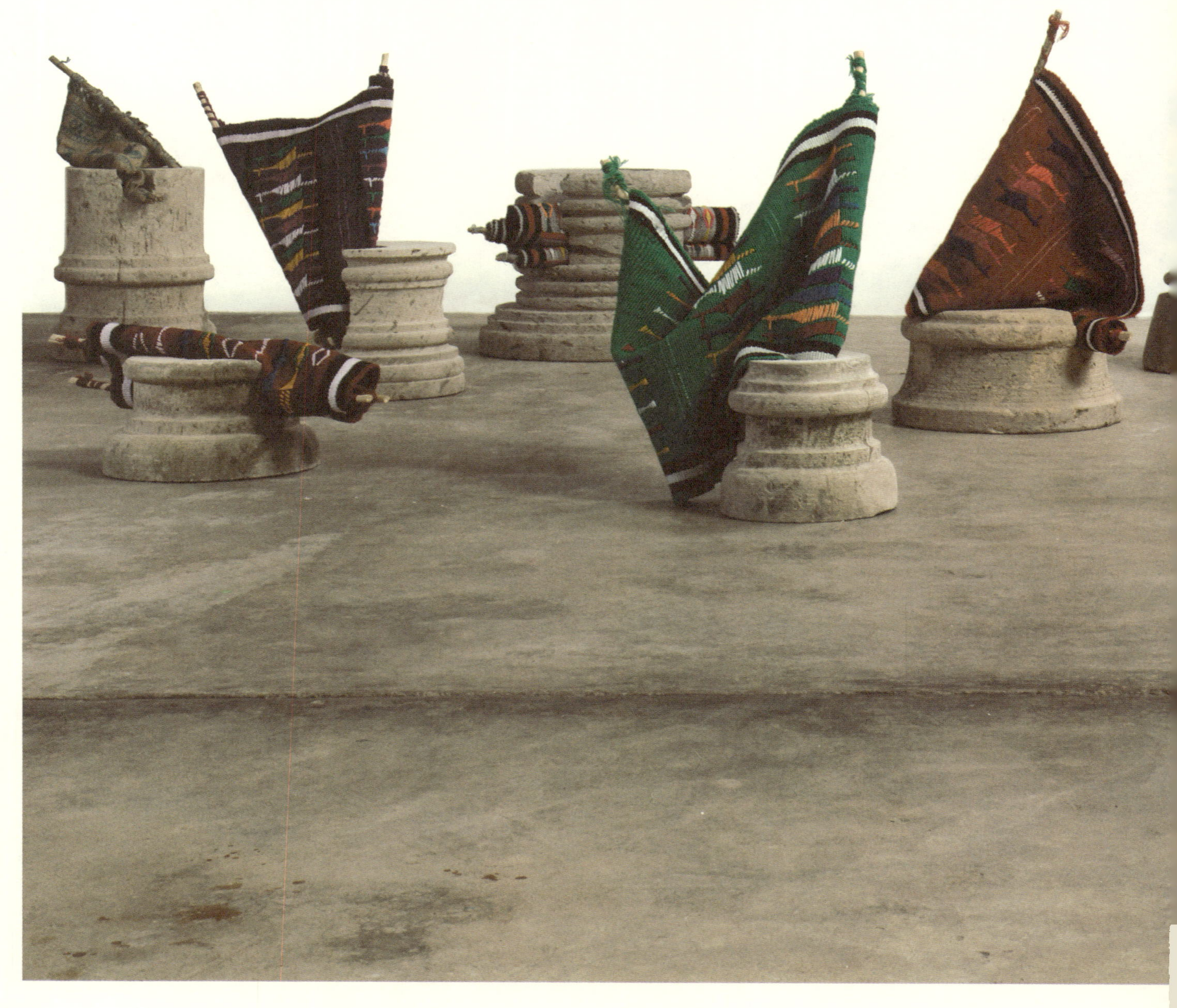

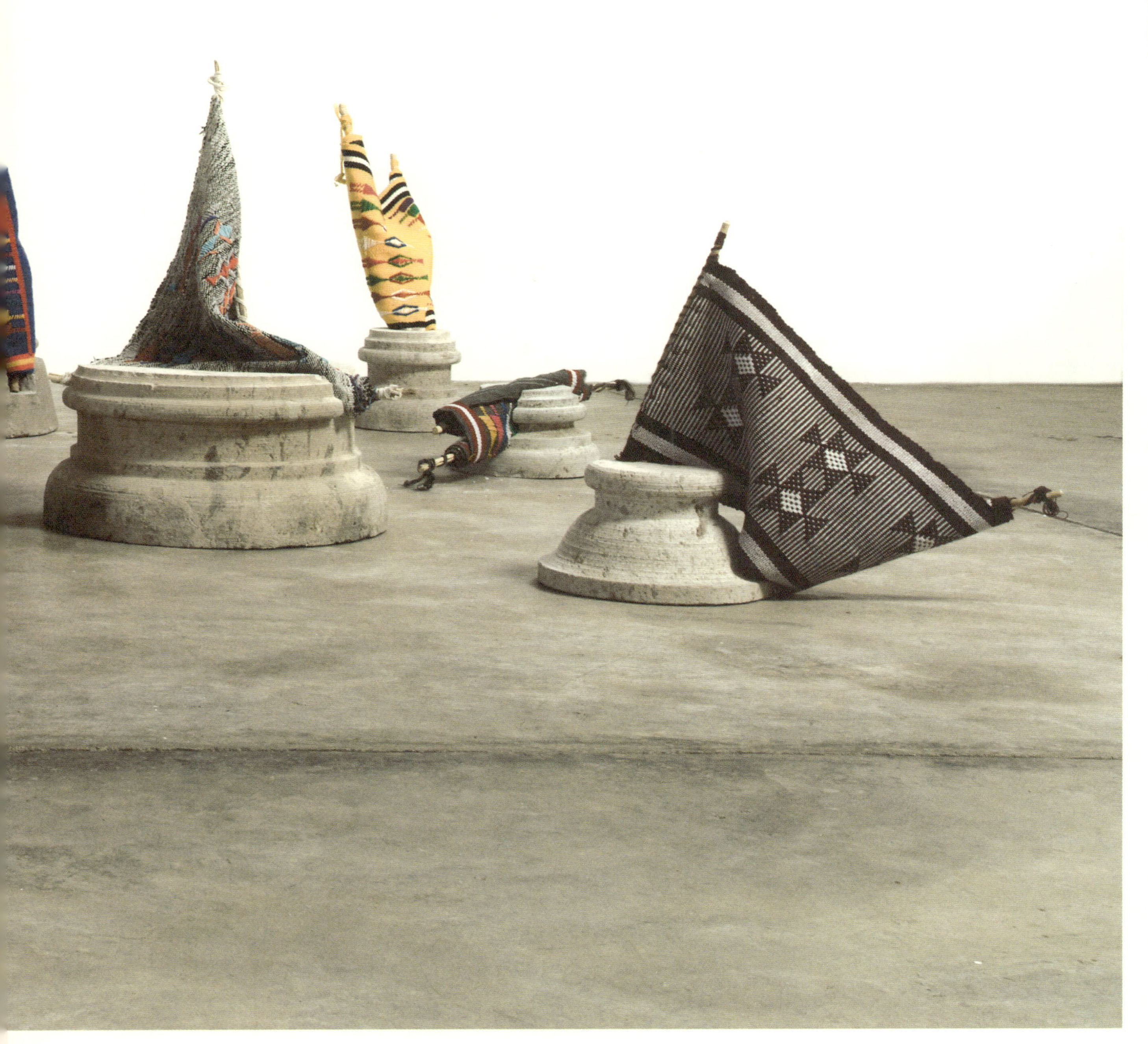

7.

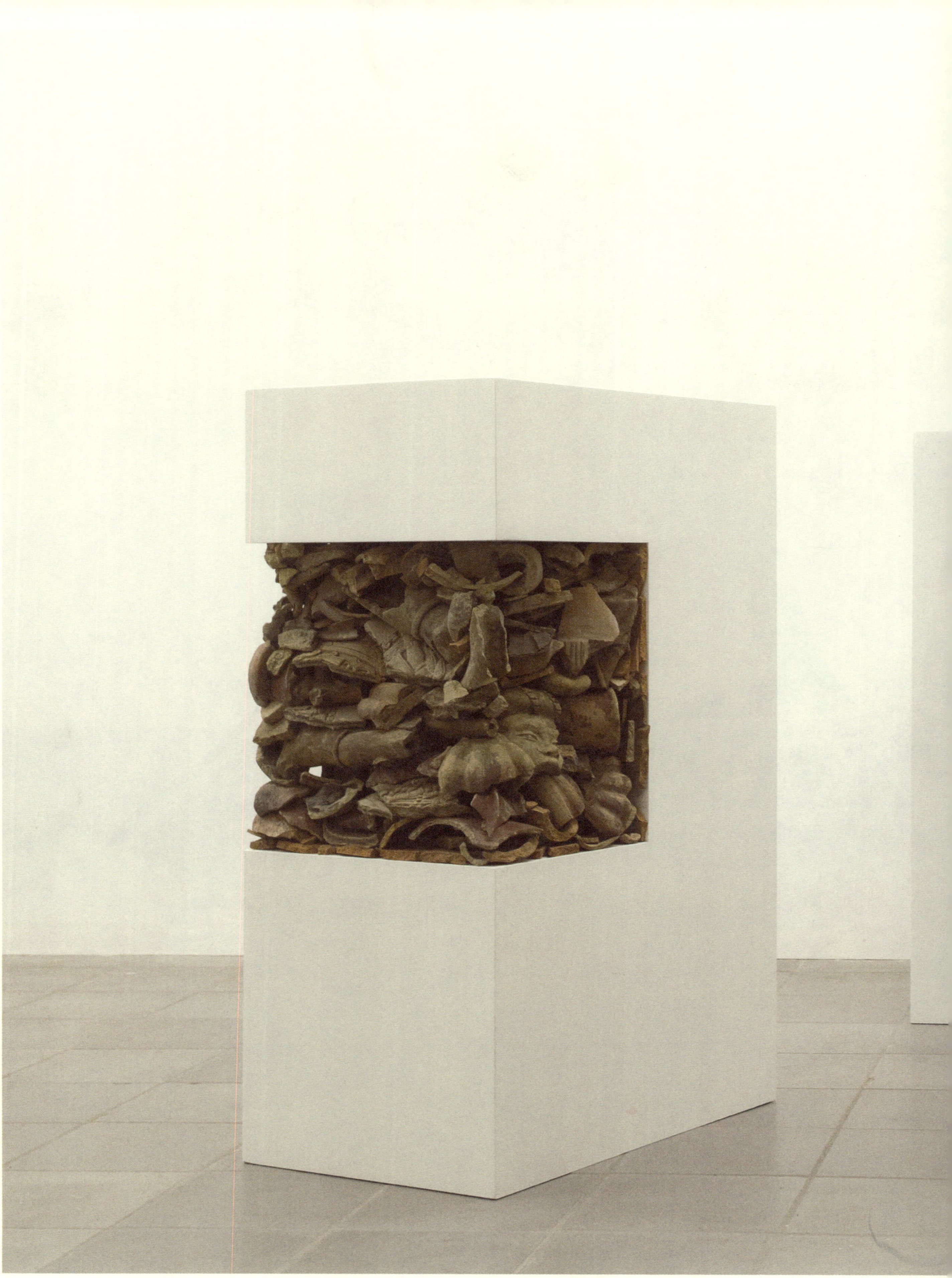

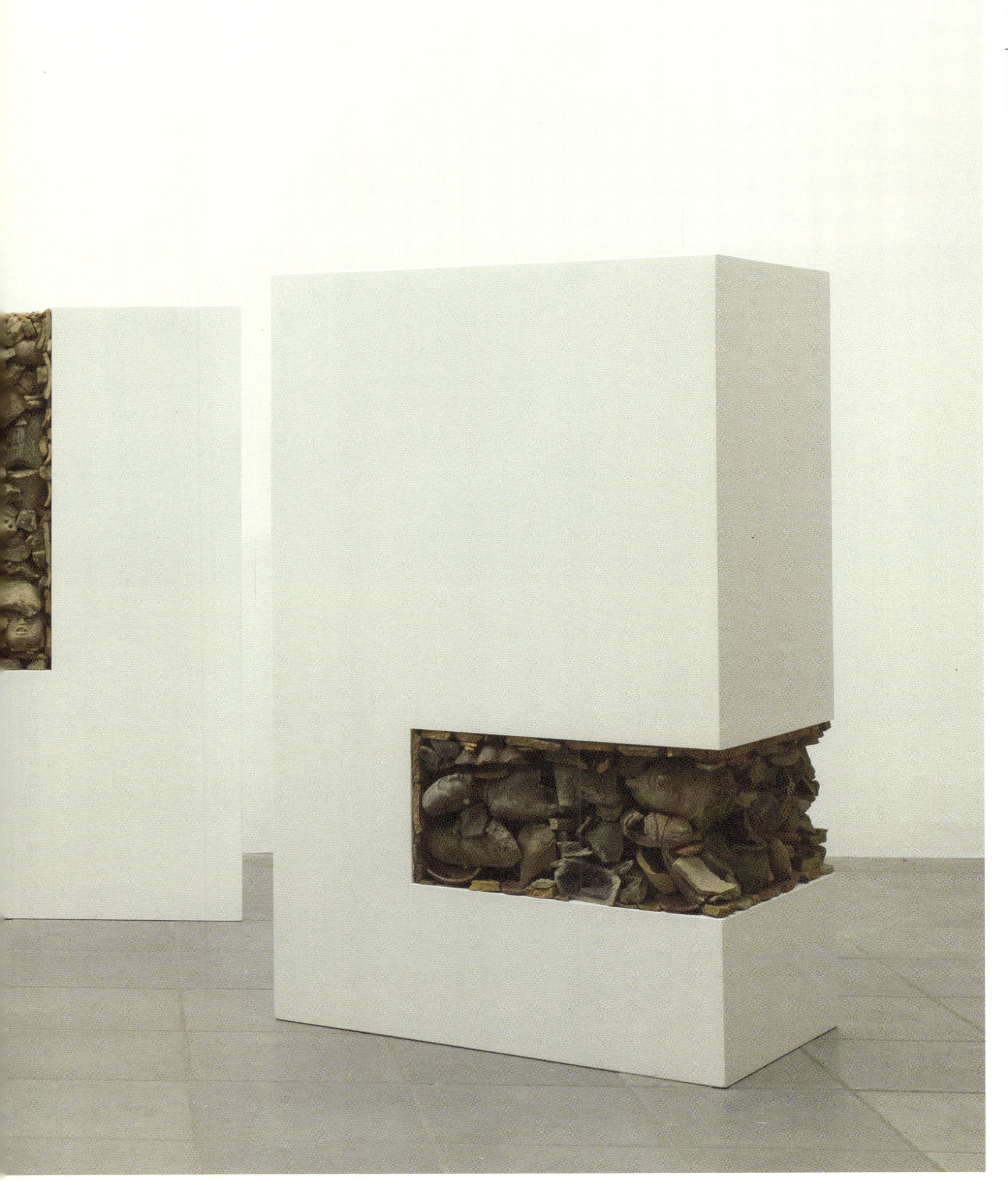

8.

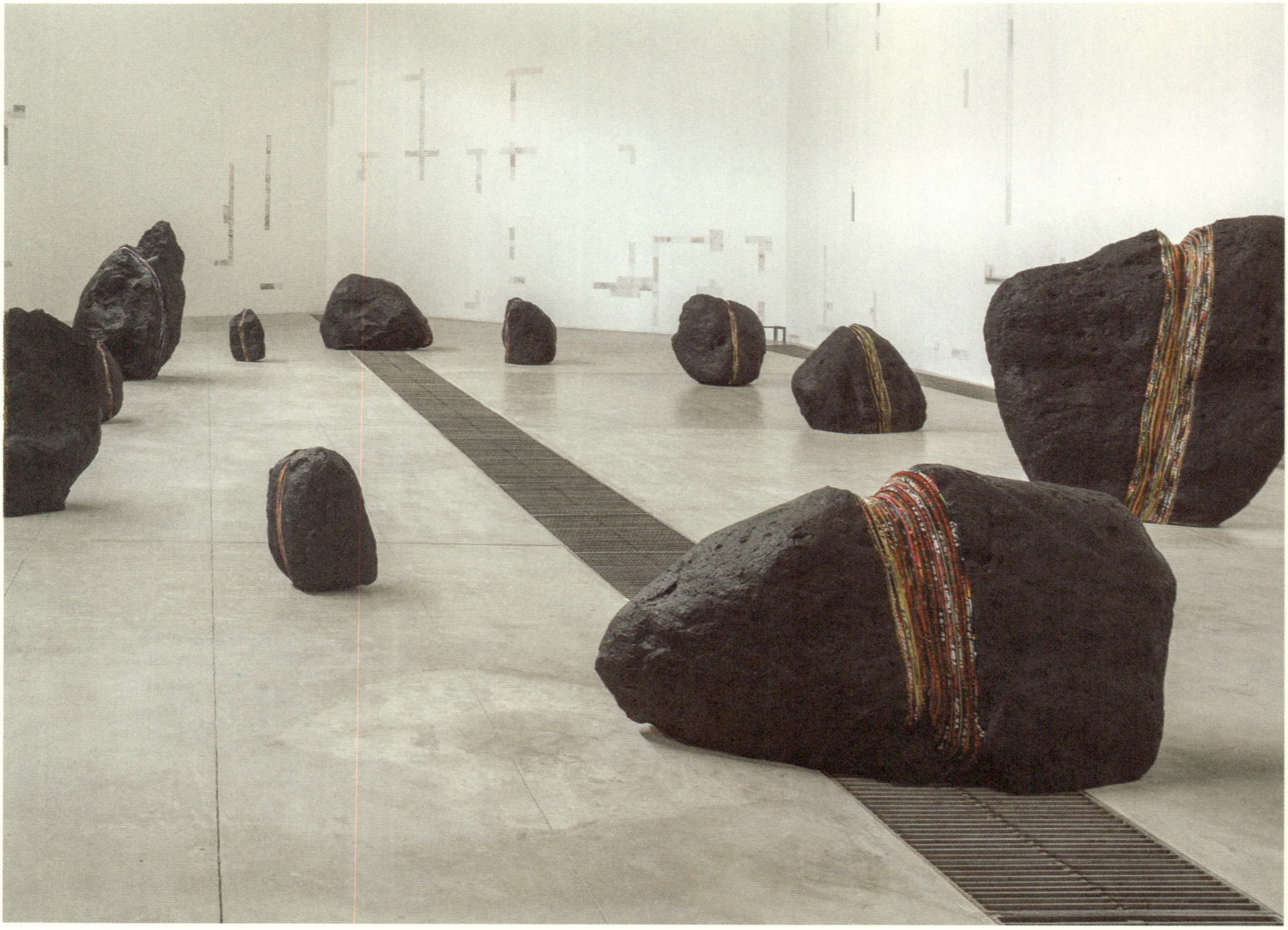

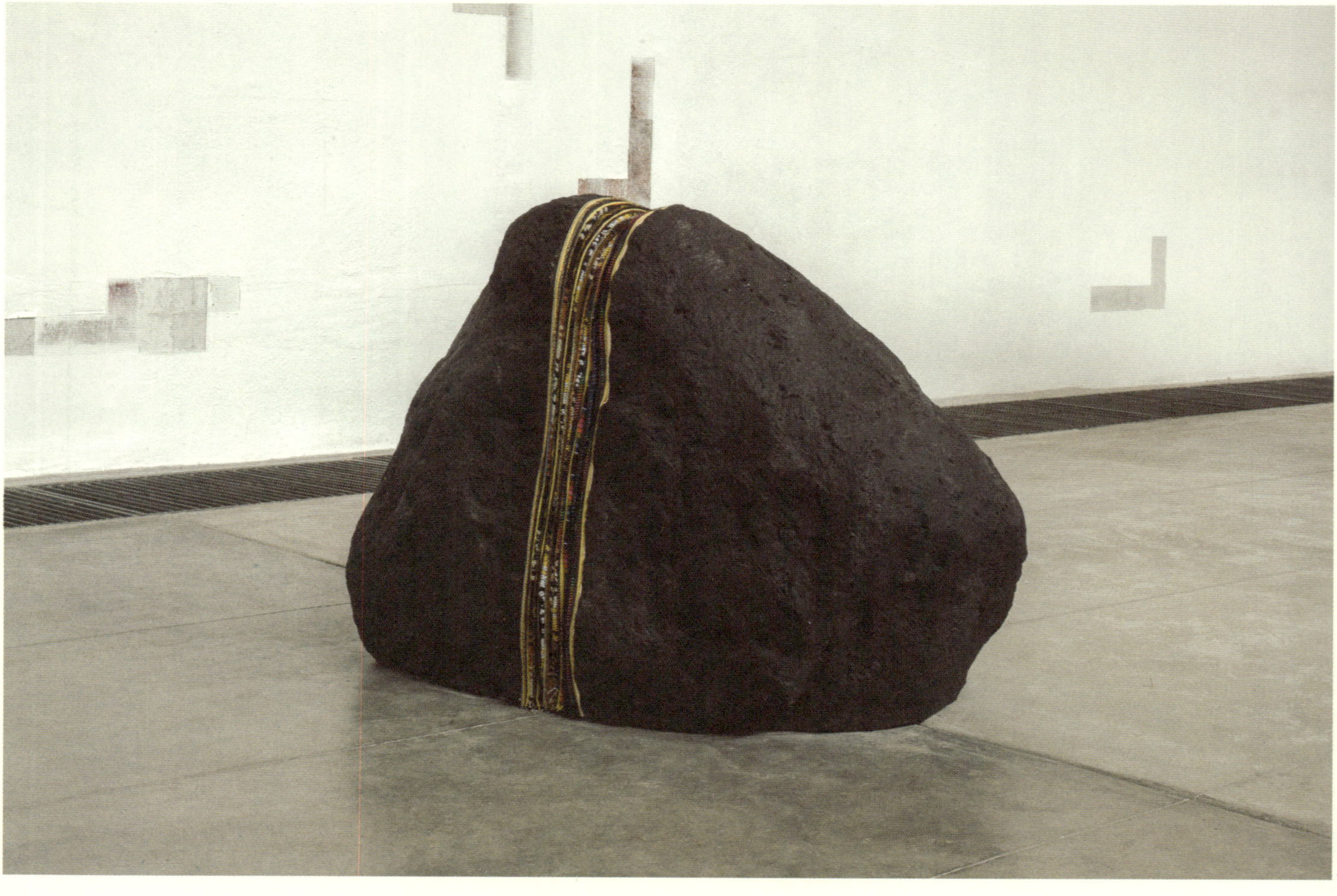

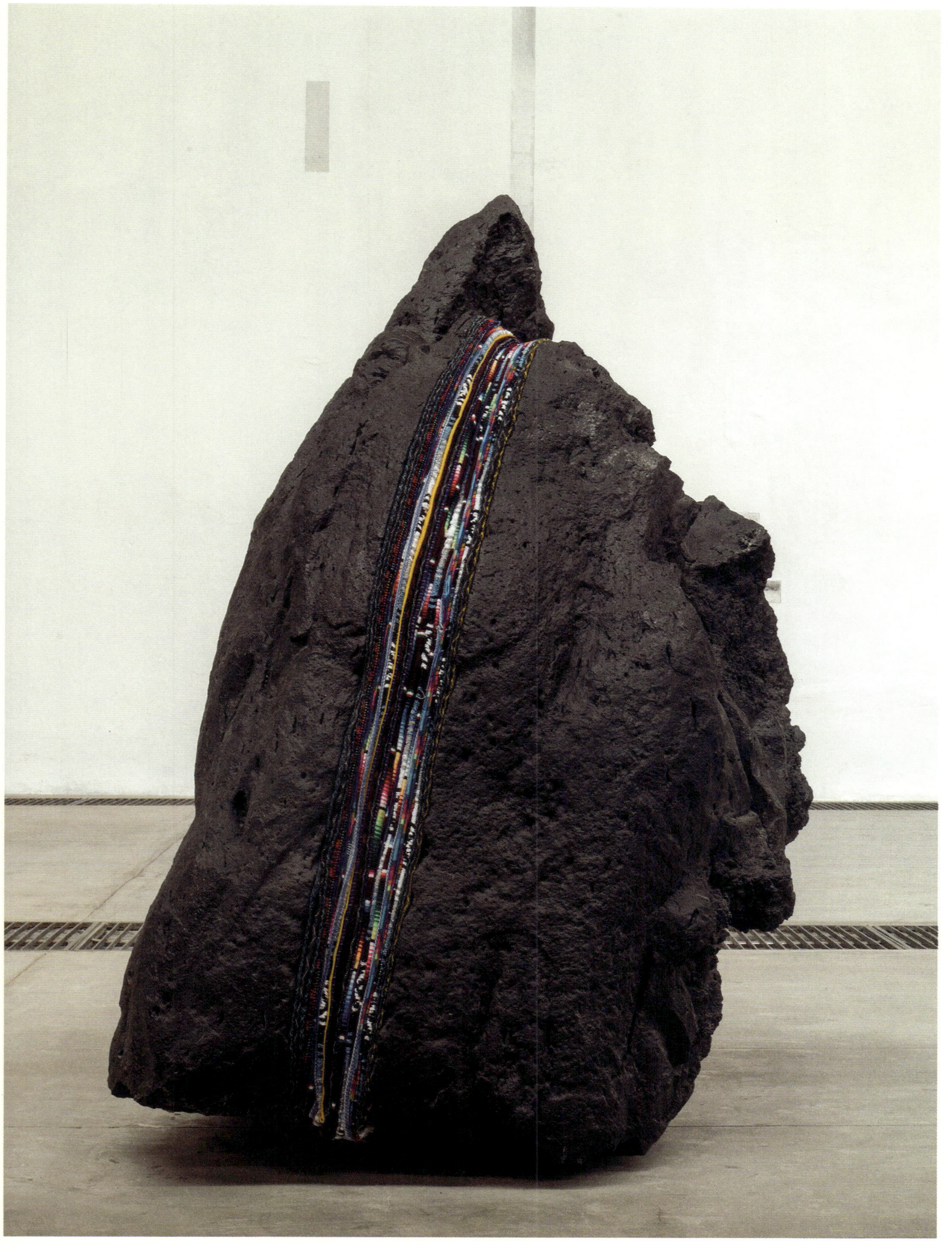

9.

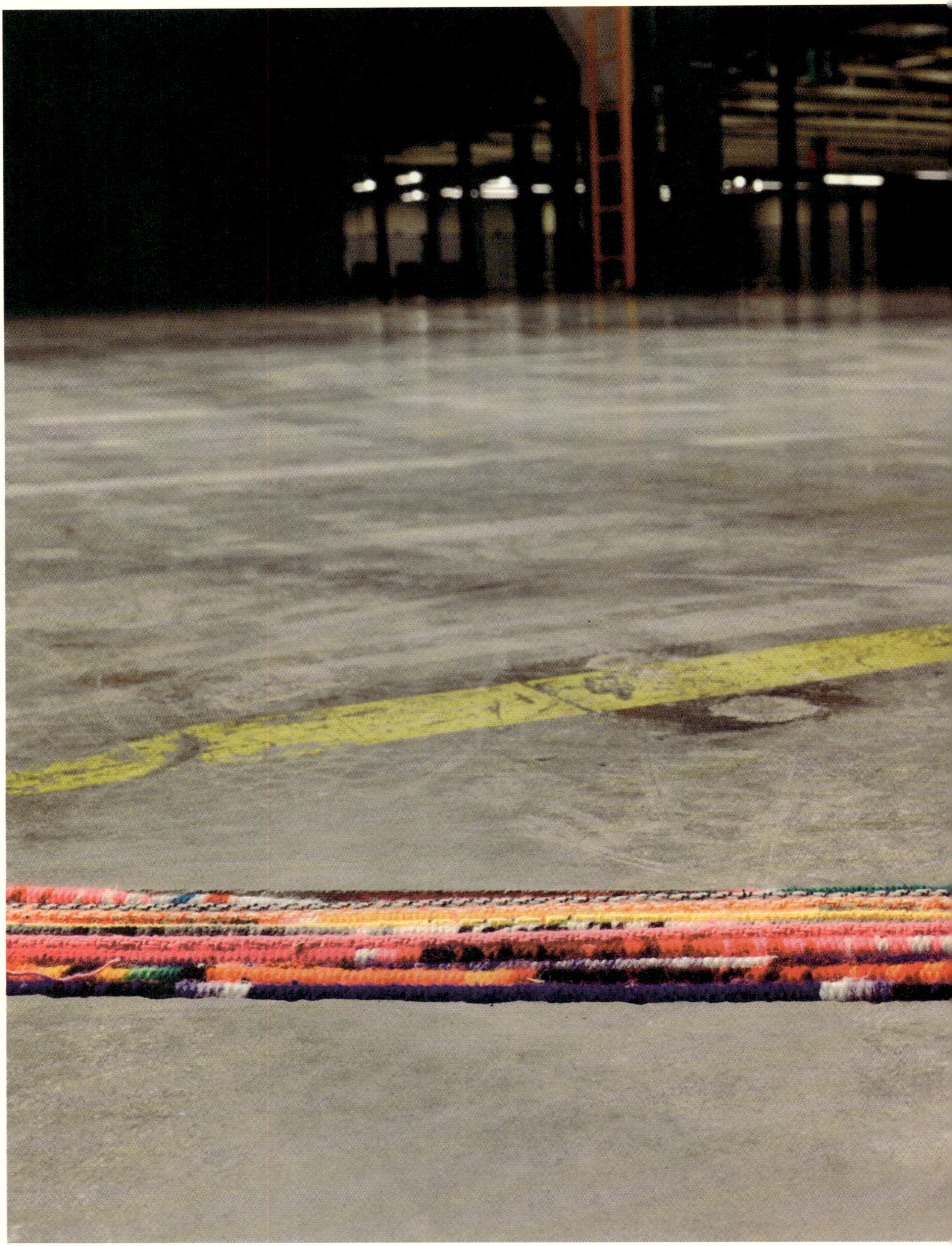

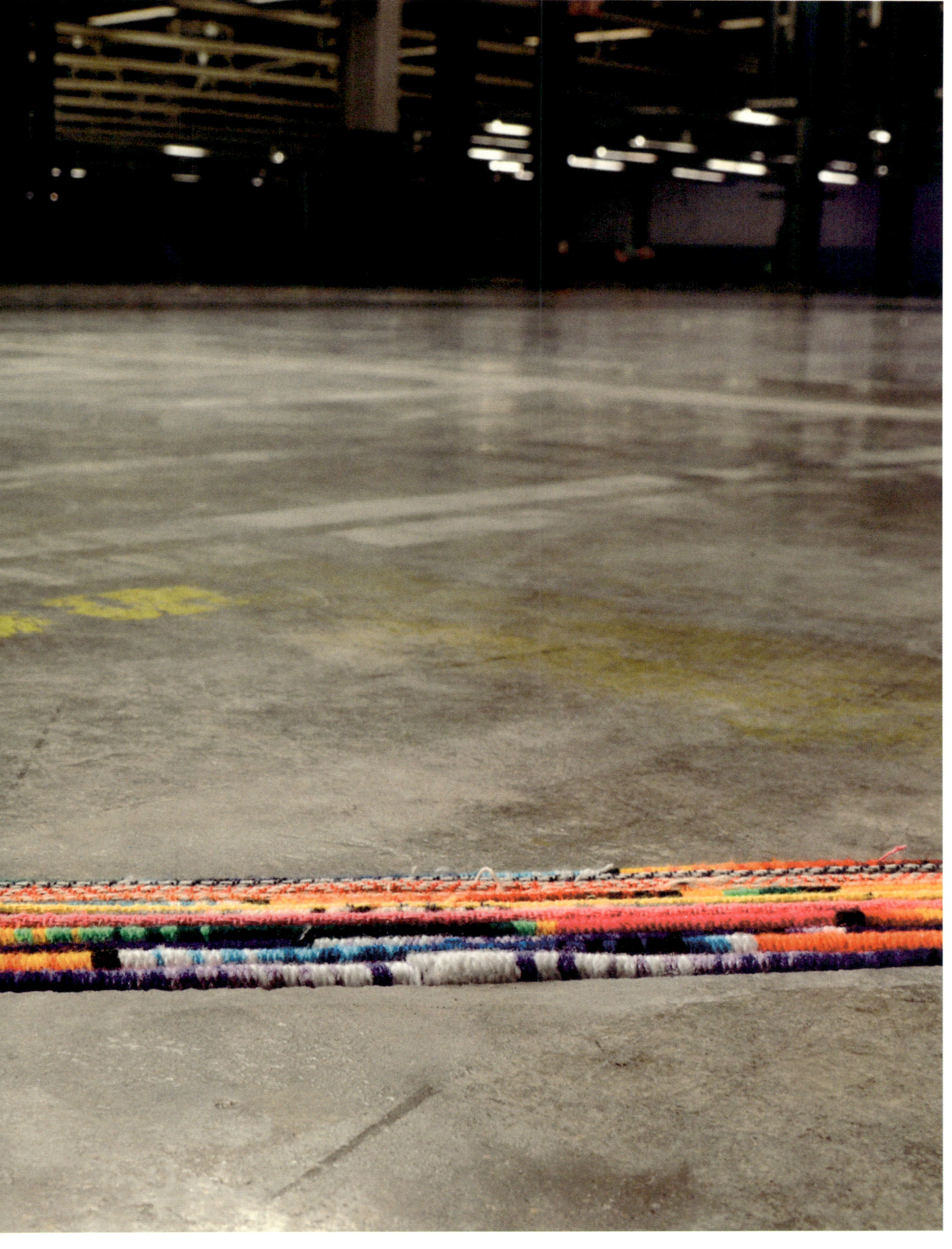

10.

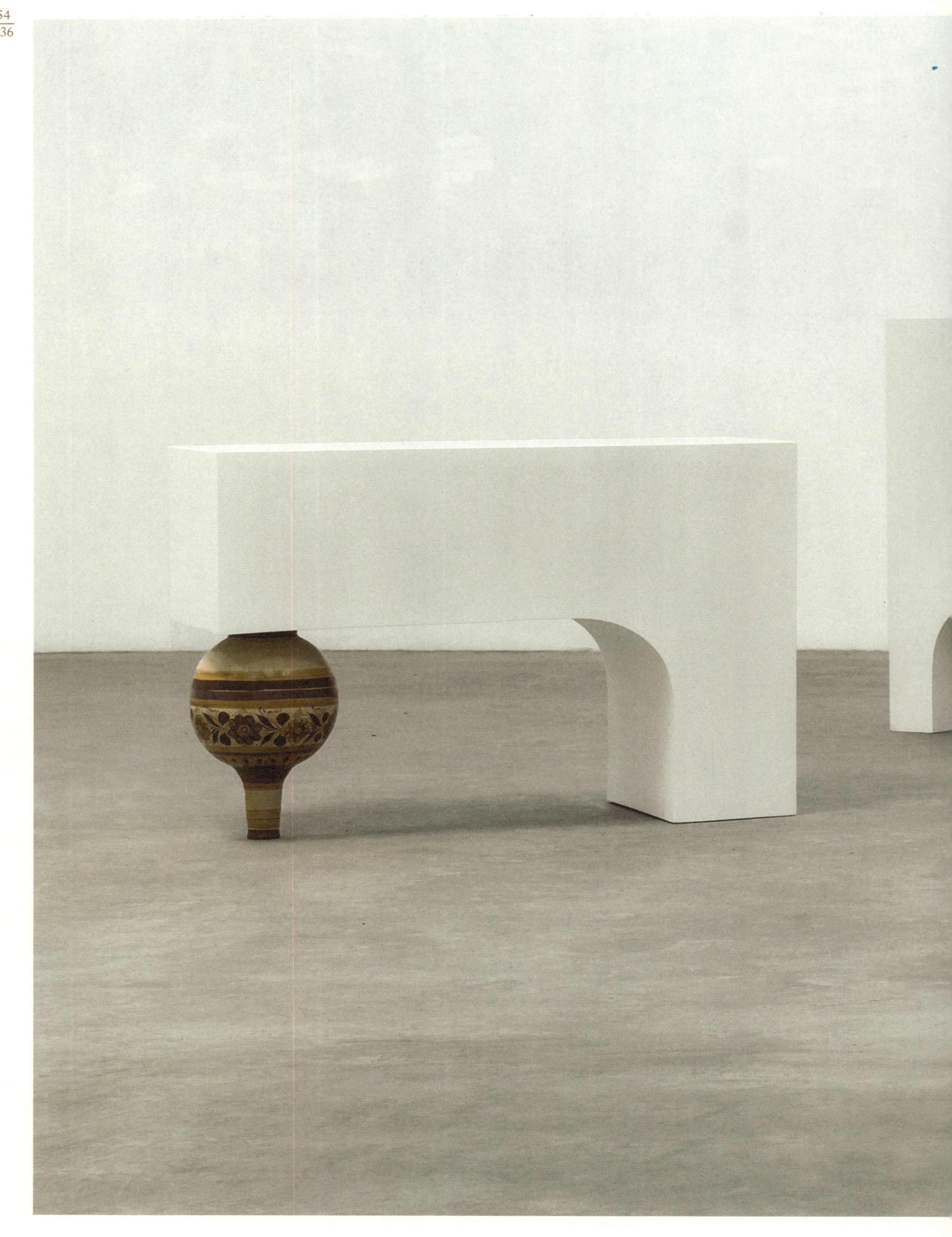

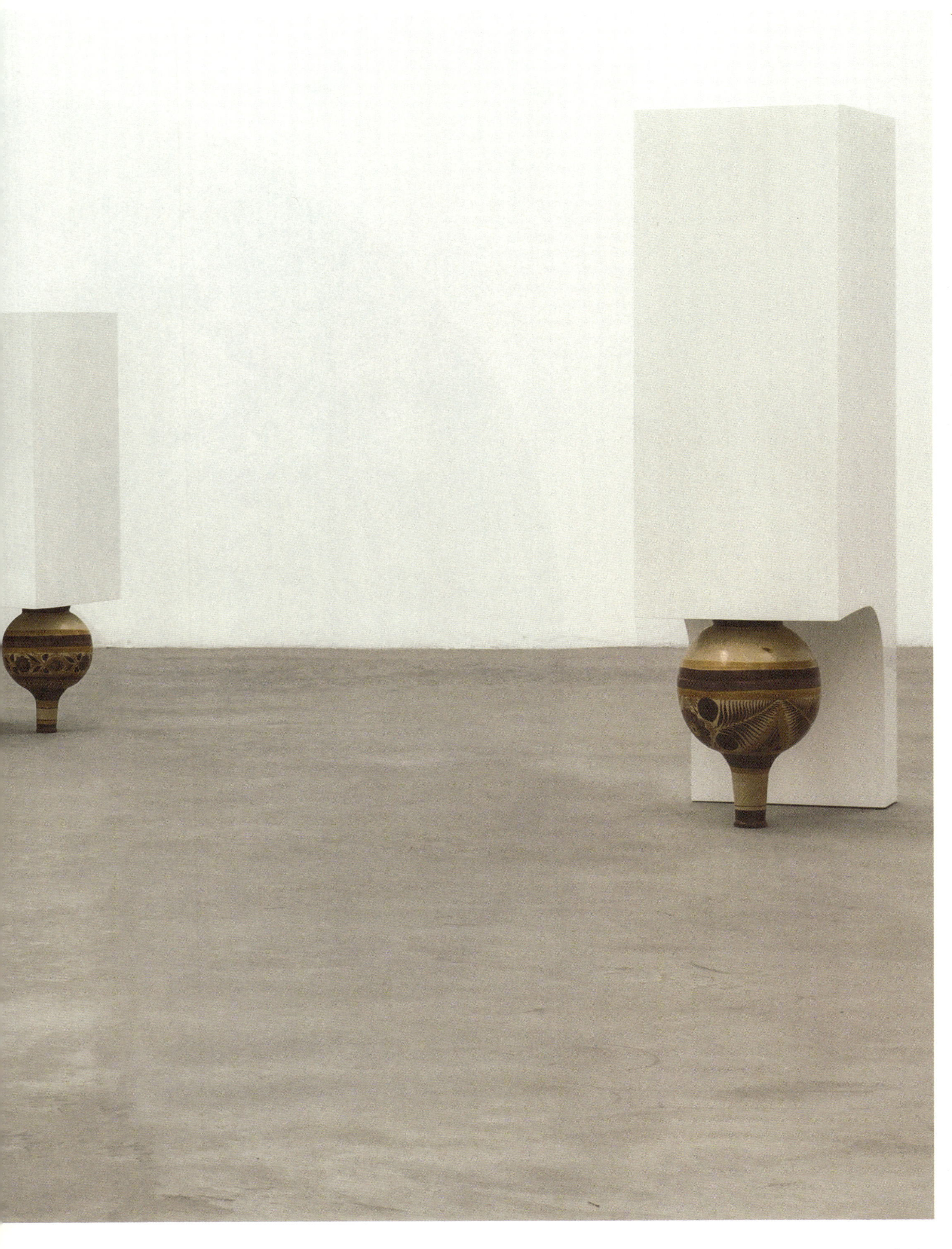

11.

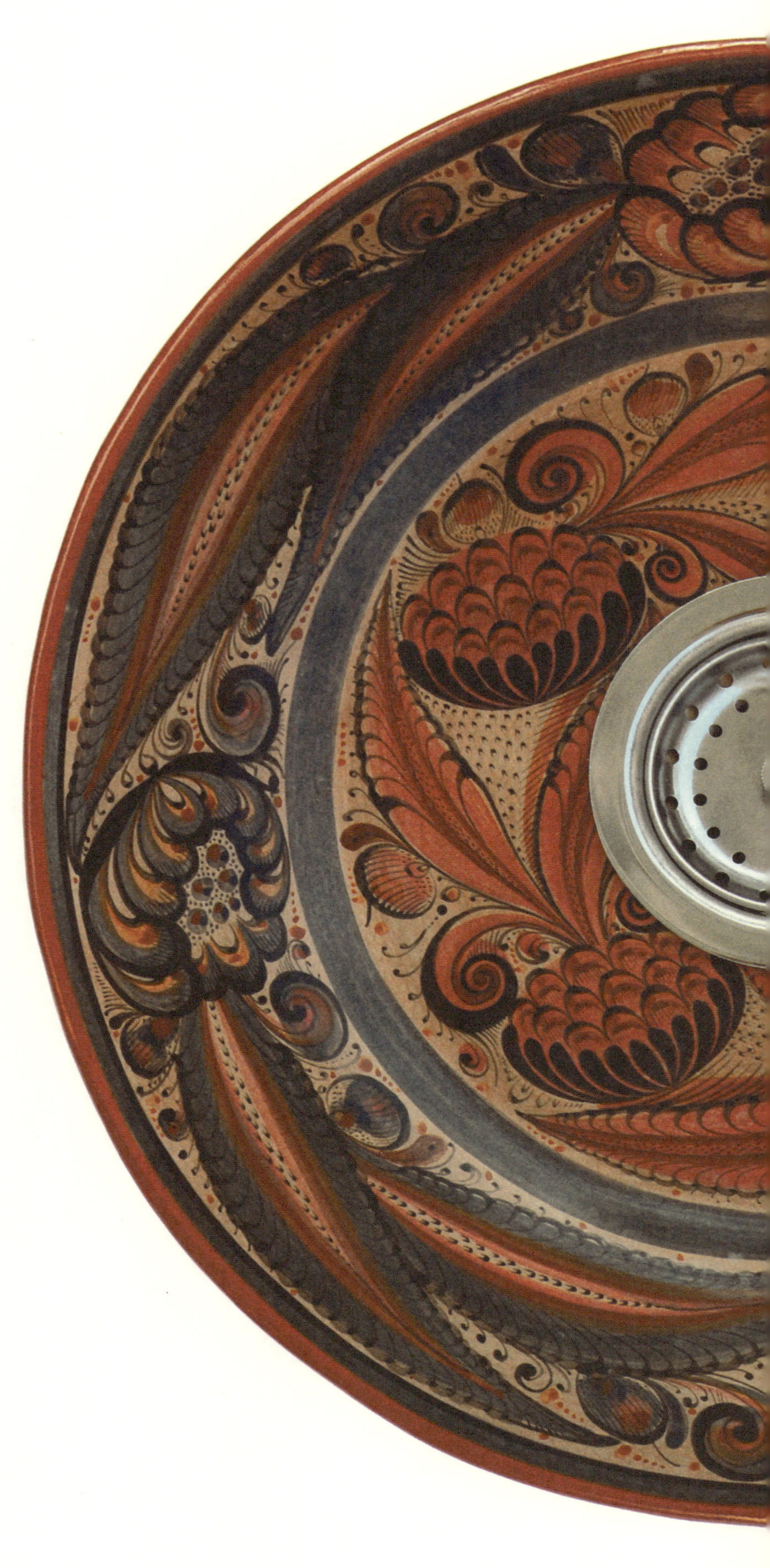

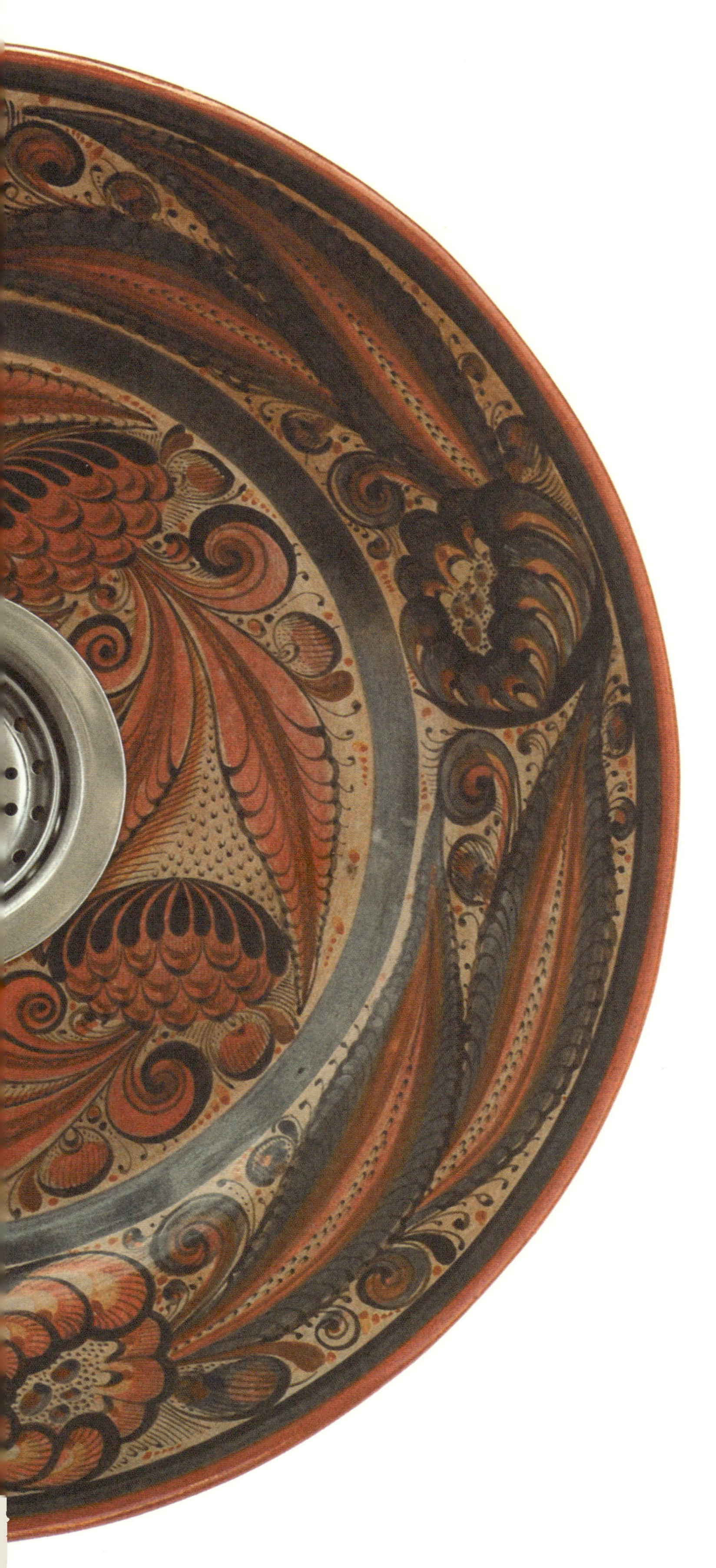

12.

1.

PATRIA [MOTHERLAND], 2016
Intervención en el muro del museo
Intervention on museum wall
Fotografía Photography: Miriam Hernández

Realizada en la exposición Executed at the exhibition *Paráfrasis del estrago* [Damage Paraphrase] en el at Museo de Arte Raúl Anguiano, Guadalajara, México Mexico

Una materia viva efervesce del muro expositivo. Violenta, contamina de afuera hacia adentro hasta perforar su estructura. De la pústula emerge una mirilla que enmarca la parte superior del monumento a los Niños Héroes, su figura femenina es una alegoría a la Madre Patria cuya función en el espacio público es acuerpar ideales de nación, identidad, historia y memoria. Apropiándose de lo que dichos ideales pueden ser, el coloso que alguna vez fungió como obra conmemorativa es ahora repositorio de pintas, denuncias y manifestaciones en torno a personas desaparecidas en el estado de Jalisco. Esta perturbación de la asepsia del cubo blanco permite otra impronta: ahí donde se descontextualiza el monumento, se actualiza —por confrontación— la correspondencia del dispositivo de mostración con su entorno, sus memorias y políticas.

Living matter effervesces from the exhibition wall. Violent, it contaminates from the outside in until it perforates the wall's structure. From the pustule emerges a peephole that frames the upper part of the monument to the Niños Héroes, its female figure is an allegory to the Motherland whose function in public space is to embody ideals of nation, identity, history, and memory. Appropriating what such ideals may be, the colossus that once served as a commemorative work is now a repository for graffiti, denunciations, and demonstrations about people who have disappeared in the state of Jalisco. This disturbance in the sterile white cube allows for another imprint: where the monument is decontextualized, the confrontation renews and shifts correspondence between the display device and its surroundings, its memories, and its politics.

2.

DIÁLOGO ENTRE NACIONES
[DIALOGUE BETWEEN NATIONS], 2012
Mármol, pedestales de madera Marble, wooden plinths
173 x 60 x 56 cm c/u each
Fotografía Photography: Marcos García

Cortesía de Courtesy of Museo de Arte de Zapopan

En la exposición colectiva In the collective show *Tinnitus y Fosfenos* [Tinnitus and Phosphenes] en el at Museo de Arte de Zapopan, México Mexico

Dos bustos de mármol, que yacen sobre pedestales de madera, se encuentran frente a frente. Sus rostros, velados por el mismo material que les da cuerpo, enmarcan un diálogo inexistente. Esta obra deriva de las discusiones, conversaciones, dificultades y acuerdos para devolver y re-erigir el Obelisco de Axum en Etiopía, en 2008 —llevado a Italia por las tropas fascistas en 1937. Personajes que cargan con un peso histórico, político y social de lugares y prácticas pasadas; son espectros, ya unidos por el olvido, que insisten en encarnar las relaciones políticas que fueron producto de la modernidad. El estado-nación se trama mediante el intercambio de palabras inentendibles y ficción. En su imposibilidad de memoria, esta conversación nos atraviesa al suspender nuestro reconocimiento en ella.

Two marble busts, lying on wooden pedestals, face each other. Their faces, veiled by the same material that forms them, frame a nonexistent dialogue. This work derives from the discussions, conversations, difficulties, and agreements regarding returning and reerecting the Obelisk of Axum in Ethiopia, in 2008—taken to Italy by fascist troops in 1937. Characters that carry a historical, political, and social weight of places and practices from the past, they are specters, already bound together by oblivion, who insist on embodying the political relations that were the product of modernity. The nation-state is woven through the exchange of unintelligible words and fiction. In its impossibility of memory, this conversation pierces us by suspending our recognition in it.

3.

HORIZONTE ROTO [BROKEN HORIZON]
Yeso, pintura, hierro Plaster, paint, iron
Fotografía Photography: Nicolás Barraza

En la exposición colectiva In the collective show *Ficción y tiempo* [Fiction and Time] en el at Centro Cultural Universitario Tlatelolco, Ciudad de México Mexico City

Una columna fracturada irrumpe el espacio. Una gran estructura dañada que devela, en su cisma, los estragos de la unilateralidad del tiempo. Los colosales pilares que sostienen la civilización occidental simbolizan la fuerza y el peso de ideas y sistemas impuestos, aparentemente inexorables. Irónicamente, la escena de arquitectura decadente, hecha ruinas, quiebra el propósito constructivo de la misma. El rompimiento de las vértebras hace presente el vacío; el sinsentido de una estructura que no puede sostenerse a sí misma es ahora nuestro horizonte roto.

A fractured column bursts into the space. A great damaged structure that reveals, in its schism, the ravages of the one-sidedness of time. The colossal pillars that support Western civilization symbolize the strength and weight of imposed, seemingly inevitable ideas and systems. Ironically, the scene of decadent architecture in ruins shatters its purpose: to construct. The breaking of the vertebrae makes the emptiness present; the meaninglessness of a structure that cannot sustain itself is now our broken horizon.

4.

MELODÍA DE SOMBRAS
[MELODY OF SHADOWS], 2016
Yeso Plaster
Fotografía Photography: Javier M. Rodríguez

En la exposición In the exhibition *Paráfrasis del estrago* [Damage Paraphrase] en el at Museo de Arte Raúl Anguiano, Guadalajara, México Mexico

Un montículo de cabezas invade la salida del espacio de exposición. Las caras inertes refieren inmediatamente a figuras de la tradición clásica occidental. El prototipo importado se distorsiona y desvanece, copia tras copia, mientras nos mira sin ojos. Con su reluciente superficie blanca, las cabezas nos seducen en su clasicismo para ser contempladas a la vez que obstaculizan el camino. En este encierro son realmente materia trágica. Las cabezas sin cuerpo desbordan la tradición occidental al evocar el carácter irremediablemente violento del presente mexicano que se resiste a ser ignorado. La gran montaña de rostros condena los cientos de fosas repletas de cuerpos sin nombre, nunca encontrados, y perdidos entre cifras, rasgos y sombras.

A mound of heads invades the exit of the exhibition space. The inert faces immediately allude to figures from the Western classical tradition. The imported prototype distorts and fades, copy after copy, as it stares at us without eyes. With their gleaming white surface, the heads seduce us in their classicism in order to be contemplated while they block our path. In this enclosure they are truly a tragic subject. The disembodied heads move beyond Western tradition by evoking the irremediably violent character of the Mexican present that refuses to be ignored. The great mountain of faces is a condemnation of the hundreds of graves full of nameless bodies, never found, and lost among statistics, features, and shadows.

5.

RUMORES DE PIEDRA
[RUMORS OF STONE], 2016
Roca de cantera **Quarry rock**
Cortesía de **Courtesy of** Bienal Femsa

En la exposición colectiva **In the collective show** *Nunca fuimos contemporáneos* [**We Have Never Been Contemporary**], XIII Bienal FEMSA en el **at** Museo Rafael Coronel, Zacatecas, México **Mexico**

Tres reproducciones de pedestales de piedra semienterradas en el jardín frontal del Museo Rafael Coronel componen una voz que nos cuenta cómo se inventan las historias nacionales y cómo éstas reverberan en las historias locales. De estos basamentos sólo es visible la parte superior, como un recuerdo alterado de las ruinas que constituyen los clásicos recintos que resguardan la memoria de Zacatecas. Es imperante el contraste y camuflaje que hacen con el museo, pues la relación material y simbólica pone en tensión los procesos de memorialización a través del cuestionamiento a la figura del monumento y al espacio que resguarda y exhibe las visiones hegemónicas de la historia.

Three reproductions of stone pedestals half-buried in the front garden of the Museo Rafael Coronel compose a voice that tells us how national histories are invented and how they reverberate in local histories. Only the upper part of these pillars is visible, like an altered memory of the ruins that constitute the classic enclosures that safeguard the memory of Zacatecas. The contrast and camouflage they create with the museum is imposing, as the material and symbolic relationship stresses the processes of memorialization through the questioning of the figure of the monument and the space that protects and exhibits hegemonic views of history.

6.

MURMULLOS NACIONALISTAS
[NATIONALIST MURMURS], 2019
Calas de exploración estratigráfica en muros
Stratigraphic exploration in walls
Dimensiones variables **Variable dimensions**
Fotografía **Photography**: Ramiro Chaves

En la exposición **In the exhibition** *Todos los siglos son un solo instante* [**All Centuries Are a Single Moment**] en **at** La Tallera, Cuernavaca, México Mexico

Un acto de sospecha y especulación: cubiertos de blanco, los muros que envuelven las salas de La Tallera —espacio en Cuernavaca que anteriormente fungió como taller del muralista mexicano David Alfaro Siqueiros— son intervenidos por medio de una cala estratigráfica. Cuadro por cuadro se develan a través de incisiones de 10 por 10 centímetros, los rastros de un momento que ya ha pasado (¿ya ha pasado?), registros de una pintura mural borrosa que resiste a esfumarse: soporte del imaginario que erigió los ideales de una nación. Pero también, en ese desgaste, brotan los revestimientos del tiempo, un palimpsesto rebobinado que inscribe en él sus otras velocidades. Y ahí, en esa hendidura, un portal aparece: pasado, presente y futuro nos miran a los ojos.

An act of suspicion and speculation: covered in white, the walls that envelop the galleries of La Tallera—a space in Cuernavaca that formerly served as the studio of Mexican muralist David Alfaro Siqueiros—are marked by stratigraphic cuts. Square by square, through ten-by-ten-centimeter incisions, traces of a time that has already passed (or has it?), records of a blurry mural painting that resists fading away: the foundation behind the imagery that erected the ideals of a nation. But also, in its wear and tear, the coatings of time emerge, a rewound palimpsest that inscribes in it its other speeds. And there, in that cleft, a portal appears: past, present, and future look us in the eye.

7.

CÁNTICO DEL DESCENSO [CHANT OF DESCENT], 2014
Rocas, textiles, madera **Rocks, textiles, wood**
Fotografía **Photography**: Francisco Kochen
Cortesía de **Courtesy of** Proyecto Paralelo

Basamentos de cantera torneada descansan sobre el piso, la superficie caliza es interrumpida por textiles de telar de cintura, la mayoría producidos por miembros de la Comunidad Triqui del oeste de Oaxaca, asentados ahora en Chapala, Jalisco. Los tejidos se sugieren estandartes que emergen, o caen, de las rocas de cantera, material asociado a la construcción de monumentos durante la época colonial. En la hibridación de estos cuerpos se encuentran pasados que sugieren futuros quiméricos: la confección de la memoria nacional es agrietada por resiliencia comunitaria.

Sculpted quarry pillars rest on the floor, the limestone surface is interrupted by backstrap-loom textiles, mostly produced by members of the Triqui community of western Oaxaca, now settled in Chapala, Jalisco. The weavings suggest banners emerging, or falling, from quarry rocks, a material associated with the construction of monuments during colonial times. In the hybridization of these bodies, pasts meet, suggesting chimerical futures: the crafting of national memory is cracked by communal resilience.

8.

ESTRATOS I, II, III [STRATA I, II, III], 2014
Cerámica, madera, laca **Ceramic, wood, lacquer**
Fotografía **Photography**: Luisa Fernanda Gutiérrez

Pedestales blancos que contienen pedacería de tepalcates —los fragmentos son revelados por un corte transversal. Al interior del soporte simbólico del museo, de la historia hegemónica, pululan los relatos otros, de la tierra y de las manos, de las voces silenciadas, que yacen sepultadas por la materia blanca. El pedestal deja de ser pedestal, se vuelve un objeto que acuerpa al museo a través de una sinécdoque material.

White pedestals containing *tepalcates*—the fragments are revealed by a transversal cut. Inside this symbolic pillar of the museum, of hegemonic history, swarm the stories of others, of the earth, and of the hands, of the silenced voices that lie buried by this white material. The pedestal ceases to be a pedestal, it becomes an object that embodies the museum through a material synecdoche.

9.

ASÍ COMIENZA UNA MONTAÑA
[THIS IS HOW A MOUNTAIN BEGINS], 2019
Conjunto de 12 rocas volcánicas con textiles incrustados
Set of 12 volcanic rocks with embedded textiles
Fotografía Photography: Ramiro Chaves
Cortesía de Courtesy of La Tallera

En la exposición In the exhibition *Todos los siglos son un solo instante* [All Centuries Are a Single Moment] en at La Tallera, Cuernavaca, México Mexico

La porosidad inscrita en la materialidad de estas piedras es resultado de la erupción de un volcán que al contacto con la superficie registra los tiempos geológicos de su formación; es esta cualidad la que ha hecho que desde tiempos antiguos hayan sido utilizadas para construir ídolos y edificaciones. Aquí, estas doce rocas trazan un patrón hexagonal cuya alineación alude a lugares rituales, a observatorios o sistemas de medición del tiempo, y a la reiteración de esta forma en el espacio arquitectónico de La Tallera. Por sus centros fluyen ríos de fibras de colores que las quiebran. Si bien el tiempo de tejido y los modos de producción de estas franjas es variable, las formas, símbolos, medios y colores constituyen un lenguaje que cimbra la monumentalidad de las rocas, al tiempo que pareciera amalgamarlas.

The porosity found in the materiality of these stones is caused by the eruption of a volcano that, when the lava comes in contact with the surface, records the geological moments of its formation; it is this quality that has made them ideal for the construction of idols and buildings since ancient times. Here, these twelve rocks trace a hexagonal pattern whose alignment alludes to ritual places, observatories or sites of time-measurement systems, and to the reiteration of this shape in the architectural space of La Tallera. Through their centers flow rivers of colored fibers that split the rocks in two. Although the weaving time of these strips and modes of production varies, the forms, symbols, resources, and colors constitute a language that shakes the monumentality of the rocks, while seeming to fuse them together.

10.

RESPIRO [BREATH], 2020
Textiles incrustados en zanja de concreto
Textiles embedded in concrete trench
5 x 2000 x 5 cm
Fotografía Photography: Luisa Fernanda Gutiérrez

En la exposición colectiva In the collective exhibition *Instantánea* [Instantaneous] en la antigua fábrica at the former factory Kodak

Carvada en el extenso suelo de concreto, una angosta zanja interrumpe el tránsito por el espacio. Situada en las instalaciones de la antigua planta Kodak —complejo industrial cuya estructura hace dialogar el metal con el concreto—, esta veta toma el suelo desde otra materialidad: múltiples coloridos textiles tradicionales se extienden a través de los 20 metros en que se despliega la hendidura a lo largo de la fábrica. En esa fractura diagonal, la materia textil incide, resiliente, desde los sedimentos. Sus fibras, asociadas a la fragilidad, quiebran el pavimento. Su fuerte estado de tensión se percibe como reclamo del territorio, haciendo aparecer, en su tejido, el entramado de las memorias e historias ancestrales contenidas.

Carved into the extensive concrete floor, a narrow crack interrupts the transit through the space. Located in the facilities of the former Kodak factory—an industrial complex whose structure brings metal and concrete into dialogue—this vein works its way into the floor through another materiality: multiple colorful traditional textiles extend across the twenty meters along which the crack unfolds in the factory. In this diagonal fracture, the resilient textile material is incised from the sediments. Its fibers, associated with fragility, break apart the pavement. Its strong state of tension is perceived as a reclamation of the territory, making visible, in its weaving, the web of contained ancestral memories and histories.

11.

NO PERTENECEMOS A LA MISMA TIERRA I - III [WE DON'T BELONG TO THE SAME EARTH I - III], 2021
MDF, laca blanca y botellón de agua elaborado en la técnica de barro canelo por MDF, white lacquer, and water vessel produced in the *canelo* burnished clay technique by José Isabel Pajarito Fajardo
Fotografía Photography: Luisa Fernanda Gutiérrez

Un pedestal blanco —que tiene por puntal un botellón tradicional de barro invertido— invoca la imagen de la relación tensional (dialéctica) entre las ideas modernas de progreso y tradición, en constante oposición pero necesaria para evitar su colapso. Una imagen prístina: la tierra y el barro constituyen los primeros elementos antropológicos de construcción e intervención del espacio que se resisten a la infinita expansión del concreto y su blanquitud; pero éste, a su vez, los explota como soporte para permanecer erguido. El enfrentamiento es evidente, intentamos resistir a las dinámicas que sostienen y benefician a los que aparentemente son los poseedores de la tierra ¿Pertenecemos o no a la misma tierra?

A white pedestal—propped up by an inverted traditional earthenware bottle—invokes the image of the (dialectical) tension in the relationship between modern ideas of progress and tradition, in constant opposition but necessary for preventing their collapse. A pristine image: earth and mud constitute the first anthropological elements of the construction of and intervention in space that resist the infinite expansion of concrete and its whiteness; but the latter, in turn, exploits them as a support to remain upright. The conflict is evident: we try to resist the dynamics that sustain and benefit those who apparently own the land. Do we, or do we not, belong to the same earth?

12.

VUELTA AL FIN DEL MUNDO [RETURN TO THE END OF THE WORLD], 2021
Plato de barro bruñido Burnished clay plate elaborado en el taller de produced in the workshop of José de Jesús Álvarez Ramírez, coladera de acero inoxidable stainless steel strainer
40 x 40 x 3 cm
Fotografía Photography: Luisa Fernanda Gutiérrez

Un plato de barro bruñido con la técnica tradicional de la zona de Tonalá y Tlaquepaque, con una coladera al centro. Volviendo a otra pieza de la artista, *El fin del mundo*, que a su vez refiere a la obra *L'Origine du monde*, de Courbet, la figura femenina es reemplazada por un objeto que evoca las labores domésticas y la repetición de una técnica en masa que se borra en su propia reproducción. El carácter cíclico de la pieza posibilita la reflexión de la cotidianeidad y encierra la contradicción en sí misma, afirmando la fragilidad, la permanencia y la condición de posibilidad para sostenernos materialmente. Plato simultáneamente que tarja punto de partida y punto de encuentro.

A burnished earthenware dish made with the traditional technique of the Tonalá and Tlaquepaque area, with a strainer at its center. Returning to another piece by the artist, *El fin del mundo*, which in turn alludes to Courbet's *L'Origine du monde*,, the female figure is replaced by an object that evokes housework and the repetition of a mass technique that is erased in its own reproduction. The cyclical nature of the piece gives rise to a reflection on everyday life and contains in it contradiction, affirming fragility, permanence, and the condition of possibility to sustain ourselves materially. A dish whose point of departure is at the same time its point of encounter.

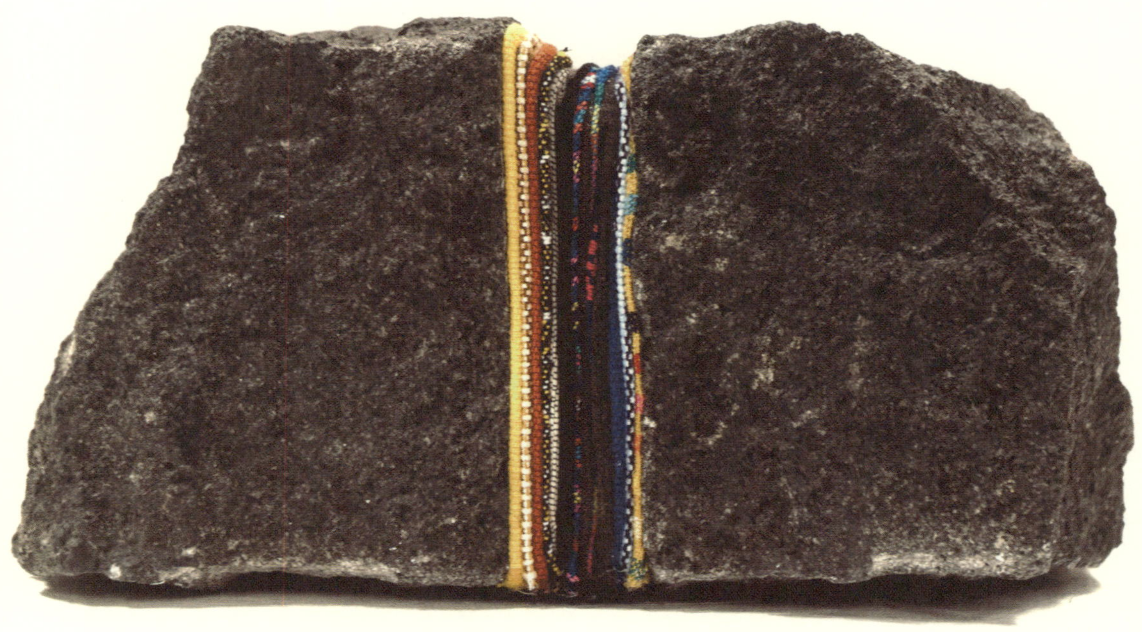

ASÍ COMIENZA UNA MONTAÑA I
[THIS IS HOW A MOUNTAIN BEGINS I], 2019

Roca volcánica con textiles incrustados
Volcanic rock with embedded textiles
Fotografía Photography: Luisa Fernanda Gutiérrez

ATRAVESAR LA HISTORIA DE UN VOLCÁN PARA LLEGAR AQUÍ

Paulina Ascencio Fuentes
y Sandra Rozental

En los archivos del Museo del Instituto de Geología de la UNAM, está documentada un acta de nacimiento muy particular. Mediante un registro burocrático como el que le corresponde a cualquier miembro de la ciudadanía, y con el sello oficial de la Presidencia Municipal de Parangaricutiro, Michoacán, el documento da cuenta del advenimiento de un nuevo ser y lo reconoce como parte de la comunidad. Sin embargo, a diferencia de los humanos, este ser no respira aire, sino fuego. Se trata de un ser que escupió lava hirviendo, un dragón de tierra y de piedra que emergió en medio de una milpa en la Meseta Purépecha el 20 de febrero de 1943: el volcán Parícutin. El acta, un registro insólito para dar cuenta del nacimiento de un ente geológico en clave burocrática, nos permite vislumbrar cómo el Estado y sus instituciones lo transformaron en un espejo en el que mirarse y desde el cual reflejar una imagen de México para el resto del mundo.

Emergiendo de los efectos de otro volcán, éste de orden metafórico —la Revolución mexicana—, con sus propias consecuencias materiales y topográficas, el Estado mexicano, lejos de una catástrofe ambiental y social, vio en el nacimiento del Parícutin un feraz símbolo nacional. El volcán que nació de un maizal pronto se convirtió en un espectáculo, en escenario y telón de fondo de una trama épica que reflejaba los ideales del proyecto de transformación y modernidad posrevolucionarios.

Los pueblos de San Salvador Combutzio (conocido como Parícutin) y San Juan Parangaricutiro quedaron sepultados bajo la lava y sus habitantes

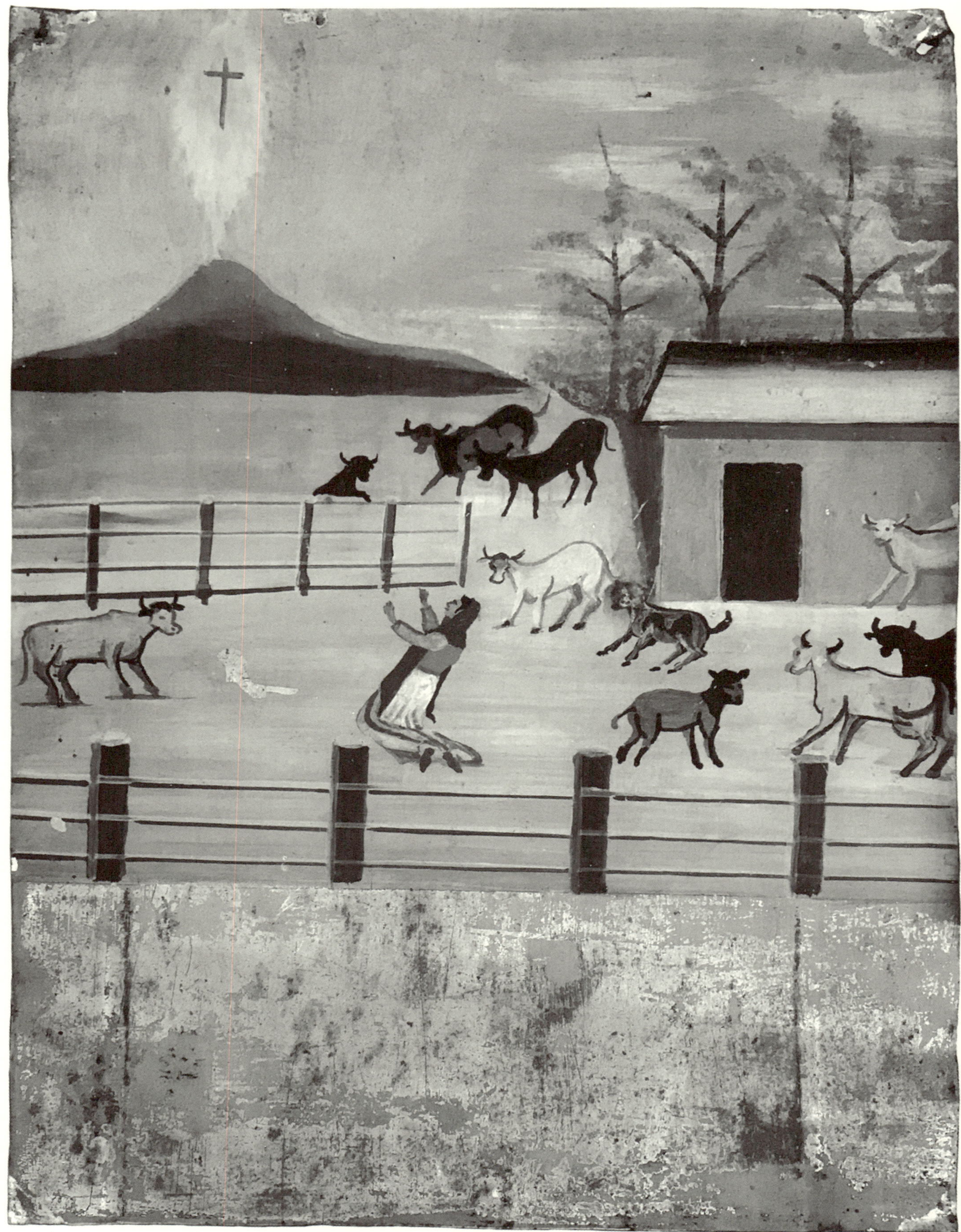

RETABLO DE PARÍCUTIN PARÍCUTIN TABLEAU
Michoacán, México, ca. 1943
Departamento de Mineralogía Mineral Sciences Department,
National Museum of National History, Smithsonian Institution
Fotografía Photography: Paulina Ascencio Fuentes

y los de otras comunidades afectadas, como Zacán, Santa Ana Zirosto y Angahuan, fueron paulatinamente desplazados y reubicados de sus territorios ancestrales a nuevos pueblos y colonias como Nuevo Zirosto, San Juan Nuevo, Caltzontzin y Doctor Miguel Silva. Mientras tanto, el gobierno promovió e incluso patrocinó el espectáculo. Turistas y científicos se dieron cita para muestrear y evaluar al recién nacido volcán. Los artistas más reconocidos del momento, como Diego Rivera, David Alfaro Siqueiros, Dr. Atl, y Rufino Tamayo, fueron a la localidad para retratar al Parícutin como un gran monumento a la especificidad autóctona del paisaje nacional.

Científicos recurrieron a herramientas y tecnologías de vanguardia para capturar y diseminar impresionantes imágenes. Los constantes ciclos de erupción dieron lugar a la experimentación a través de vistas aéreas, tomas nocturnas y potentes contrastes cromáticos. Mientras los ojos ajenos pudieron admirar cada instante de la actividad volcánica, el cerro negro se comía el modo de vida de miles de campesinos y campesinas purépechas. Dos de sus pueblos fueron devorados por el mar de lava y el resto de sus tierras, cultivos, ganado, y demás fuentes de supervivencia engullidas por una espesa y oscura capa de ceniza.

Por su parte, los retablos en la iglesia de San Juan Parangaricutiro mostraban la angustia del pueblo que asumió la catástrofe como un castigo divino por malentendidos terrenales. Creadas por manos purépechas, estas pinturas devocionales son otro tipo de espejo en el que podemos intuir —si no ver del todo— destellos de cómo habitantes de la zona experimentaron el nacimiento del volcán. En uno de ellos, una cruz sobresale de la boca del volcán que escupe fuego en el horizonte. Al frente, una señora reza arrodillada delante de su casa, mientras las vacas y los bueyes corren por el corral, agitados por el susto.

Como muchos objetos catalogados como “etnográficos”, estos retablos se encuentran en los acervos de un museo de historia natural y no en un museo de arte.[1] Por lo tanto, esta imagen, que da cuenta de la incertidumbre, el miedo y la debacle que el volcán encarnó —para quienes convivían con él—, es mucho menos conocida que los paisajes volcánicos majestuosos y coloridos de los artistas, que cuelgan en las paredes de los museos de arte en México y en el extranjero.

Tras varias décadas de constante circulación, son más bien las representaciones visuales de una dramática, pero inocua actividad volcánica, las que han perpetuado una biografía del Parícutin que privilegia la estética de las erupciones sobre sus implicaciones en la vida comunitaria. Un ejemplo que circuló de manera masiva es el sello emitido por el Servicio Postal Mexicano con motivo del XX Congreso Geológico Internacional en 1956.[2] Al fondo de la estampilla, una columna de humo se alza desde el cono volcánico hacia el firmamento, informando sobre el esplendor de la actividad volcánica. Al frente, la torre de la iglesia de San Juan —lo único que quedó de un pueblo sepultado bajo las olas de roca incandescente— opera como un referente de la escala y de la distancia entre el observador y el cráter del volcán.

1 Smithsonian Institution, “Collections Search Center”. Consultado el 1 de marzo del 2022, en: https://collections.si.edu/search/detail/edanmdm:nmnhmineralsciences_1342985?q=108796&record=6&hlterm=108796.

2 Smithsonian Institution, “Collections Search Center”. Consultado el 1 de marzo del 2022, en: https://collections.si.edu/search/detail/edanmdm:npm_2007.2004.91?q=Parícutin&record=1&hlterm=Parícutin&inline=true.

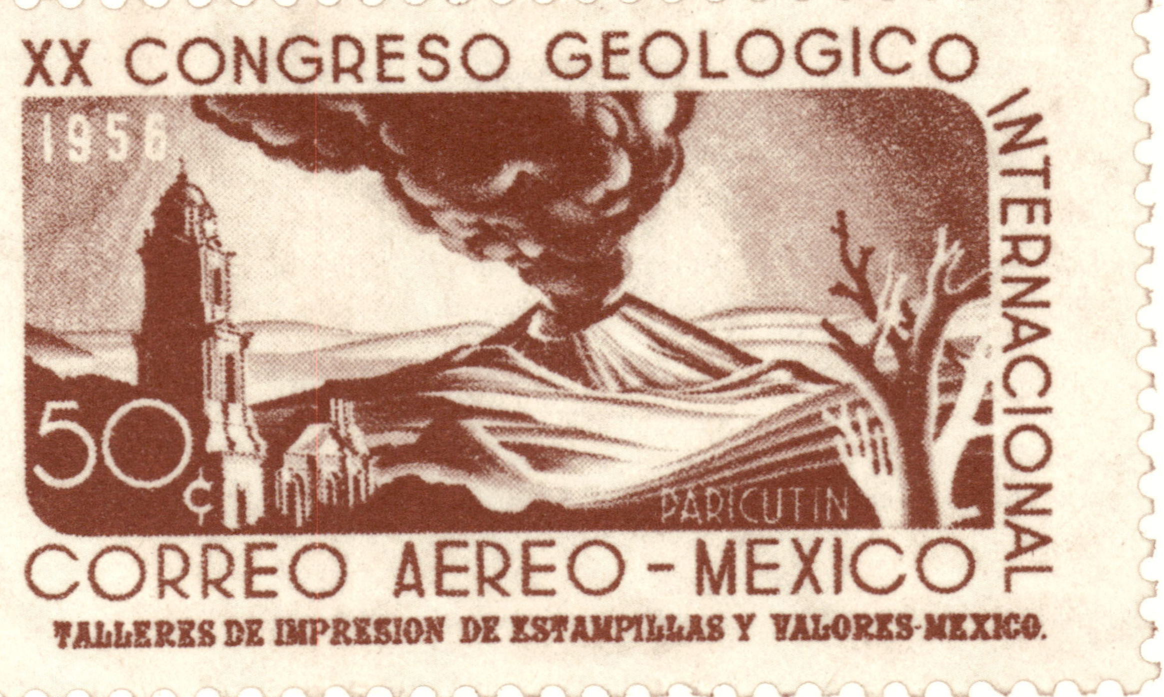

Servicio Postal Mexicano con motivo del XX Congreso Geológico Internacional Mexican Postal Service on the occasion of the XX International Geological Congress, septiembre September 5, 1956
National Postal Museum, Smithsonian Institution

Esta composición aparece en gran parte de los retratos del paisaje volcánico de la Meseta Purépecha y refleja un punto de vista desde un lugar lejano y claramente seguro. La amenaza de las fuerzas volcánicas es proporcional a la distancia desde la que se observan. Aquellos que decidieron desafiar la contingencia y se acercaron de más, sufrieron las consecuencias. Como el Dr. Atl, cuya relación con el "conito michoacano" fue tan entrañable como vehemente, e incluso, se rumora, le costó la salud. De lejos, el volcán es un magnífico espectáculo de luces y sonidos para los visitantes. De cerca, las nubes de humo ciegan a los locales y las suelas de sus huaraches se calientan con cada paso que dan. De lejos, los sarapes y rebozos hechos a mano por las artesanas desplazadas por la actividad del Parícutin están a la venta para los turistas. De cerca, esos mismos sarapes y rebozos sirven para evitar que las cenizas entren a los ojos y pulmones.

Esta perspectiva paisajística revela las paradójicas tensiones contenidas en la figura del Parícutin: emergió como un fenómeno natural cuya situación geográfico-temporal lo calificó como desastre y, eventualmente, lo reivindicó como una insignia del naciente estado posrevolucionario y de la identidad nacional que buscaba forjar: única, poderosa, grandilocuente. En medio de esta contradicción, las enfermedades respiratorias, la ruina económica, el desenraizamiento y la desorientación de tantos que sufrieron en la estela del parto de aquel nuevo ente geológico quedaron enterrados bajo imágenes hipnotizantes de una montaña humeante y su fuente de lava candente, que surgía de las entrañas de la tierra para deleitar y fascinar a visitantes de todos los rincones del mundo.

Los científicos, hasta cierto punto, reprodujeron este espejismo a través de sus diarios de campo, registros fotográficos, reportes cuantitativos y correspondencia institucional. Fascinados por el fenómeno, un verdadero ejército de investigadores se trasladó a las localidades aledañas para observar, estudiar, documentar, dibujar, medir y hasta coleccionar al volcán. "Un geólogo prendió un cigarro en la lava", contaba una de las vecinas, acostumbrada al desfile de especialistas.[3] Era la primera vez que la vida de un volcán podía ser documentada en su totalidad: nace, crece, hace erupción y luego se extingue. Así es como hoy encontramos fragmentos de sus entrañas —sus cenizas, piedras, bombas y sedimentos— cuidadosamente preservados, ordenados y clasificados en cajones y frascos, dispersados en las profundidades de los acervos de museos dentro y fuera de México. Por ejemplo, muestras de lapilli se encuentran desde hace casi ocho décadas cuidadosamente almacenadas en frascos añejos de Nescafé y descansan en las gavetas del departamento de Ciencias Minerales del National Museum of Natural History, en Washington D.C., con etiquetas manuscritas por quien coleccionó estos especímenes, William F. Foshag, aquel geólogo fumador, y su colaborador local, Celedonio Gutiérrez.

También existe un extenso registro fotográfico y audiovisual realizado tanto por científicos como por artistas y reporteros que fueron enviados con sus cámaras para capturar el fenómeno. Por ejemplo, Arno Brehme realizó una serie de poéticas composiciones donde la silueta volcánica desaparece en el espesor del humo. También están las imágenes de las explosiones nocturnas publicadas por la revista *Life* en 1944 que caracterizaban al volcán como un espectáculo pirotécnico que anunciaba la apertura de las puertas del infierno.[4] El Parícutin se sabía observado y, durante su periodo de actividad, ofreció funciones día y noche. Existe, incluso, pietaje que documenta ese momento ya vuelto "tradición oral" en el que Foshag prende su cigarro con una roca incandescente.

El espectáculo duró casi una década. Durante este tiempo, los habitantes de los pueblos desaparecidos no tuvieron más remedio que reinventarse, trasladando sus trojes enteras a nuevos paisajes en comunidades hechizas dentro de territorios, ambientes y ecosistemas ajenos. Los habitantes de los pueblos menos afectados encontraron en el turismo momentáneo un nuevo modo de vida. Pero cuando cesó la lava y se agotó el espectáculo poco a poco disminuyó el interés y, por supuesto, las peregrinaciones de visitantes. Manuel Sosa Lázaro, cronista y comunero de Angahuan, ha documentado mediante un extenso archivo oral que es parte de los acervos del Colegio de Michoacán cómo durante años se racionaron las tortillas en su pueblo, donde los campesinos tuvieron que depender del maíz que los vecinos de Nurio les vendían también de manera limitada. Se suspendieron los cargos religiosos y la capilla del Yurhixu colapsó con los temblores ocasionados por la actividad volcánica.

Las precarias condiciones de la vida después de las erupciones obligaron a gran parte de los habitantes de la zona a emigrar para sobrevivir. Muchos se unieron al Programa Bracero que alistaba migrantes para

3 Rafael Mendoza Valentín, *Yo vi nacer un volcán* (Michoacán: Coloristas y Asociados, 1999), 66-67.

4 "Volcano Parícutin is Sample of Earth's Interior Hell", en *Life Magazine* (17 de abril, 1944), 88-95.

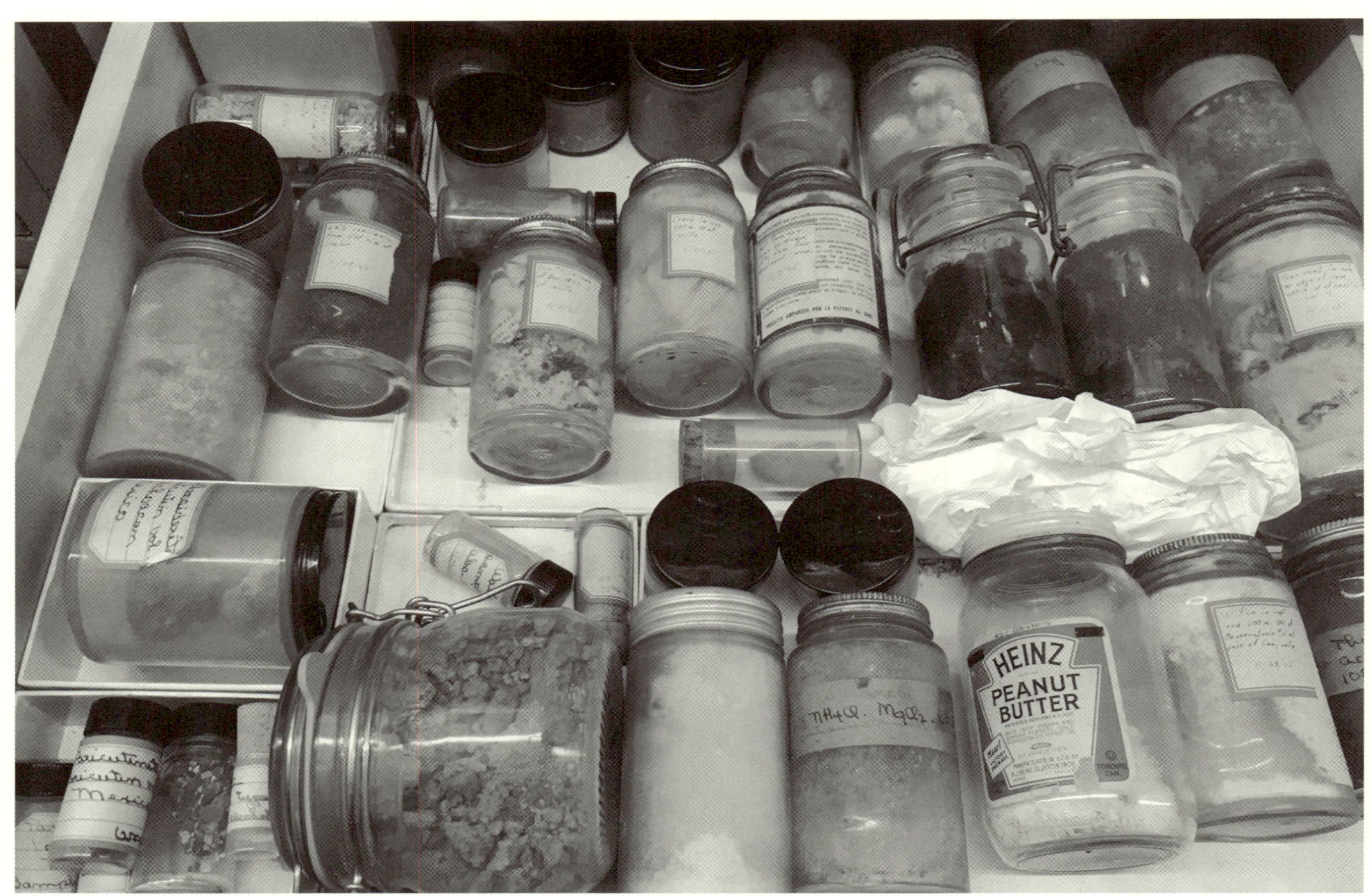

Frascos del Departamento de Mineralogía **Jars at the Mineral Sciences Department,** National Museum of Natural History Smithsonian Institution, 2021
Fotografía Photography: Paulina Ascencio Fuentes

trabajar en el campo y en la industria en Estados Unidos durante tiempos de guerra. Otros tantos se reubicaron en diferentes partes del país o buscaron nuevos empleos en la industria maderera y, más recientemente, en el cultivo del aguacate que ha crecido de manera exponencial en la zona. Aquellos que se quedaron a rehacer sus vidas entre las cenizas dieron continuación a la historia de resistencia indígena en la Meseta Purépecha. Episodios como la toma de bandera purépecha en Santa Fe de la Laguna en 1980,[5] el levantamiento por la defensa de los bosques y la seguridad comunitaria en Cherán en 2011, y el reciente derribo de la escultura *Los constructores de la ciudad* en Morelia, han consolidado un álgido movimiento por parte de comuneros y activistas indígenas en la región, resistiendo ante las políticas de exclusión del Estado nacional y a otras formas de explotación, despojo y marginalización.

Si para algunos, el ciclo de vida del Parícutin terminó en 1952 con el cese de su actividad, la efigie del volcán inactivo sigue siendo una imponente presencia en el paisaje michoacano: el Parícutin vuelto un vestigio de sí mismo. Hoy en día, quedan los rastros de las erupciones, recuerditos a la venta en puestos advenedizos, paseos en caballo y en mula a través de las ruinas ígneas, y una iglesia cuyo campanario quedó como único sobreviviente de la debacle en un paisaje inhóspito de piedras filosas. Ahí, un trabalenguas y una tostada con queso, aguacate y salsa roja salpicada a modo de lava permanecen como memorias de aquellos tiempos.

5 Nota de les editores: La ceremonia de la toma de la bandera purépecha conmemora la conclusión de los enfrentamientos entre ganaderos de Quiroga y comuneros de Santa Fe de la Laguna, quienes se movilizaron para recuperar la titularidad comunal de las tierras ocupadas. Este movimiento representó un distanciamiento con el Estado y nuevas formas de organización entre pueblos purépechas en los que se constituyeron símbolos como la bandera purépecha y el lema *Juchari Uinapikua* [Nuestra Fuerza].

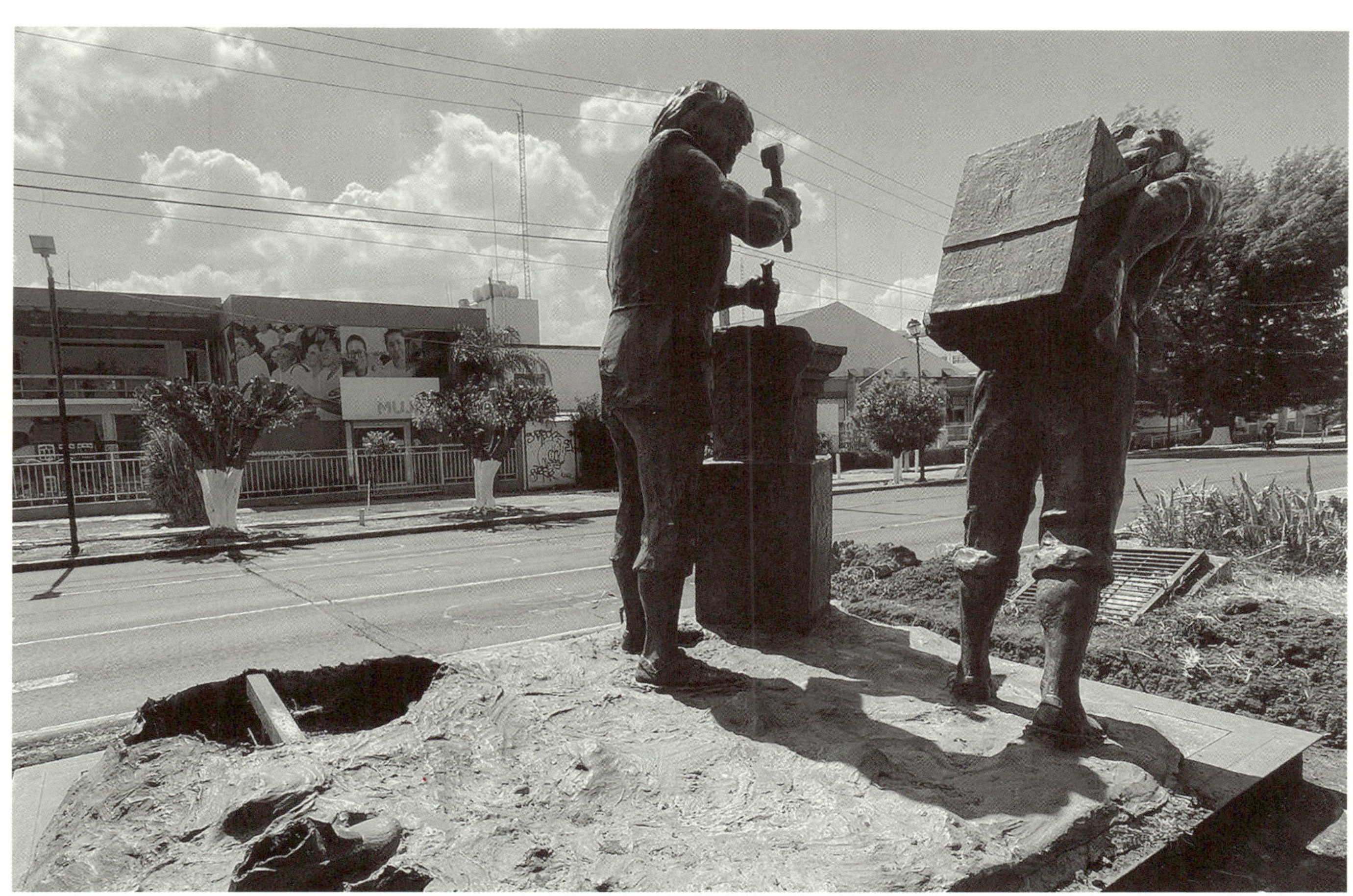

Acción colectiva de los integrantes del Consejo Supremo Indígena de Michoacán al derribar el monumento de *Los constructores de la ciudad*, erigido en 1995, que retrata a Fray Antonio de San Miguel dando órdenes a un par de hombres indígenas Collective action by members of the Consejo Supremo Indígena of Michoacán to tear down the monument of *Los constructores de la ciudad* erected in 1995, which portrays Fray Antonio de San Miguel giving orders to a pair of Indigenous men, febrero February, 2022
Fotografía Photography: Sandra Rozental

En el pueblo de Angahuan, el más cercano a las ruinas, cuesta encontrar los restos del volcán. Un mural de mosaicos de vidrio colorido y fragmentos de lava, realizado por el artista José Luis Soto, da la bienvenida al pueblo y representa al volcán como un cataclismo que emerge de la lucha entre el bien y el mal, entre Jesucristo y el demonio, del que huyen personas y animales. En el pueblo mismo, los rastros de esta historia son más sutiles. Una paletería ostenta un logo de un volcán escupiendo lava y un par de papelerías venden reproducciones de las postales de los años cuarenta. Dos museos comunitarios exponen recortes de periódicos y fotografías antiguas impresas en papel ya carcomido y amarillento. Las bardas y los muros de las casas, hechos de fragmentos de piedra volcánica, volvieron al volcán pueblo y al pueblo volcán. Lo transformaron para habitarlo. Su monumentalidad quedó reducida a estos restos y a los recuerdos de quienes atestiguaron su corta vida.

Estas tensiones entre catástrofe-espectáculo y monumento-vestigio reverberan en la obra de Cynthia Gutiérrez. A través de la exploración escultórica, la artista cuestiona los mecanismos de construcción de la memoria y de la identidad, dando cuenta de los límites, fragilidad, fracturas e inestabilidad de las estructuras y los monumentos que los

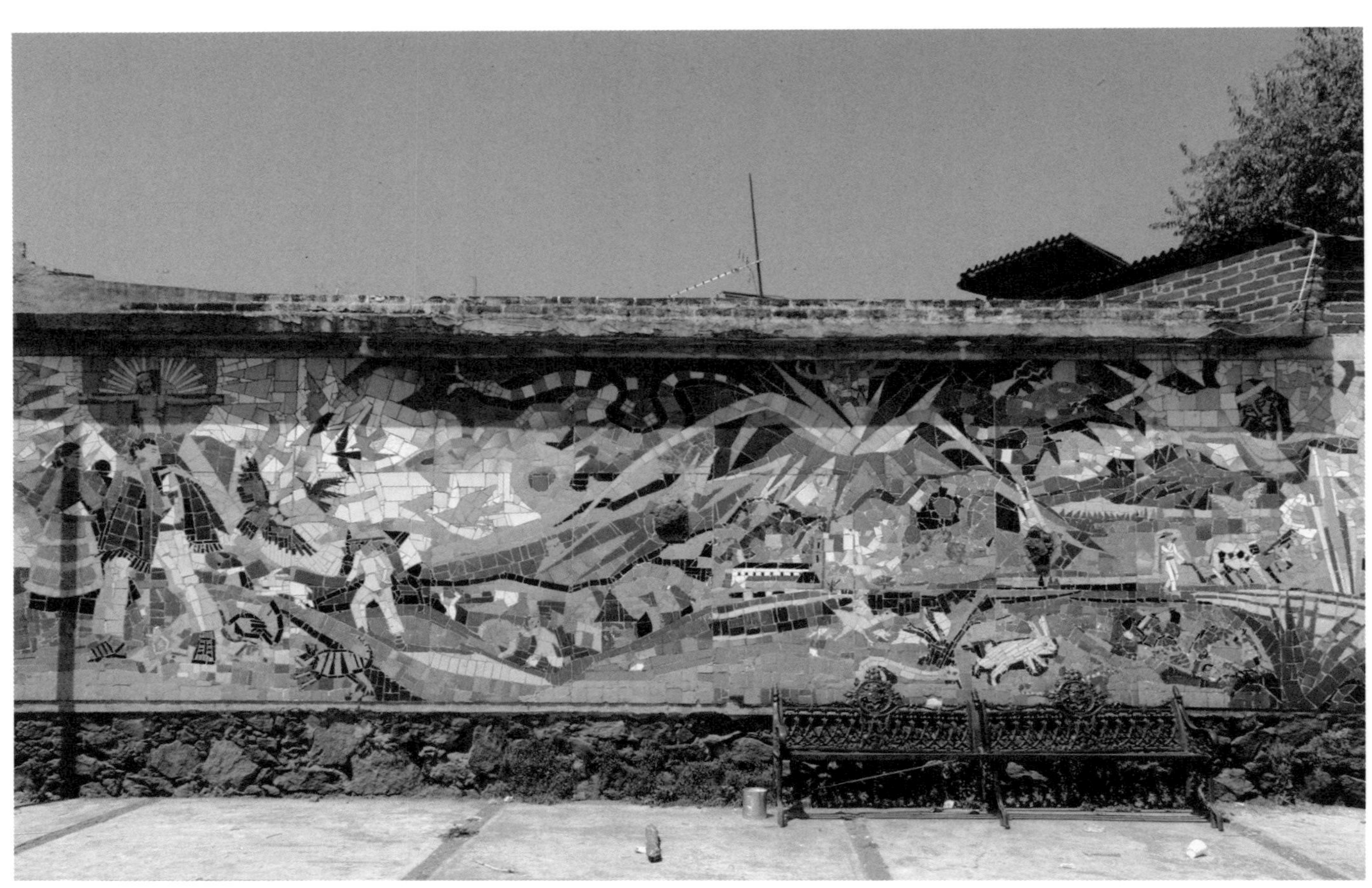

cimentan. En este sentido, la biografía del volcán Parícutin apuntala una serie de temas que Gutiérrez explora a través de su quehacer artístico y permite revisar su trabajo en términos fenomenológicos y geológicos. Por un lado, la artista trabaja con fragmentos minerales, madera, metales y fibras textiles naturales: la tierra que se transforma en escultura. Por otro lado, su obra sugiere la historia de la construcción de México como nación compuesta por sedimentos que forman un terreno inestable, de cuyas fisuras brota humo, escoria y fuego: el monumento se transforma en ruina de sí mismo.

La serie *Así comienza una montaña* (2019), por ejemplo, es un conjunto de rocas volcánicas de las cuales emergen líneas de textiles artesanales. De manera similar, *Preludio* (2020) comprende elementos de basalto como pequeños volcanes de cuyo núcleo brotan esferas de barro bruñido, talavera o vidrio soplado. A través de una yuxtaposición contrastante entre escalas, formas y materiales, la artista retoma los fragmentos volcánicos, rugosos y masivos, esculpidos en formas magníficas e imprevisibles por agencias no humanas, y los atraviesa con rastros materiales y sutiles de distintas comunidades que habitan el territorio mexicano.

En estos ensamblajes escultóricos, el pasado mineral se entrelaza con las tramas hechas a mano: con la textura fina y colorida del tejido, o con la destreza requerida y la fragilidad implícita de una esfera de barro negro o las capas de patrones de la cerámica decorada. La fuerza imprevisible de la naturaleza se vuelve entonces cómplice de las obras hechas por personas que muchas veces permanecen en el anonimato, o que, en el mejor de

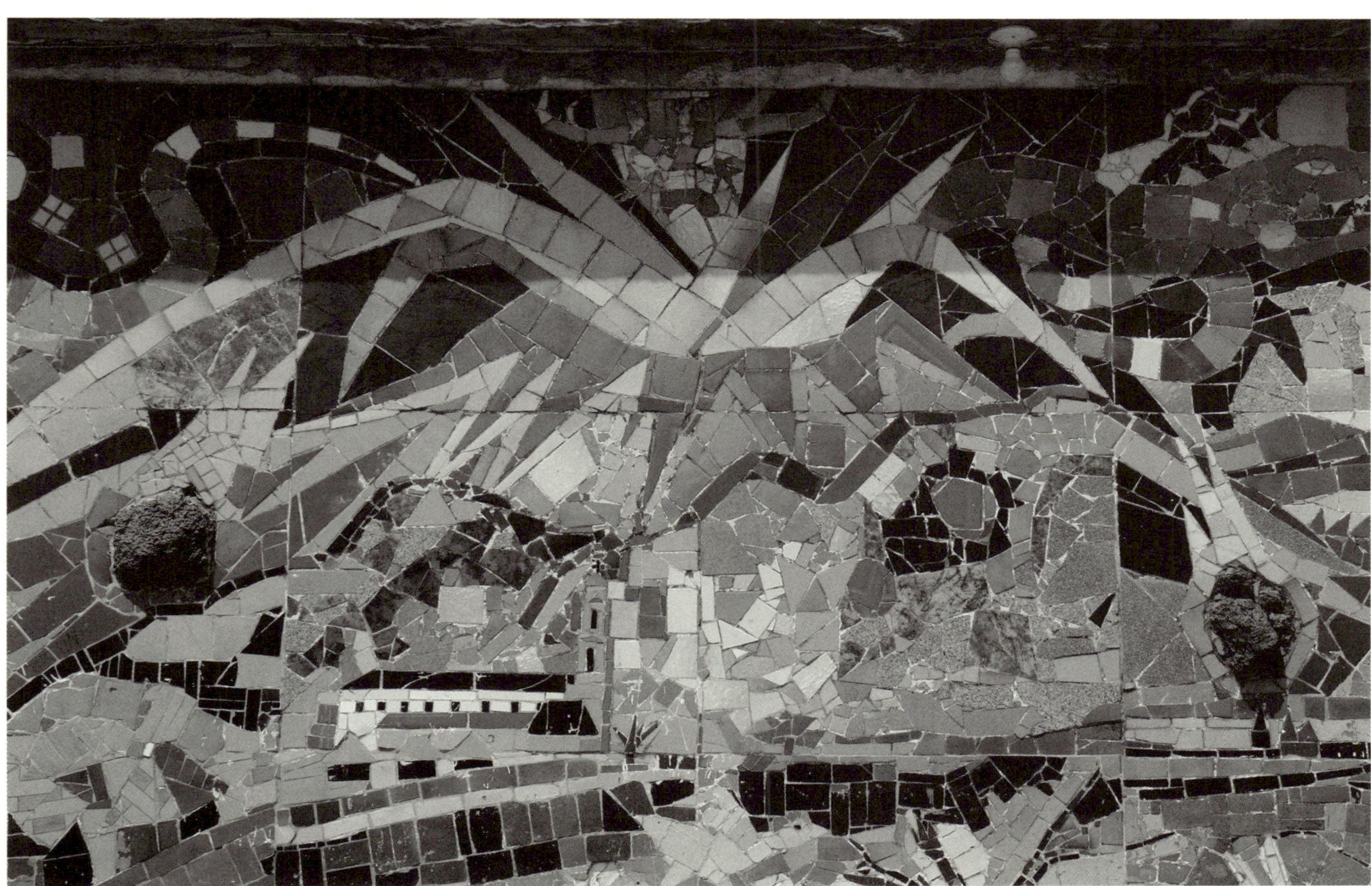

Vista del mural de mosaico de José Luis Soto
View of mosaic mural by José Luis Soto
Angahuan, Michoacán
Fotografía Photography: Sandra Rozental

los casos, suelen ser reconocidos como autores colectivos, asociados a un pueblo o región. Bajo las complejas categorías de "artesanía" o "arte popular", estos objetos han sido apropiados y resignificados como patrimonio, herencia y legado de *todos* los mexicanos. Al mismo tiempo, relegadas a los museos de historia natural, de antropología o de arte popular y entendidas —al igual que los retablos del Parícutin— como objetos "etnográficos," "vernáculos" o "tradicionales", las técnicas de creación de estos elementos luchan para no ser consumidas por la corriente voraz del capitalismo.

Las esculturas de Gutiérrez se aproximan a la construcción de este legado como una composición estratigráfica. Con capas visibles y distinguibles, estos nichos geológicos visibilizan otras historias intrínsecas a la artesanía a través de conversaciones, encuentros, y anécdotas en las que vetas temporales y materiales se tejen y se atraviesan. Como en el imaginario en torno al Parícutin, en donde el nuevo y el viejo San Juan están contenidos en roca volcánica, las piezas unen y vuelven porosas las fronteras entre la memoria colectiva, la memoria comunitaria y la memoria de la tierra. Las franjas que entrecruzan y traspasan la solidez mineral advierten sobre la compleja relación y construcción mutua entre la actividad humana y el entorno natural.

En el curso de la catástrofe ambiental inminente que nos acecha, esta relación se encuentra completamente desbalanceada: la tierra explota no sólo por las erupciones volcánicas, sino también por la violencia de actividades

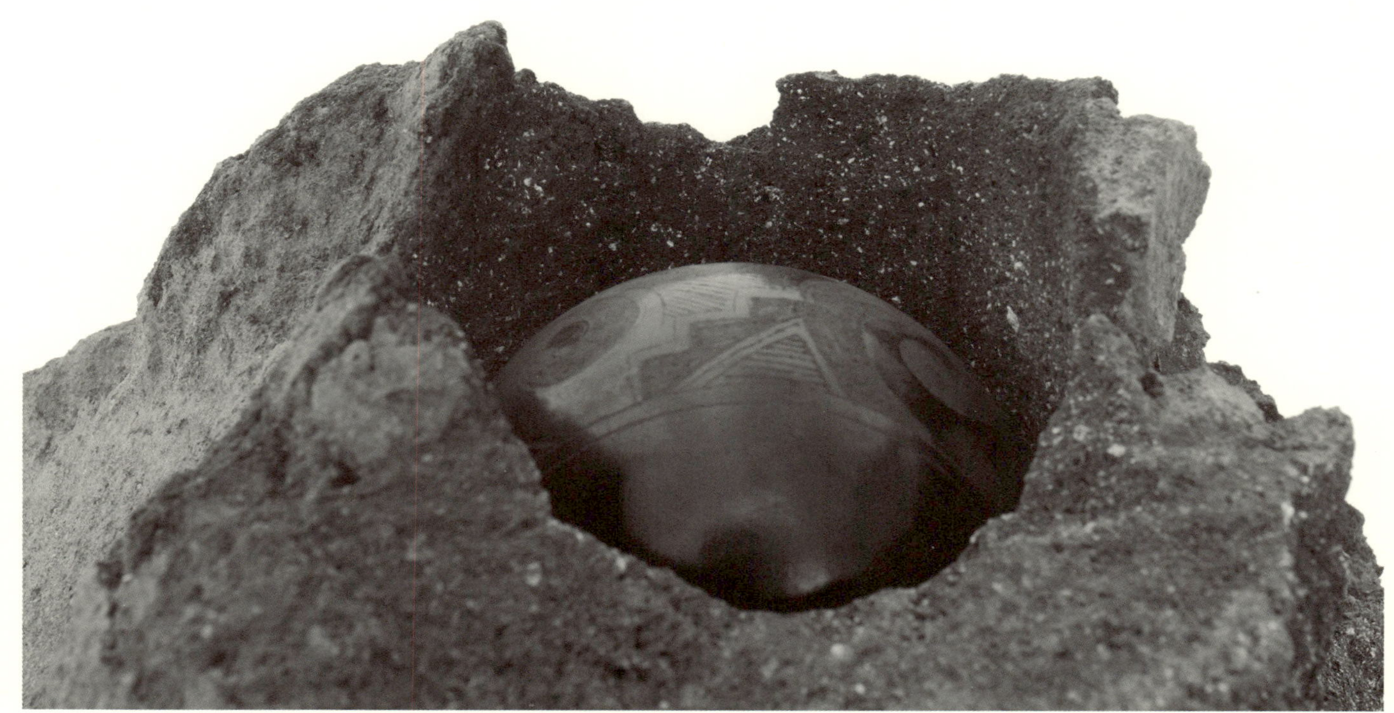

Preludio XV [Prelude XV], 2021
Roca volcánica Volcanic rock, esfera de barro negro esgrafiado
black sgraffito clay sphere
elaborada por produced by Pablo Mateos Ortega (Tonalá, Jalisco),
base de hierro iron pedestal
125 x 42 x 36 cm
Fotografía Photography: Luisa Fernanda Gutiérrez

extractivistas cada vez más intensivas y depredadoras. Desafiando su monumentalidad y posible asociación con el progreso, los detalles de alfarería y urdimbre que Gutiérrez incluye en su obra se asoman como destellos por las fisuras de estos monolitos volcánicos. Así, ponen en evidencia las múltiples formas de resistencia y resiliencia que han sido activadas desde lógicas locales y que no pueden más ser ignoradas.

Hoy, el volcán Parícutin sólo existe a través de un imaginario que de vez en cuando reaparece para refrescar la memoria mexicana. Del espectacular Parícutin, quedan muchos recuerdos construidos a través de los retratos de su juventud. El volcán en sí, sin embargo, perdura en quietud como un paisaje olvidado por todos, menos por aquellos que añoran lo que permanece latente, sepultado bajo la lava. Y su acta de nacimiento, conservada como parte de los anales de la historia, da cuenta de cómo ese volcán, quizás muy a pesar de sí y de quienes con él comparten el territorio, nació mexicano.

CROSSING THE HISTORY OF A VOLCANO TO GET HERE

Paulina Ascencio Fuentes
& Sandra Rozental

The archives of the Museo del Instituto de Geología of UNAM house a very peculiar kind of document: a birth certificate, stamped with the official seal of the municipal government of Parangaricutiro, Michoacán, recognizing the birth of the Parícutin volcano on the Purépecha Plateau on February 20, 1943, as that of any other member of the community. However, unlike a human, this being did not breathe air but fire, spitting boiling lava like a dragon made of earth and stone. The certificate, an unusual record marking the birth of a geological entity captured in bureaucratic code, offers a window into how the state and its institutions transformed the event into a mirror in which to look upon themselves and with which to project a particular image of Mexico to the rest of the world.

Emerging from the effects of another, metaphoric, volcano that wrought its own material and topographic consequences—the Mexican Revolution—the Mexican State, at a comfortable distance from the environmental and social catastrophe that resulted from this birth, saw the Parícutin as a promising national symbol. The volcano that was born in the middle of a cornfield soon became a spectacle, a stage, and a backdrop for an epic tale that reflected the ideals of the postrevolutionary project of national transformation and modernization.

Meanwhile, the towns of San Salvador Combutzio (known as Parícutin) and San Juan Parangaricutiro were buried beneath the lava flows, and their inhabitants and those of other communities impacted by the event, such as Zacán, Santa Ana Zirosto, and Angahuan, were gradually displaced, relocated from their ancestral lands to new towns and districts like Nuevo Zirosto, San Juan Nuevo, Caltzontzin, and Doctor Miguel Silva. All the while, the government promoted and even sponsored the spectacle. Tourists and scientists flocked to gather samples and evaluate the newborn volcano. The best-known artists of the time, including Diego Rivera, David Alfaro Siqueiros, Dr. Atl, and Rufino Tamayo, visited the area and portrayed Parícutin as a great monument to Mexico's unique national landscape.

Scientists used what were at the time cutting-edge instruments and technologies to capture and broadcast astonishing images. The constant eruption cycles allowed for experimentation with aerial views, night shots, and impressive color prints. However, just as faraway eyes were able to admire every instant of volcanic activity, the black hill consumed the way of life of thousands of Purépecha people. Two towns were entirely devoured by the sea of lava and the rest of the land, crops, livestock, and other sources

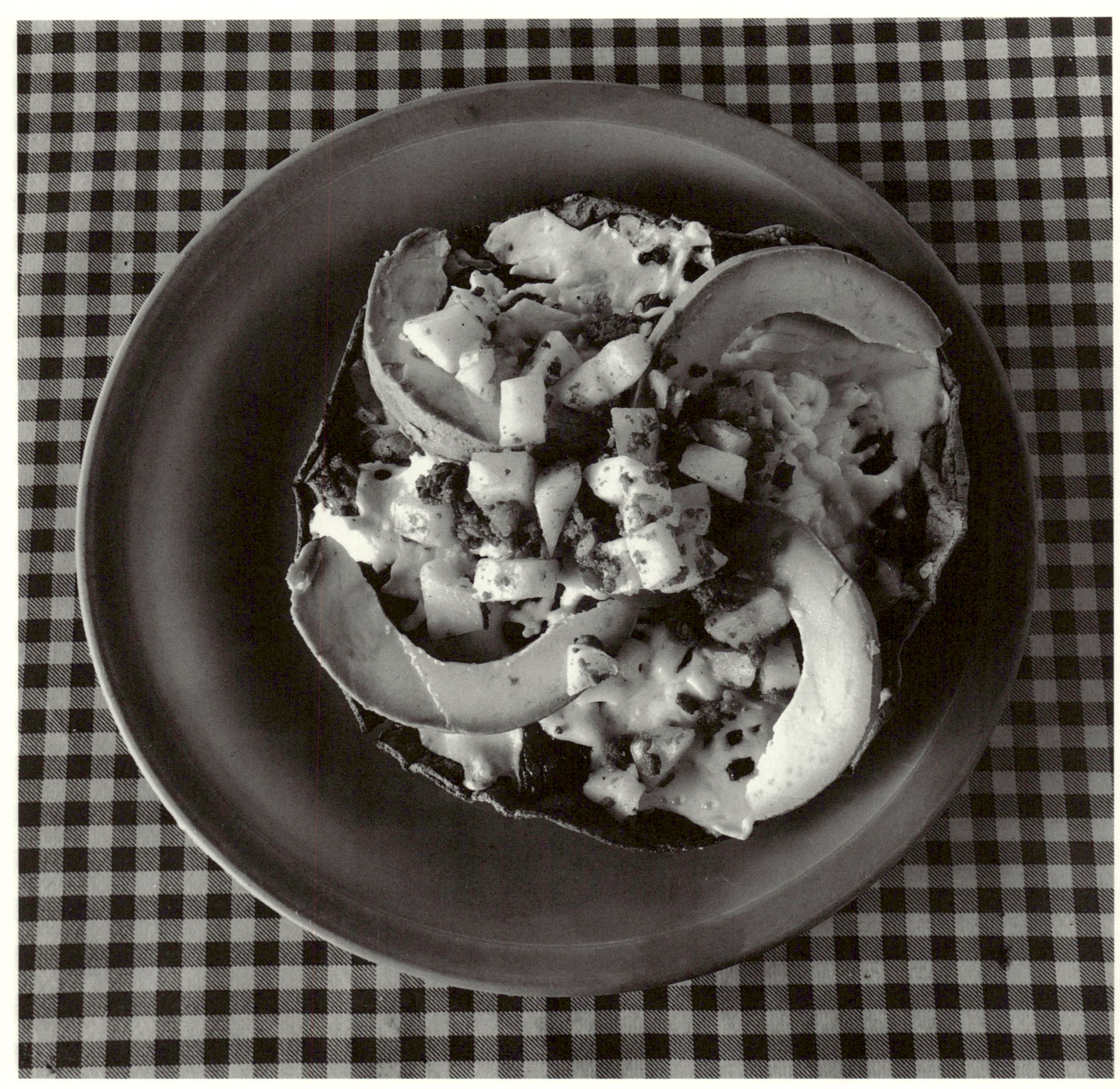

Tostada Parícutin, 2018
Fotografía Photography: Sandra Rozental

of livelihood were overtaken by a thick black layer of ash.

The votive paintings in the church of San Juan Parangaricutiro bear witness to the anguish of town residents, who equated the catastrophe with an act of divine punishment for earthly sins. These images are another kind of mirror in which we can catch glimpses of—if not see fully—how inhabitants of the area experienced the birth of the volcano. In one of them, a cross hangs above the mouth of the volcano, spitting flames in the background. In the foreground, a woman prays on her knees in front of her house, while agitated and frightened cows and oxen run from the corral.

Unlike the majestic and colorful volcanic landscapes painted by artists which now hang in art museums in Mexico and abroad, like many objects that are deemed "ethnographic," these votive paintings are held in the archives of a natural history museum.[1] For this reason, such images portraying the uncertainty, fear, and disaster the volcano embodied for those who lived near it, are less known and have not circulated as broadly.

It is indeed the visual representations of dramatic, but ultimately innocuous, volcanic activity that have defined the biography of Parícutin, a biography that privileges the aesthetics of the eruptions over the impact they had on the life of the surrounding communities. One such image circulated on a massive scale in the form of a postage stamp issued by the Mexican Postal Service on the occasion of the twentieth Congreso Geológico Internacional in 1956.[2] It shows a column of smoke rising up from the volcanic cone toward the heavens in the background, letting the viewer sense the splendor of the volcanic activity. In the foreground, the bell tower of the church of San Juan—the only element that survived a town buried beneath waves of burning rocks—serves as a reference for scale and for the distance between the observer and the volcano's crater.

This composition—with its safely distant point of view—appears in many of the depictions of the volcanic landscape of the Purépecha Plateau. The threat of the volcanic forces is proportional to the distance from which it is observed. Those who decided to take the risk and got closer suffered the consequences: Dr. Atl's almost obsessive relationship with the "conito michoacano" (the little Michoacán cone, as he called it) has been rumored to have taken a toll on his health. From afar, the volcano was a magnificent spectacle of lights and sounds to be wondered at. Up close, clouds of smoke blinded local people, while the soles of their huaraches burned in every step. From afar, the handmade sarapes and shawls woven by artisans displaced by Parícutin's activity were sold to tourists. Up close, those same sarapes and shawls were used to prevent ashes from getting into eyes and lungs.

This perspective of the landscape reveals the paradoxical tensions contained in the figure of Parícutin: the volcano began as a natural phenomenon whose timing and geographic location resulted in a disaster, but it was nevertheless claimed as a sign of the nascent postrevolutionary state and a national identity that the state sought to forge: unique, powerful, grandiloquent. In the midst of this contradiction, the respiratory illnesses, economic ruin, the uprooting and relocation that so many suffered in the wake of the birth of the new geological entity remained buried beneath hypnotizing images of a smoking mountain and its rivers of red-hot lava bubbling up from the bowels of the earth, entrancing and fascinating visitors from all over the world.

To a certain degree, scientists also reproduced this mirage through their field notes, photographic documentation, quantitative measurements, and institutional correspondence. Fascinated by the phenomenon, a veritable army of researchers descended upon neighboring regions to observe, study, document, draw, measure, and collect samples from the volcano. "A geologist lit his cigarette on the lava," a local woman recounted when asked about the parade of specialists.[3] It was the first time that the lifespan of a volcano could be documented in its totality: birth, growth, eruption, and finally, extinction. This is why today fragments of the volcano—its ashes, rocks, bombs, and sediments—can be found carefully preserved, organized, and classified in boxes and jars, dispersed among museums and archives inside and outside Mexico. For example, almost eight decades later, samples of lapilli remain carefully

1 Smithsonian Institution, "Collections Search Center," accessed March 1, 2022, https://collections.si.edu/search/detail/edanmdm:nmnhmineralsciences_1342985?q=108796&record=6&hlterm=108796.

2 Smithsonian Institution, "Collections Search Center," accessed March 1, 2022, https://collections.si.edu/search/detail/edanmdm:npm_2007.2004.91?q=paricutin&record=1&hlterm=paricutin&inline=true.

3 Rafael Mendoza Valentín, Yo vi nacer un volcán (Michoacán: Coloristas y Asociados, 1999), 66-67.

stored in old Nescafé tins, resting in drawers at the Department of Mineral Sciences at the National Museum of Natural History in Washington, D.C., with handwritten labels by those who collected them, William F. Foshag—that smoking geologist—and his local collaborator, Celedonio Gutiérrez.

There is also an extensive photographic and audiovisual record created by scientists, artists, and journalists who were sent with their cameras to capture images of the phenomenon. For example, Arno Brehme produced a series of poetic compositions in which the volcano's silhouette disappears into thick clouds of smoke. There are also images of night explosions published in *Life* magazine in 1944 that portrayed the volcano as a pyrotechnic spectacle announcing the opening of the gates of hell.[4] As if it knew it was being watched, Parícutin provided performances day and night during its active period. There are even film recordings documenting the moment that has now become part of "the oral tradition" of the volcano—Foshag lighting his cigarette on a burning rock.

The spectacle lasted almost a decade. During this time, the inhabitants of the towns that had disappeared in the explosions had no other option but to reinvent themselves, moving entire farms to new landscapes in communities gathered in unfamiliar territories, environments, and ecosystems. Residents who were less affected built a new way of life around the momentary tourism that arose around the site. But when the lava ceased and the show came to an end, interest began to wane, as did the streams of visitors. In an extensive oral archive that now forms part of the Colegio de Michoacán collections, Manuel Sosa Lázaro, chronicler and Angahuan community member, has documented how tortillas were rationed for many years in his town, where farmers had to depend on corn sold to them in limited quantities by their neighbors in Nurio. Religious rites were suspended, and the Yurhixu chapel ultimately collapsed from the occasional earthquakes that the volcanic activity triggered in the region.

Precarious living conditions following the eruptions forced a large portion of the inhabitants of the area to emigrate to survive. Many joined the Bracero Program, which enlisted migrants to work in fields and factories in the United States during the Second World War. Many others relocated to different parts of the country or looked for new jobs in the lumber industry, and more recently, in the cultivation of avocados, an industry whose growth has been exponential in the region. Those who remained to rebuild their lives among the ashes continued a legacy of Indigenous resistance in the Purépecha Plateau. Incidents like the taking of the Purépecha flag in Santa Fe de la Laguna in 1980,[5] the uprising in defense of the forests and the safety of the Cherán communities in 2011, and the recent toppling of the *Los constructores de la ciudad* [The Builders of the City] monument in Morelia, have consolidated a decisive movement of Indigenous activists and community members in the region, countering the nation-state's politics of exclusion and other forms of exploitation, extraction, and marginalization.

If for some Parícutin's life cycle came to an end in 1952 when the volcanic activity ceased, its effigy continues to be an imposing presence in the Michoacán landscape: Parícutin has become a vestige of itself. Today, remnants of the eruptions, souvenirs for sale in stalls, horse and mule rides among the igneous ruins, a church whose bell tower remains as the only survivor of the disaster in an inhospitable landscape of sharp stones, a tongue twister, and a cheese-and-avocado tostada with red salsa drizzled like lava and known as a *volcán* persist as the only tangible memorials to those times.

In the town of Angahuan, the closest to the ruins, it is difficult to find remains of the volcano. A mosaic mural of colored glass and fragments of lava by the artist José Luis Soto, which represents the volcano's eruption as a cataclysmic event in the fight between good and evil, between Jesus Christ and the Devil, from which people and animals flee, welcomes visitors to the town. In the town itself, the traces of this story are more subtle. A popsicle shop's logo bears the image of the volcano spitting up lava, and a few stationary stores sell reproductions of postcards from the 1940s. Two community museums exhibit newspaper clippings and old photographs printed on yellowing paper. Constructed of volcanic rock, the walls and fences of local houses transform the town

4 "Volcano Paricutin Is a Sample of Earth's Interior Hell," Life Magazine (April 17, 1944), 88–95.

5 Editors' note: The ceremony of adopting the Purépecha flag commemorates the conclusion of the conflicts between the Quiroga livestock farmers and the Santa Fe de la Laguna land co-owners, who mobilized to recover communal ownership of the occupied lands. This movement represented the dissociation with the State and Purepecha peoples' new ways of organization in which they created symbols such as the Purepecha flag and the motto Juchari Uinapikua [Our Strength].

into the volcano and the volcano into the town. They, in a sense, inhabit the volcano. Its monumentality is reduced to these remains and to the memories of those who witnessed its short life.

These tensions between the catastrophic-spectacular and the monumental-vestige reverberate in Cynthia Gutiérrez's work. Through her sculptural explorations, the artist questions the mechanisms through which memory and identity are constructed, acknowledging the limits, fragility, fractures, and instability of the structures and monuments that cement them. In this sense, the biography of the volcano Parícutin can help illuminate a series of themes that Gutiérrez explores through her artistic practice and invites a reading of her work permeated by phenomenological and geological possibilities. On the one hand, the artist works with fragments of minerals, wood, metals, and natural textile fibers: land transformed into sculpture. On the other hand, her work alludes to the history of the construction of Mexico as a nation composed of sediments that ultimately make up an unstable landscape, whose fissures spurt smoke, scoria, and fire: a monument transformed into a ruin of itself.

The series *Así comienza una montaña* [This Is How a Mountain Begins] (2019), for example, comprises a group of volcanic rocks from which lines of artisanal textiles flow. Similarly, *Preludio* [Prelude] (2020) consists of pieces of basaltic rock, like little volcanos whose craters emit spheres of burnished clay, Talavera, or blown glass. Through a juxtaposition of scales, forms, and materials, the artist takes massive, rugged volcanic fragments, sculpted into magnificent and unexpected forms by nonhuman forces, and reworks them using the subtle material traces crafted by different communities that inhabit Mexican territories.

In these sculptural assemblages, the mineral past is intertwined with handmade pieces, with the fine, colorful textures of weaving or the required dexterity and implied fragility of a sphere of black clay, or the layered patterns of decorated pottery. Nature's unpredictable forces become complicit in the works made by people who often remain anonymous, or who, in most cases, are recognized only as collective creators, associated with a town or a region. Assigned to the complicated categories of "craft" or "popular art," these objects have been appropriated and resignified as the patrimony, heritage, and legacy of *all* Mexicans. While these objects are relegated to museums of natural history, anthropology, or popular art, and understood—like the votive paintings of Parícutin—as "ethnographic," "vernacular," or "traditional," the techniques employed in creating them struggle to survive in the wake of the voracious currents of capitalism.

In her sculptures, Gutiérrez approaches this legacy as a stratigraphic composition. With their visible and discernible layers, these geographic niches make other histories intrinsic to craft visible through conversations, encounters, and anecdotes in which temporal and material veins are woven together, intersecting with one another. Just as in the imagery surrounding Parícutin, where both the new and old San Juan have been overtaken by volcanic rock, the pieces blur the boundaries between national collective memory, community memory, and the land's memory. The borders that interlace and permeate this mineral solidity alert us to the complex relationships and mutuality of being between human activity and the natural landscape.

In light of the imminent environmental crisis that we are living through, this relationship has become completely unbalanced: the earth is exploding not only due to volcanic eruptions but also as a result of the violence of extractivist activities that are becoming ever more intense and predatory. Defying its monumentality and possible association with progress, the details of the pottery and textiles that Gutiérrez includes in her work gleam through the fissures of these volcanic monoliths. They highlight the multiple forms of resistance and resilience that have been activated through local practices and that can no longer be ignored.

Today, the Parícutin exists in imagery that occasionally reappears to refresh Mexicans' memory. Many memories of the spectacular Parícutin persist in the depictions of its youth. The volcano itself, however, lives on peacefully, part of a landscape forgotten by all but those who coexist with its ruin, longing for that which remains latent, buried beneath the lava. And its birth certificate, conserved in the annals of history, recounts how this volcano, perhaps in spite of itself and those with whom it shares the land, was born Mexican.

HABI

INHABITING

TAR

COLLAPSE

EL

COLAP

SO

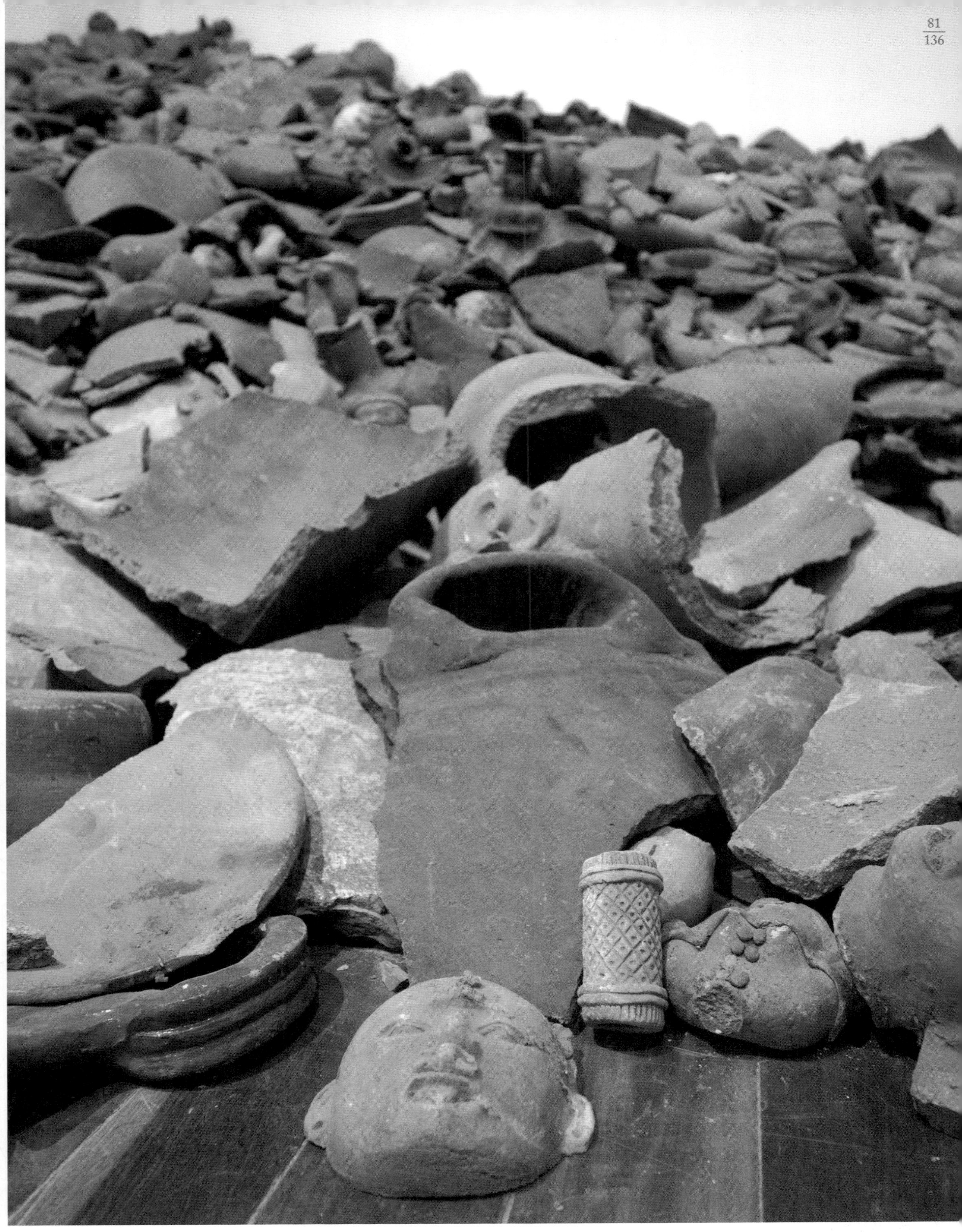

MARCHA DE TIERRA [MARCH OF EARTH], 2019
Pila de fragmentos de piezas de barro Pile of ceramic fragments
Dimensiones variables Variable dimensions

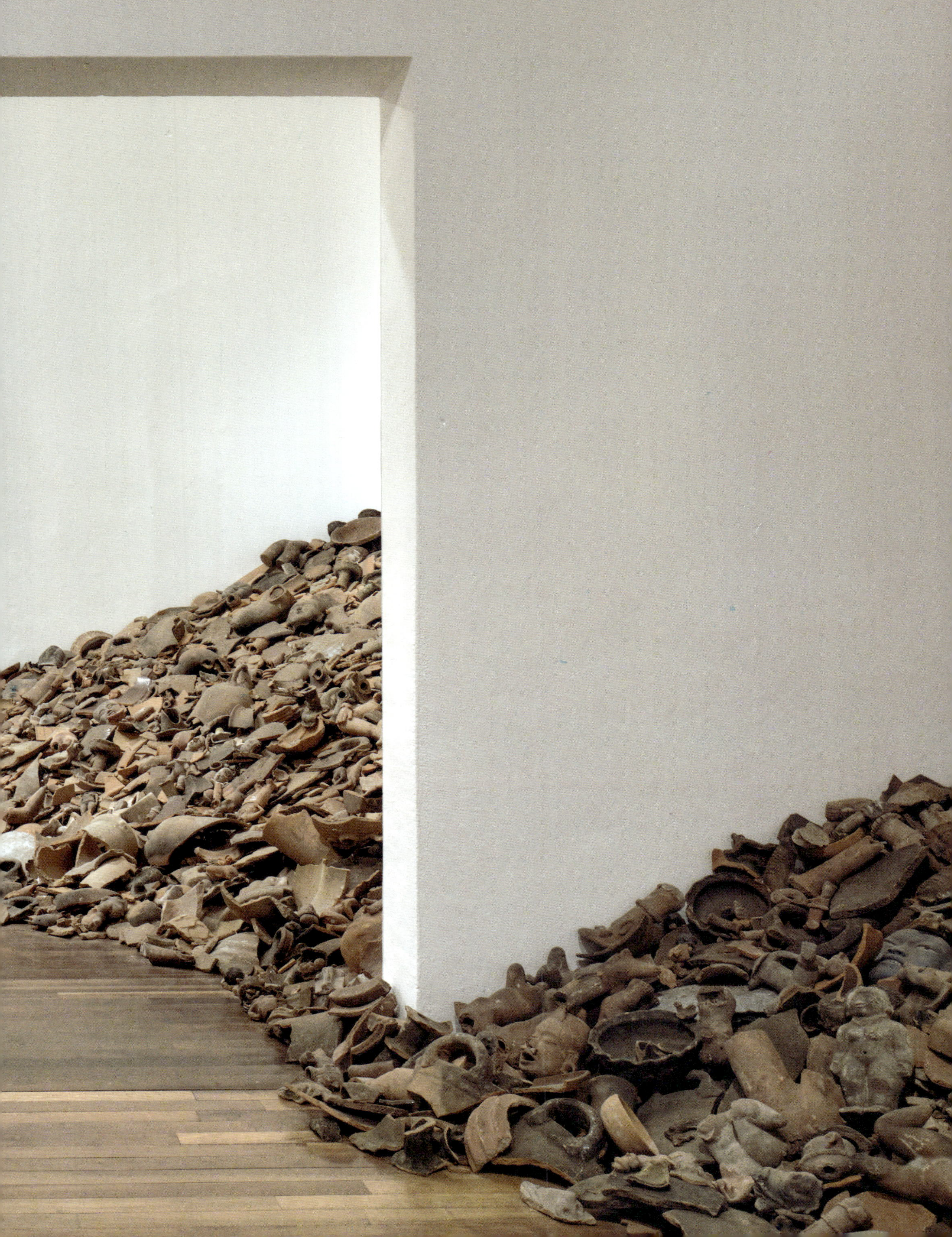

ORO DE TONTOS
[FOOL'S GOLD],
2017
Pirita Pyrite
3.5 x 5.8 x 4.5 cm

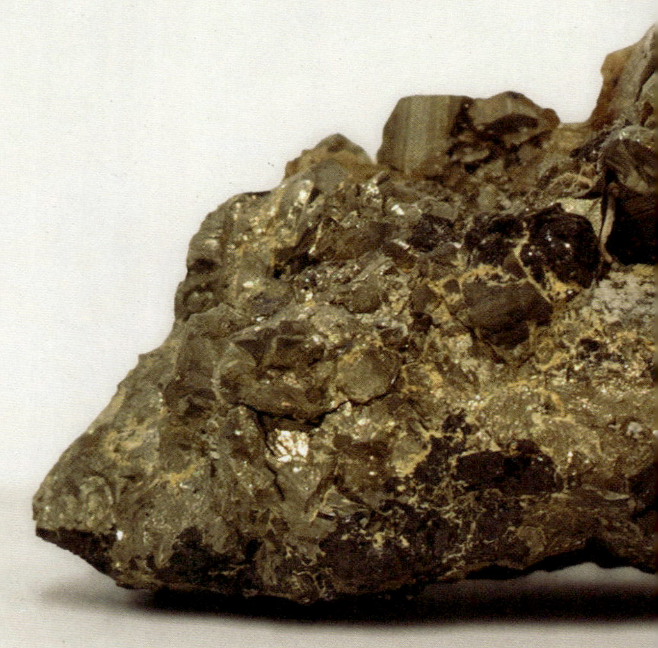

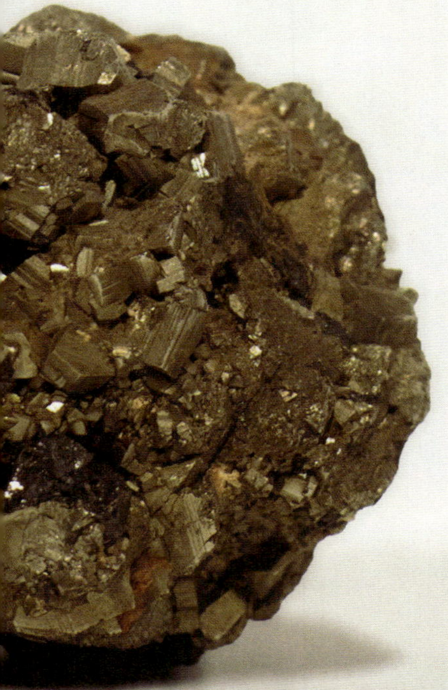

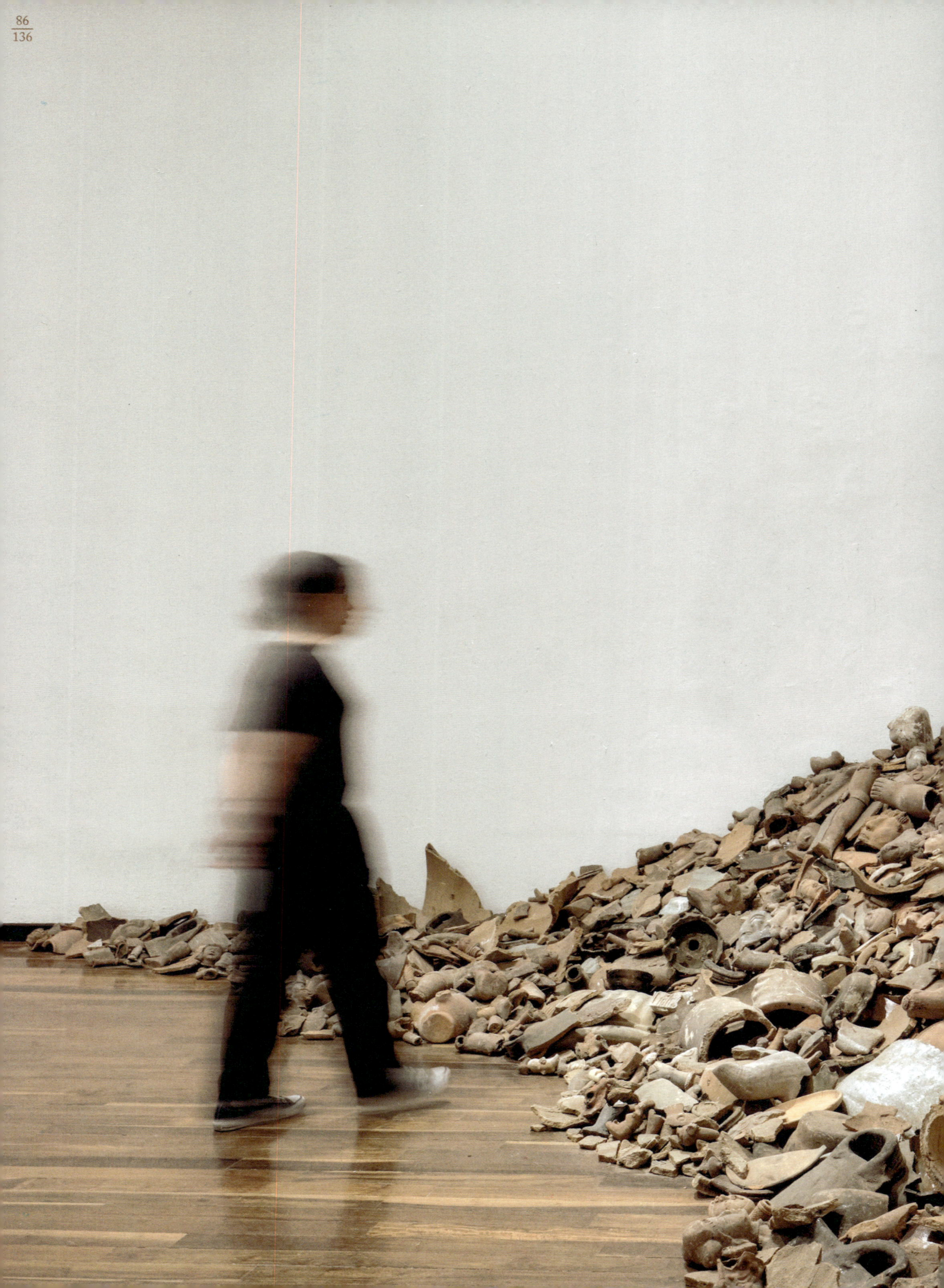

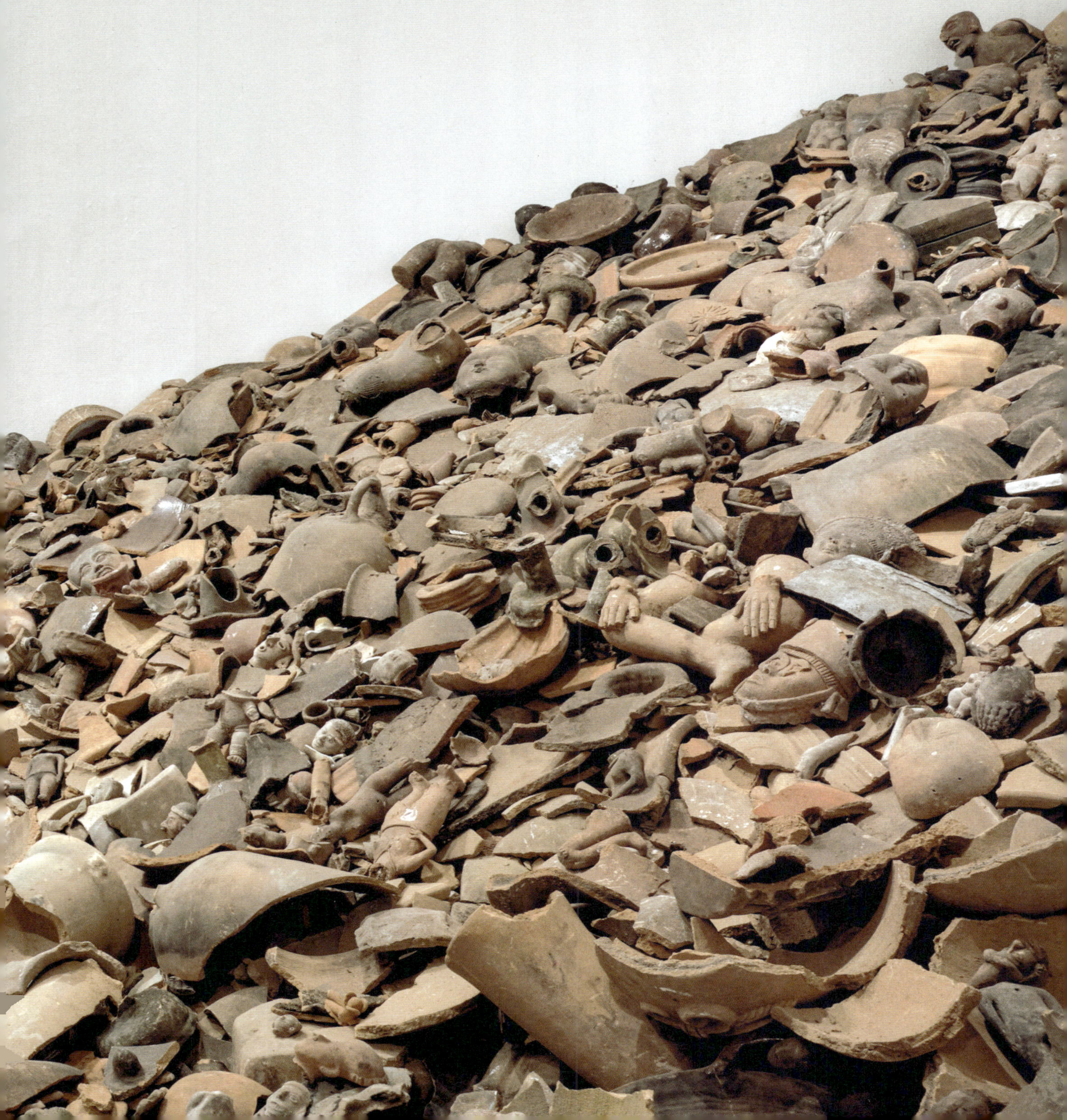

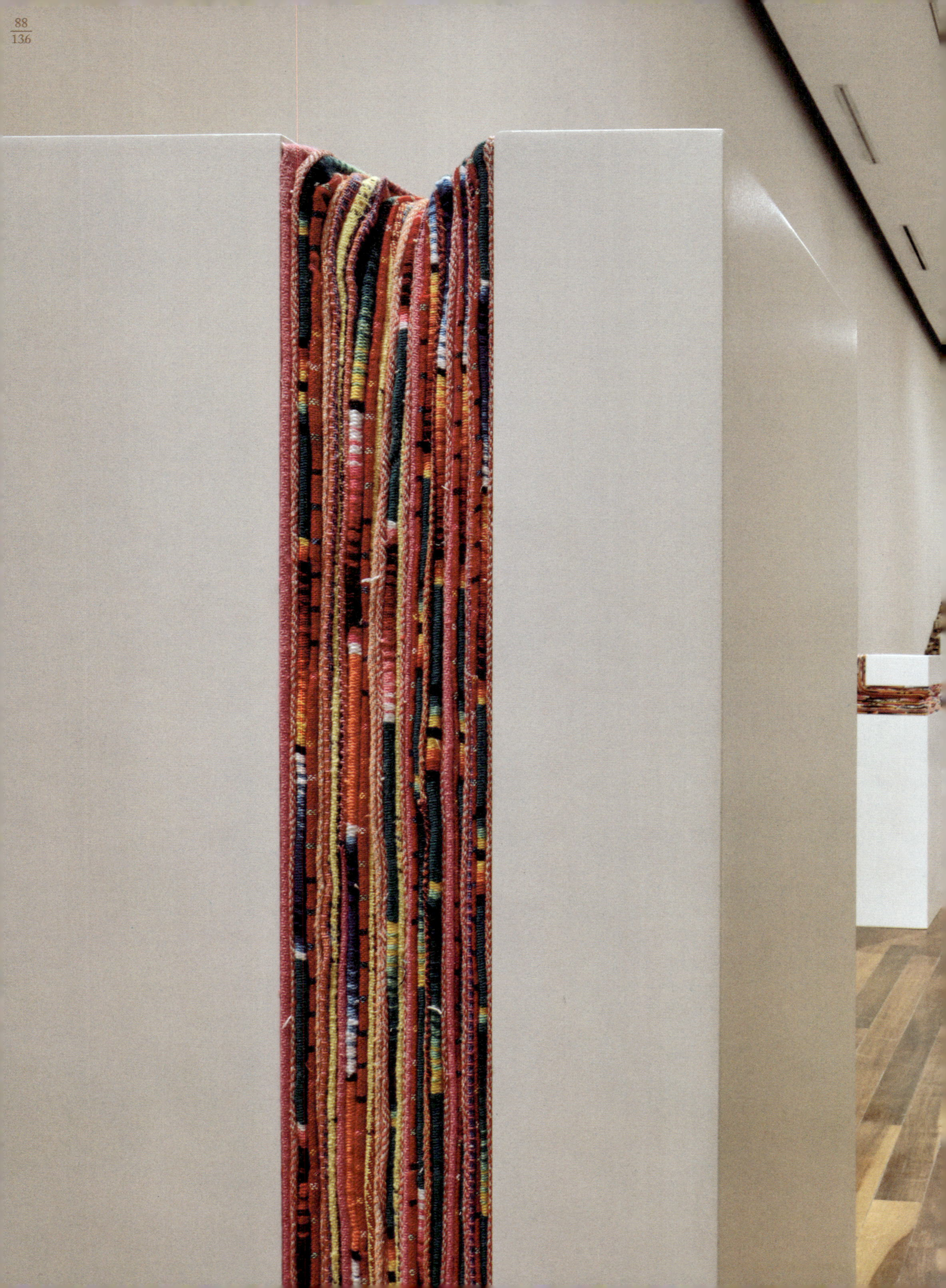

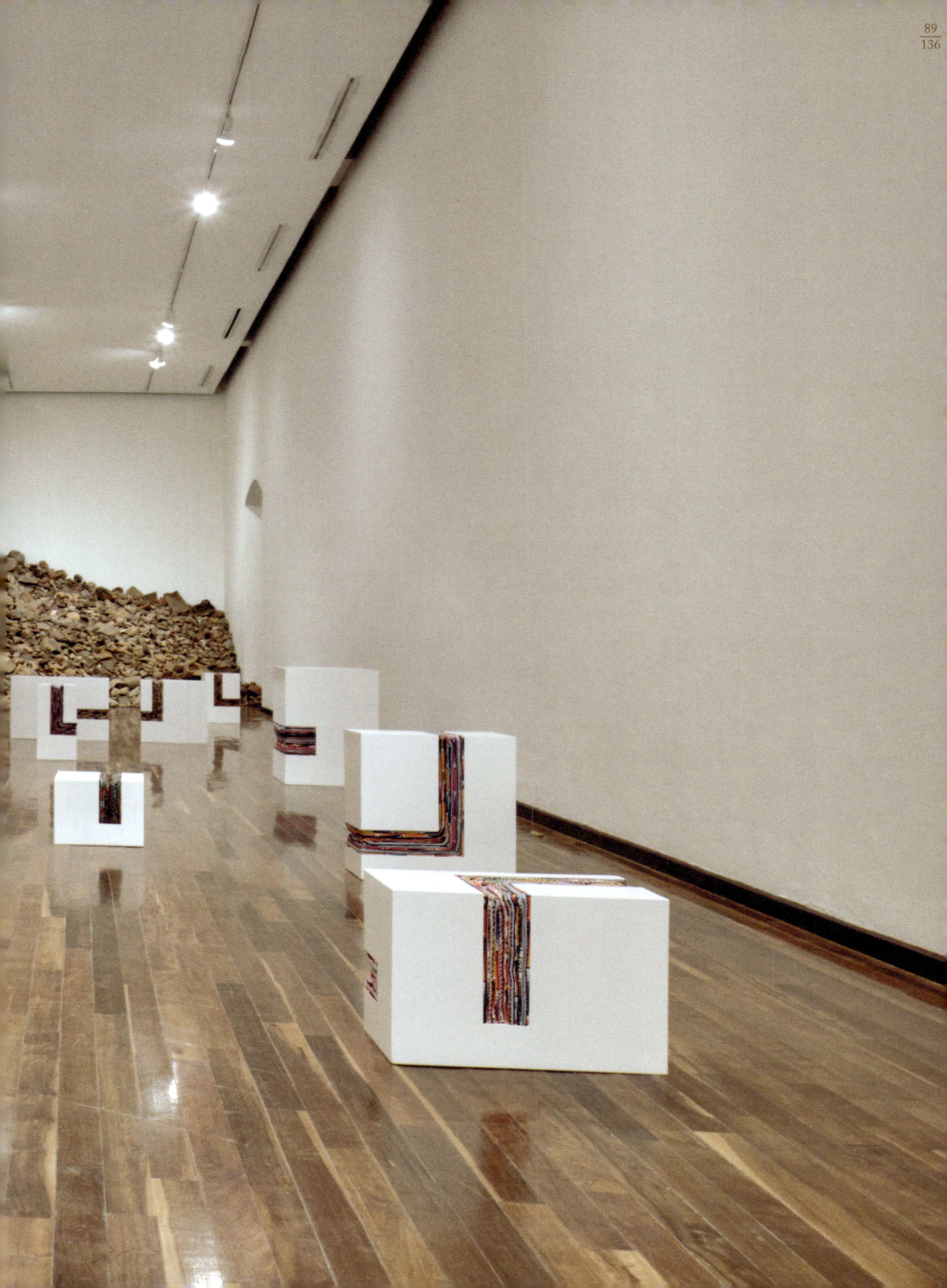

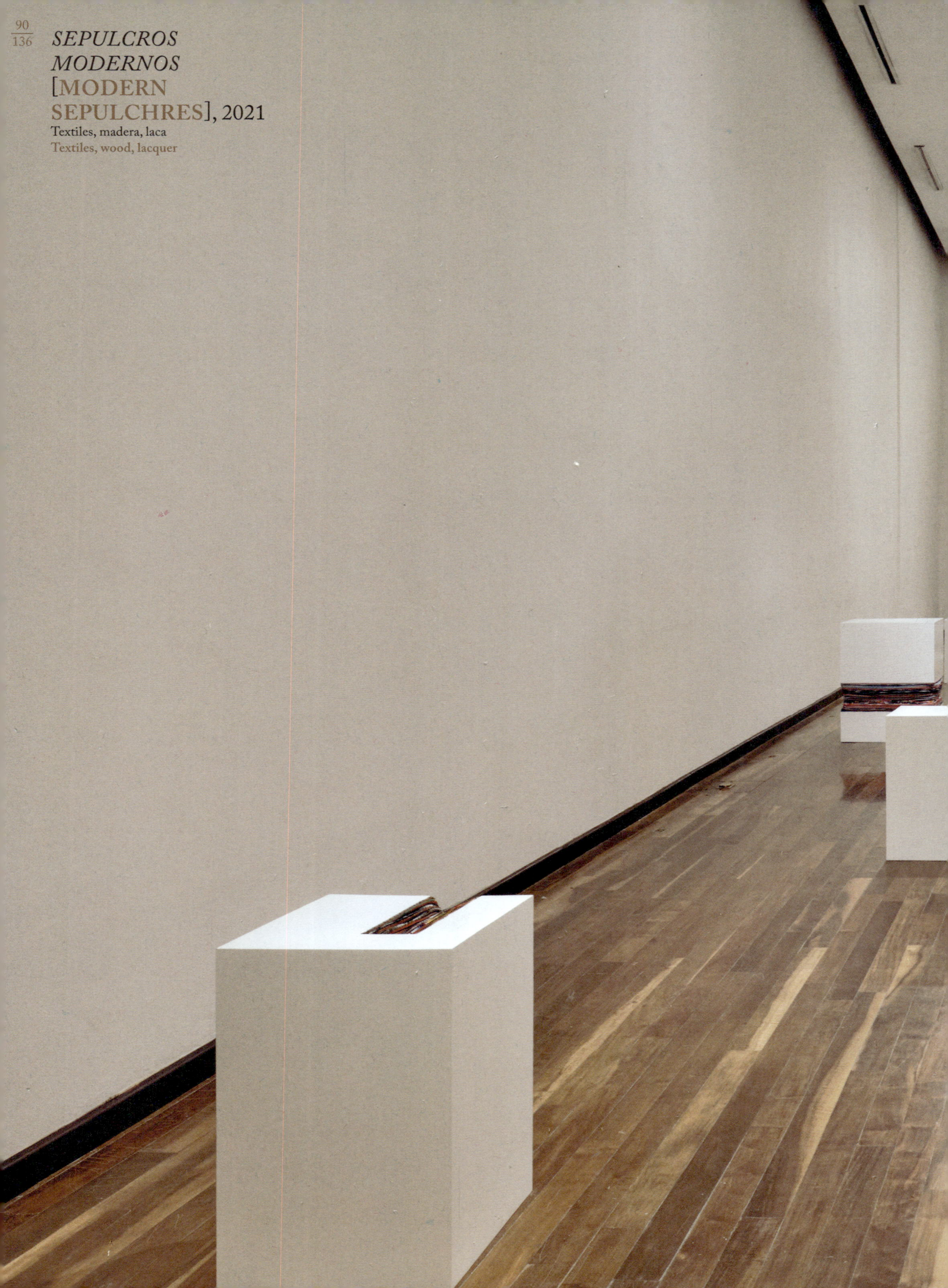

SEPULCROS MODERNOS [MODERN SEPULCHRES], 2021
Textiles, madera, laca
Textiles, wood, lacquer

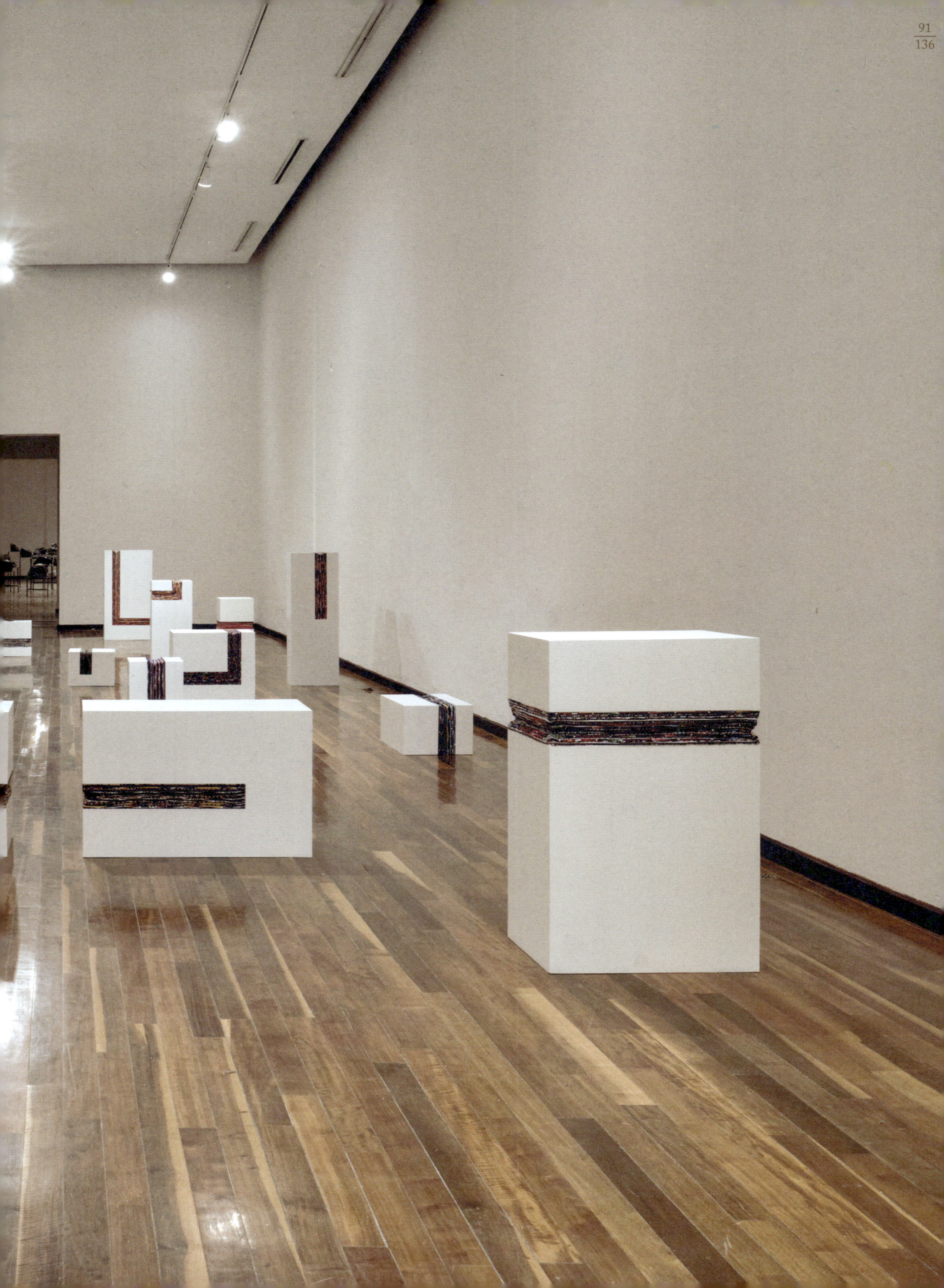

visión mística

El jarro

perspectivas ópticas, filosóficas y psicológicas
un objeto
una pista material

un vibrante punto rojo
un pequeño jarro

bandeja de plata
materialización

propiedades que alteran el cuerpo y la mente

uno de los objetos de artesanía más codiciados
exploradores
llevaban de vuelta

el origen
los objetos
brillo característico del jarro
tono rojizo

mezcla secreta de especias locales
delicadamente perfumado

mordisquearan los bordes
jarros de arcilla porosa
devoraran por completo

dramático aclaramiento
tono casi fantasmal
aspiración estética

reducción peligrosa

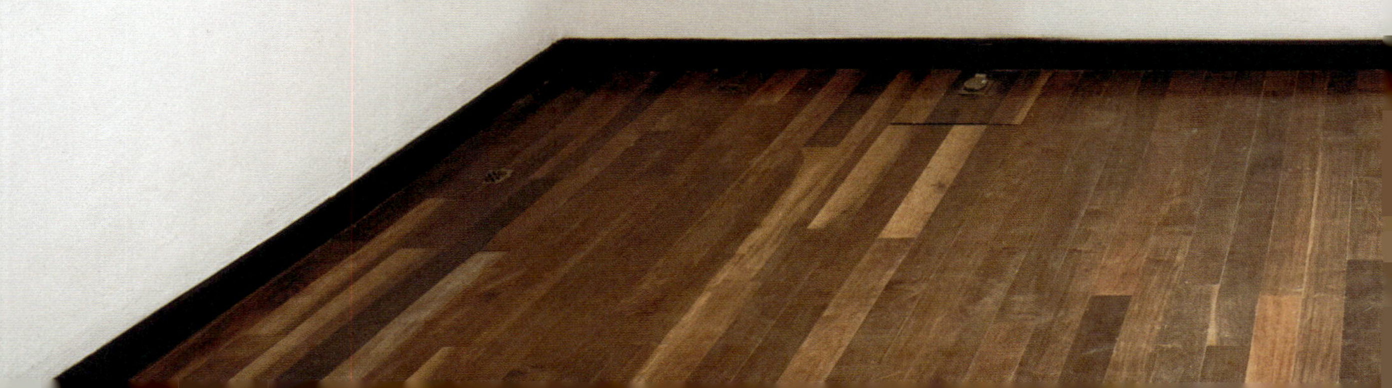

parálisis

destrucción

conciencia espiritual

librarse

vicio

efecto narcótico

conciencia alterada

se expande repentinamente desde el epicentro

mancha del mismo rojo intenso

ntasmal en su palidez

levitar desde el suelo

efecto logrado por la sombra

imágenes flotan

espíritus holográficos proyectados

otra dimensión

la evanescencia del mundo material

la inevitable evaporación del yo

minución gradual del dominio

El mundo se le escapaba

trofeo de hazañas coloniales

poder imperial menguante

símbolo perfecto de ese ocaso

abandono del espejismo del ahora

confusión

el significado más profundo

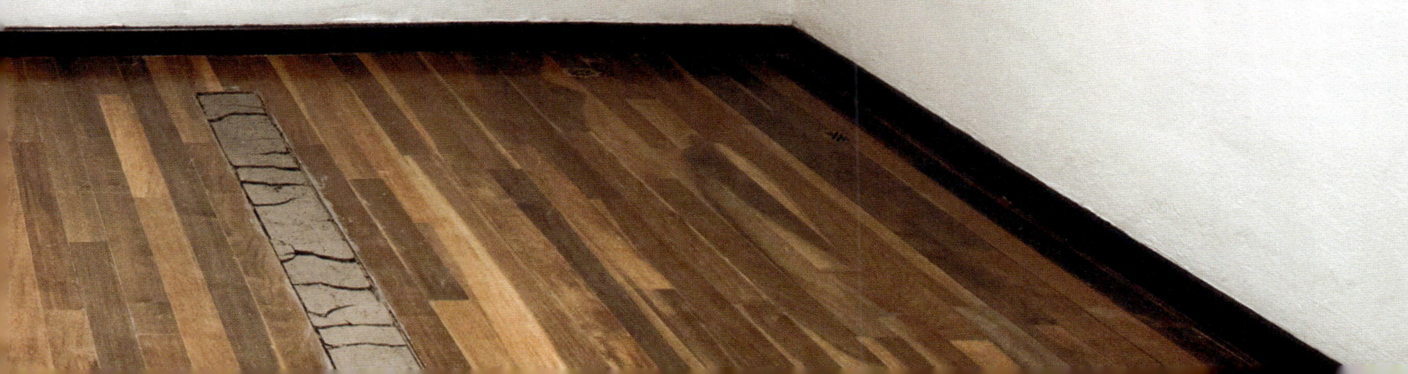

PISTA MATERIAL [MATERIAL HINT], 2021
Fragmentos de texto rotulados a mano con engobe rojizo del artículo Excerpts of text hand-lettered with reddish earth pigment from the article de by Kelly Grovier "La misteriosa pieza de cerámica mexicana que revela un sentido oculto de *Las Meninas*..."

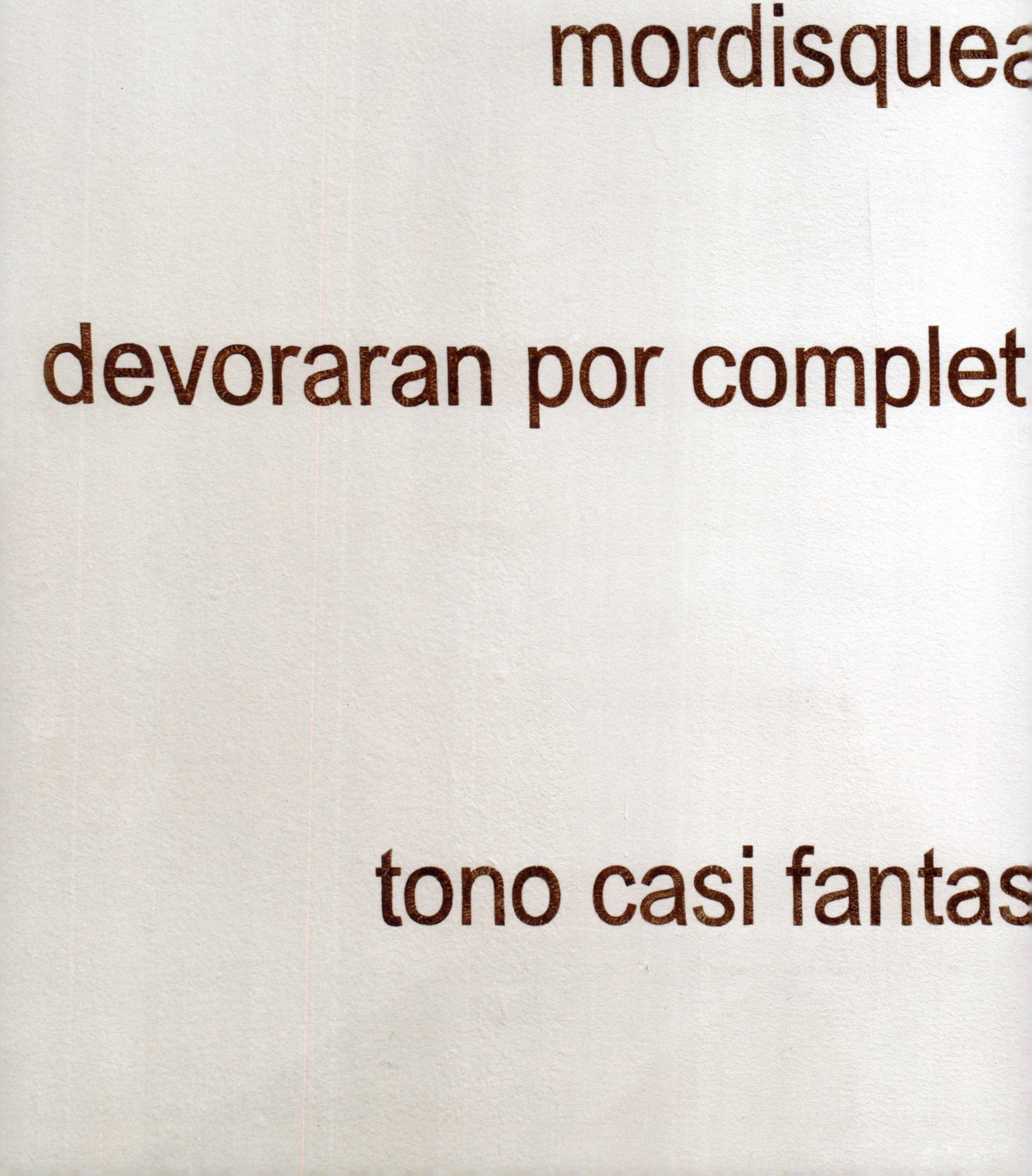

mordisquea

devoraran por complet

tono casi fantas

an los bordes
jarros de arcilla porosa

amático aclaramiento
al

aspiración estética

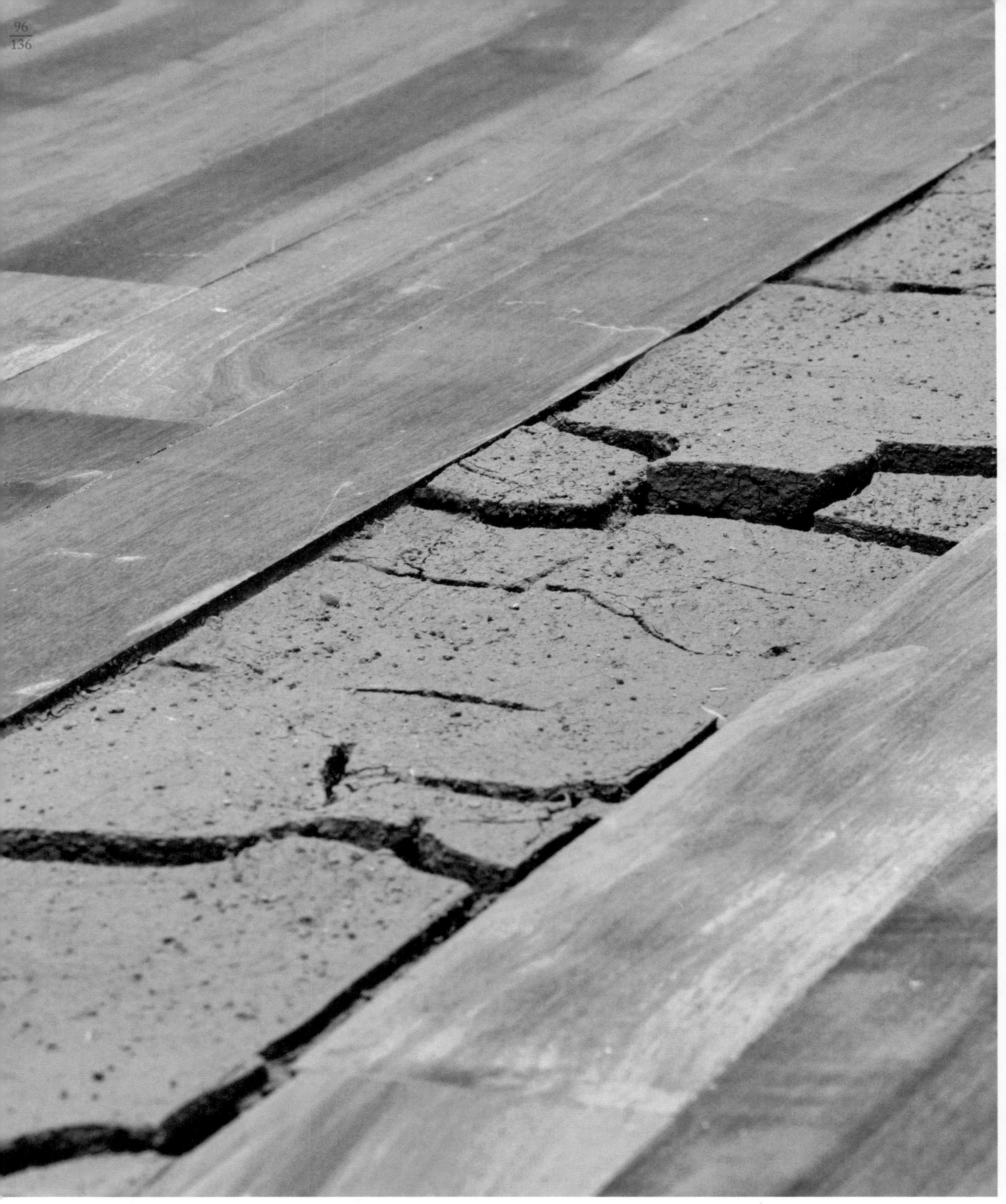

MUNDO ESTÉRIL
[STERILE WORLD],
2022
Ranura en el piso de duela, barro crudo,
búcaro **Gap in the wooden floor, clay, vessel**
20 x 8 x 1000 cm

DE UNA INCISIÓN A OTRA. REMOTÍSIMAS Y EMBRAVECIDAS [1]

From One Incision To Another: Remote And Furious [1]

Víctor Palacios Armendáriz

Óyeme lo que te voy a decir: no rehúses el peligro, pero intenta siempre lo más difícil.

Listen to what I'm about to tell you: don't avoid danger, always seek out what is most difficult.

José Lezama Lima, *Paradiso*, 1966

INCISIVA es la práctica artística de Cynthia Gutiérrez.

¿EN QUÉ SENTIDO?
De manera omnicomprensiva.

¿PODRÍAS SER MÁS PRECISA?
No. Quiero decir no más ni menos aguda que la propia semántica del término: *INCISIVA.*

"Que profundiza o penetra hasta el fondo de las cosas, o más allá de lo que se considera normal".[2]

¿TE SERÍA POSIBLE MENCIONAR UN PAR DE EJEMPLOS CONCRETOS?
Eso creo. Intentaré seguir el camino más difícil para mí. Más que optar por una lectura cronológica que explique el desarrollo de su trayectoria, o bien por un recorrido de principio a fin a través de su exposición en el Museo Cabañas, pretendo aprisionar un vasto conjunto de sus obras entre mis manos, agitarlas con decorosa excitación para luego lanzarlas sobre la mesa más cercana, como piezas de un juego de azar o amuletos de un acto de adivinación.

Imagino que prefieres, para ello, una mesa cuya forma sea escutoide, romboide o, al menos, heptagonal. Otra opción sería que la propia *tabula* fuese parte de una escultura, como sucede en la obra de George Segal (1924-2000) cuyo título es *Woman in a Restaurant Booth* [Mujer en una mesa de restaurante] (1961), pero supongo que tienes en mente un modelo de mesa menos comercial y con otro tipo de pie o pedestal.

1 Una conversación anónima entre dos colegas en torno al trabajo de Cynthia Gutiérrez y su exposición *Habitar el colapso* en el Museo Cabañas de febrero a mayo de 2022.

2 *Oxford Languages*, 2022. Consultado el 1 de agosto de 2022, en: https://www.google.com.search?client=firefox-b-d&q=iNCISIVO+DEFINICI%C3%93N.

Cynthia Gutiérrez's art practice is INCISIVE.[1]

IN WHAT WAY?
In all-ways.

COULD YOU BE MORE PRECISE?
No. I don't want to say anything more or less exact than the usual semantic meaning of the term: INCISIVE.

"That which delves or penetrates to the depth of things, or beyond what is considered normal."[2]

COULD YOU GIVE A FEW CONCRETE EXAMPLES?
I think so. I'm going to try to follow the path that's most difficult for me. Rather than opt for a chronological interpretation of Gutiérrez's practice that explains the development of her trajectory or going through her exhibition at the Museo Cabañas from beginning to end, I want to gather vast swathes of her work in my hands, shake them up, and throw them out onto the nearest table like pieces in a game of chance or amulets in an act of divination.

I'd imagine you'd prefer a scutoid, rhomboid, or—at the very least—heptagonal table for this task. Or else, the surface in question could be part of a sculpture like in that George Segal (1924-2000) piece, *Woman in a Restaurant Booth* (1961); but I'm sure you have a less commercial model of table in mind, one with another type of leg or pedestal.

1 An anonymous conversation between two colleagues about the work of Cynthia Gutiérrez and her exhibition *Habitar el colpaso* [Inhabiting Collapse] at the Museo Cabañas, February–May 2022.

2 *Oxford Languages*, "incisivo," accessed on August 1, 2022, at https://www.google.com/search?client=firefox-b-d&q=iNCISIVO+DEFINICI%C3%93N.

El objeto y la deformación de su materia en otra forma, si bien una elemental primicia de todo gesto productivista, pueden esperar. Lo inaceptable de aquella escultura de principios de los años sesenta no es el modelo de mueble, sino el silencio melancólico que emana de sus albas entrañas. Misma dosis e idéntico efecto desde el instante en que fue expuesta por vez primera hasta este minuto del mes de julio de 2022. No me refiero sólo a la figura femenina en yeso cuyos antebrazos descansan sobre la mesa, sino a todo el ambiente o escena ahí contenidos. Propongo, en contraparte, efectuar de inmediato el lanzamiento colectivo antes mencionado, prescindir de la *tabula*, de la base sobre el orbe y esperar pacientemente los efectos de la gravedad... bajar la mirada y descubrir entonces el despliegue de obras a ras de piso.

Imposible ser o estar más al ras que *Mundo estéril* (2022), curiosamente es la primera pieza que destaca del conjunto arrojado al suelo.

¿QUÉ ES?

Hubiera preferido que la pregunta incluyera una simple negación... *¿Qué no es?* Pero asumo que elegiste la primera por la dificultad ontológica que encierra. Pues bien, es, ante todo, una incisión por demás anormal. Una punzante herida, una profanación real y simbólica a las estructuras de poder que, en este caso, se manifiestan en el museo en sí y en la idea de su trascendencia pedagógica, sociocultural e intelectual. El buen museo. Su elegante y sagrada infraestructura mutilada, expuesta por medio de un extraño atentado a su epidermis, el piso de duela que todos pisamos al recorrer las salas de exhibición.

CIERTO. PERO TU RESPUESTA CARECE AÚN DE CLARIDAD.

Es también una trampa. Nada anuncia su presencia, nada se desborda, sobresale o anticipa, nada emite el más leve sonido, nada despierta el olfato. Es una acción quirúrgica de tremenda precisión, un colapso invertido. La madera extirpada ha sido cuidadosamente sustituida por barro crudo, tierra del poblado de Tlaquepaque, empleada para la producción centenaria de objetos en cerámica. Dicha sustancia inerte fue introducida y aplicada a mano en la zanja creada tras retirar la duela. Tal y como si se tratase de una meticulosa restauración en el sentido de regreso, una vuelta al origen.

Comienzo a entender mejor. Mientras tanto, la custodia que resguarda la integridad de la herida permanece atenta a nuestros pasos. Su mirada tiene que inclinarse, enfocar la vista en esa mínima linde entre *Mundo estéril* y el resto del universo. Dicho de otro modo, su labor consiste ahora en vigilar una estrecha y larga línea de barro, de territorio craquelado que puede ser franqueado, atravesado con un simple paso pero que no debe ser, por nada ni nadie, hollada. Es, a partir de ahora, arte e historia y, como tal, exige ser debidamente vigilada y preservada.

The object and its material distortion into something else, although foundationally important for all productivist work, can wait. That sculpture from the 1960s was totally unacceptable, and not because of the model of the table, but because of the melancholic silence that emanates from its white entrails. It has produced an identical effect from the very first moment it was exhibited to this very instant in July 2022. I'm not only talking about the female figure rendered in gesso, whose forearms rest on the table, but the whole environment or scene contained in that sculpture. In contrast, I propose to carry out my aforementioned plan—scattering Gutiérrez's pieces out at random—at once dispensing with the tabletop and its base that balances on the ground, and instead waiting patiently for gravity to take effect . . . lowering my gaze to the ground to see where each piece falls.

It's impossible to be any closer to the ground than *Mundo estéril* [Sterile World] (2022). Curiously, it is the first piece that stands out from the grouping thrown out onto the ground.

WHAT IS IT?

I would have preferred for your question to include a simple negative . . . *What isn't it?* But I assume you decided on the former for the ontological difficulty it entails. Okay, so, in the first place it's a strange incision. A sharp wound, a real and symbolic desecration of the structures of power that, in this case, manifest in the museum itself and in notions about its pedagogical, sociocultural, and intellectual importance. The good museum. Its elegant and sacred infrastructure here mutilated, exposed by means of a curious attack on its epidermis—the wooden floor we all walk on as we move through the exhibition galleries.

TRUE. BUT YOUR RESPONSE STILL LACKS CLARITY.

It's also a trap. Nothing announces its presence, nothing overflows out of it, stands out, or anticipates the viewer, nothing emits the slightest sound, nothing awakens the olfactory senses. It is a surgical act of tremendous precision, an inverted collapse. The artist dislodged wood from the floor and carefully replaced it with raw clay, earth from the town of Tlaquepaque used in the centuries-old production of ceramic objects. This inert substance was introduced and applied by hand into the cavity that was left behind when the floorboards were removed. As though it were meticulous restoration in the sense of going back, returning to the original.

I'm beginning to understand better. All the while, the guard who monitors the integrity of the wound remains attentive to our steps. Her gaze must be lowered, focused on that smallest of borders between the *Mundo estéril* and the rest of the universe. In other words, her work now consists of watching a long, narrow line of clay, a cracked

PERO… ¿SE TRATA ENTONCES DE UNA ESCULTURA EXENTA O DE UN RELIEVE?

¡Ambas! Aun sin volumen aparente. Al menos esa es mi percepción al recorrer su perímetro y constatar la distancia que la separa de los cuatro muros que parecen contener su posible expansión hacia el oriente. Su profundidad es incalculable, pero es precisamente esta dimensión oculta, subterránea y misteriosa lo que otorga peso y cuerpo al colapso.

Aun si en la ficha técnica de esta obra se estipula que no sólo está compuesta por barro crudo, sino también por un objeto artesanal utilitario: un búcaro. Es decir, un recipiente hecho de arcilla. Surge instantáneamente la referencia a la inhumación, al rito, a las capas o estratos de tiempo acumulados en este espacio. Ahora sala de museo y monumento — Patrimonio de la Humanidad. Antes hospicio, antes cuartel militar, escuela, antes páramo, naturaleza, ecosistema, polvo… ¿Hasta dónde iremos a parar?

Tratemos de seguir el paso por ahora, intentemos continuar andando como lo hizo el artista Richard Long en un prado de Wiltshire, Reino Unido, a finales de los años sesenta. Su insistente andar hacia delante y de vuelta sobre sus mismos pasos terminó por crear la obra titulada *A Line Made by Walking* [Una línea hecha al caminar] (1967). Un trazo recto sobre la hierba marcada, aplastada por el peso de su cuerpo cuya huella perdura en una icónica fotografía; un poético registro en blanco y negro que es parte integral de la obra catalogada como *escultórica*.

La similitud visual entre ambas líneas es clara pero las diferencias conceptuales, matéricas y contextuales son abismales. Me atrevería a decir que son esculturas antagónicas y semejantes a la vez. Será porque ambas, a su manera y en su temporalidad, son *INCISIVAS*. Sólo que, entre otras disyunciones, una va de la naturaleza, de la acción y del paisaje a la salas y colecciones de museos; mientras que la otra irrumpe ahí mismo, eclosiona y fallece en el seno de la institución. Si bien hay constancia visual de ello, el registro es sólo eso, memoria de un gesto efímero. De una lesión, de su consecuente tratamiento y desaparición. No hay un después ni una concomitancia estética entre lenguajes o medios artísticos. Tampoco sería congruente pensar en la posibilidad de repetirla, perdería su espíritu crítico.

El avanzar de manera azarosa hacia atrás nos ha puesto de frente ante otra pieza de Cynthia: *Marcha de tierra* (2019). Una instalación escultórica de grandes dimensiones presentada por primera vez en La Tallera en Cuernavaca, Morelos, como parte de la exposición *Todos los siglos son un sólo instante*. Esta pieza, situada entre el vestíbulo y la sala inicial del recorrido, está conformada por cientos de miles de fragmentos de barro cocido. Desenfrenada caterva que lo aglutina todo hasta formar un inmenso

territory that can be spanned, crossed with a simple step but that must not be trod upon by anyone or anything. The piece becomes art and history from the moment it is installed in the gallery, and, as such, must be duly monitored and preserved.

BUT . . . ARE WE TALKING ABOUT A FREESTANDING SCULPTURE OR A RELIEF?

Both! Even though it doesn't have any apparent volume. At least, that's what my perception has been when I've walked its perimeter and tried to evaluate the distance that separates it from the four walls that seem to contain its possible extension to the east. Its depth is incalculable, but it is precisely this hidden, subterranean, and mysterious dimension that endows the inward collapse with weight and body.

Still more so if we consider that the materials list for this work indicates that it is not only composed of raw clay but also includes a utilitarian handcrafted object: a *búcaro*. That is, a vessel made of clay. The inclusion of this object instantly evokes references to burial, to funereal rites, to the layers and strata of time that have accumulated in this space. Today, a museum gallery and monument—the World Heritage Site. But before, it was a hospice, and before that, military barracks, a school, and before that, a wasteland, nature, an ecosystem, dust . . . How far can we go?

Let's try to keep going for now, let's try to continue along the path like the artist Richard Long did in a field in Wiltshire, England, at the end of the 1960s. His insistent retracing of his own steps, back and forth repeatedly, culminated in the work *A Line Made by Walking* (1967). A straight line marked into the grass, tamped down by the weight of his body whose tracks appear in an iconic photograph: a poetic register in black and white that is an integral part of work catalogued as *sculptural*.

The visual similarity between both line pieces is obvious, but the conceptual, material, and contextual differences are enormous. I would even go so far as to say that the two sculptures are simultaneously antagonistic and similar to one another. Perhaps it is because both are—in their own ways and at the particular moments of their creation—*INCISIVE*. Except that, among other differences, one moves from nature, action, and landscape to museum galleries and collections, while the other interrupts those spaces; it hatches and perishes in the heart of the institution. There is visual proof of this, but it constitutes the only register of the piece, a memory of an ephemeral gesture. Of a wound, of its subsequent treatment and disappearance. There is no "after," nor an aesthetic concomitance between languages or artistic media. Nor would it make sense to repeat the piece, for it would lose its critical spirit.

montículo semicónico. De hecho, nada descabellado sería pensar que dichos detritus se reproducen ahora mismo —durante la exposición—, brotan, se multiplican e instalan entre la multitud con inmenso sarcasmo. El orden, o cualquier cosa que se le parezca, hace tiempo que se ha extinguido. Hay en ese descomunal caos una extraña ebullición, una herencia demolida por su propia desproporción y sobrecarga. Una carnavalesca cohabitación de eras, culturas, lenguas, fisonomías, dioses, trozos y más trozos de una reminiscencia precolonial, pero también su devenir como nación y los flujos culturales que ello encarna. Un caldo de cultivo de altísimo riesgo. ¡Qué mejor!

¿DE DÓNDE PROVIENE TODA ESTA AMALGAMA DE COSAS DE BARRO?

Si bien no parecen ser piezas prehispánicas originales, algunas presentan una cierta maestría en su elaboración, en su manufactura en tanto *souvenirs* turísticos y copias comerciales. La copia de millones de copias convertida en una obra de Cynthia Gutiérrez. Otros muchos fragmentos provienen de objetos de uso cotidiano y de materiales que remiten a necesidades constructivas como el ladrillo o la teja. Percibimos múltiples figurillas fragmentadas, extremidades huérfanas, algunas tonalidades cromáticas entre ollas, asas, ornamentos y recipientes quebrados. Pero aquello que me parece más perturbador y punzante es la recurrente presencia de cabezas desprendidas de sus cuerpos. Es decir, personajes decapitados que mantienen su expresividad particular: una marcada sonrisa, un gesto de meditación, los ojos desorbitados, una palabra entre los labios, un rictus de dolor o bien de serenidad ante el ineludible destino; una avalancha de historias, de identidades y contradicciones de nuestro devenir social, político e ideológico. *Marcha de tierra* tiene una dimensión ética e incisivamente política. Mete el dedo en la llaga y, por fortuna, desconfía.

DE ACUERDO, PERO HAS CAÍDO EN UN TREMENDO SINSENTIDO. ¿TE DAS CUENTA?

Con esto termino: la catástrofe reluce y la pieza es conmovedora, tanto como la vivencia estética que experimento ahora ante la misma. Es una marcha de muchas tierras subyugadas, pero también una especie de manifestación social, una multitud inconforme que remite indirectamente a algunos de los murales al fresco que José Clemente Orozco pintó en la Capilla Mayor de este recinto entre 1937-1939. Me refiero, en particular, por su relación con la tierra y el ocaso de las grandes civilizaciones e imperios precoloniales, al tablero denominado por historiadores del arte como: *lo científico*. En éste apreciamos una inmensa y fulgurante rueda en movimiento que aplasta y sepulta a un vasto conjunto de ídolos, objetos y rastros arquitectónicos precolombinos. El progreso, la mecanización y la velocidad se imponen. *Tabula rasa*. No

Moving along haphazardly backward has brought us face-to-face with another of Cynthia's pieces: *Marcha de tierra* [March of Earth] (2019), a large-scale sculptural installation that was first presented at La Tallera in Cuernavaca, Morelos, as part of the exhibition *Todos los siglos son un sólo instante* [All Centuries Are a Single Moment]. This piece, located between the vestibule and the first room of the exhibition at Museo Cabañas, is made up of hundreds of thousands of fragments of baked clay. A profligate pile that masses everything together to form an immense semiconical mound. The mound was so immense it was as though the detritus was reproducing before our very eyes during the exhibition. The fragments sprout, multiply, and take their place among the multitude with great irony. Order—or anything like it—has long been extinct. Within this colossal chaos, something is boiling up, an inheritance that has met destruction at the hand of its own overloaded proportions. A carnivalesque cohabitation of eras, cultures, languages, physiognomies, gods, fragments upon fragments of a precolonial past, but also its future as a nation and the cultural pathways it embodies. A very high-risk breeding ground. What could be better!

WHERE DID THAT GREAT AMALGAM OF CLAY OBJECTS COME FROM?

Although they don't seem to be of pre-Hispanic origin, some of these pieces display a certain mastery in their elaboration, in their production as tourist souvenirs and commercial copies. Copies of millions of copies transformed into a work by Cynthia Gutiérrez. Others of the fragments come from everyday objects and construction materials like brick or tile. We can see multiple fragmented figurines, orphaned limbs, and shifts in chromatic tonalities between pots, handles, ornaments, and broken vessels. But what I find most disturbing and poignant is the recurring presence of heads that have become detached from their bodies. That is, decapitated characters that maintain their particular expressiveness: a marked smile, a meditative gesture, wide eyes, a word caught between lips, a rictus of pain or an expression of serenity in the face of an inescapable destiny; an avalanche of stories, identities, and contradictions that speak to our social, political, and ideological future. *Marcha de tierra* has an ethical and incisively political dimension. It probes the wound, and, fortunately, has its doubts.

I AGREE, BUT YOU HAVE FALLEN INTO A LOT OF NONSENSE. DO YOU REALIZE THAT?

I'll end with this: the catastrophe of broken shards shines bright; the piece is moving, and so is the aesthetic experience that I have before it. Here, many subjugated lands rise up; the piece is a kind of social protest, a gathering of a dissident multitude that indirectly refers to some of the fresco murals that José Clemente Orozco painted in the dome of the

más protuberancias incómodas, la manifestación ha sido disipada, el territorio conquistado. ¡OH, MODERNIDAD!

ME PARECE QUE AHORA SÍ HAS PERDIDO LA CABEZA.

A tan sólo unos metros de ahí, otra ficha —otro amuleto del lanzamiento inicial— reluce, literalmente. Es *Oro de tontos* (2017). Un minúsculo segmento de pirita que tintinea al tiempo que establece un descomunal contraste con la masividad de *Marcha de tierra*. ¿Recuerdas qué propiedades tiene la pirita?

Claro, más allá de la obviedad del engaño, de hacerla pasar por el preciado metal cuando en realidad su valor económico es mínimo, la pirita es digna de estar en esta exposición por su etimología. *Pyr* en griego significa fuego. De ahí: piropo, pírgano, piróforo, piromancia, piroxilina, pirosfera o un delicioso pirón. ¡Tú eliges! En suma, la pirita es famosa porque, al golpearla con otro metal, surgen… ¡CHISPAS! ¡ARTIFICIOS! ¡CAMUFLAJES! Casi… un nuevo *PRY*… aunque sea disléxico.

Tal vez lo más sugerente de esta pequeña obra sea la relación que entabla con la presencia tácita del fuego en muchas piezas de Gutiérrez. Su vínculo con la historia y la conquista de México —al convivir con *Marcha de tierra*— es insoslayable; así como con Huehuetéotl, Sekhmet, Prometeo, Kauil, Hestia, etc. Demasiados listados en esta conversación. Va otro: la cerámica, el sol, la piedra volcánica, el bronce, la devastación, etc.

Al proseguir en este periplo en el que poco a poco se conectan los puntos de la constelación expositiva, percibimos dos hermosas y resplandecientes vitrinas de museo empotradas al muro. En su interior, sobre discretos elementos cúbicos a distintas alturas, Cynthia ha emplazado pequeñas réplicas de pedestales en una amplia gama cromática de engobes. Son livianas e impolutas reproducciones en cerámica de diversas piezas creadas por el reconocido alfarero jaliscience Pantaleón Panduro (1830[3]-1912). Entre otras cosas, Panduro destacó internacionalmente por la producción de figurillas, bustos o monumentos en miniatura. En éstos, plasmaba y decoraba el semblante de un amplio conjunto de influyentes políticos, pero también pintorescas escenas o personajes de la vida cotidiana. Bajo el título de *Retrato de sombras* (2021), esta obra plantea —como lo ha mencionado la artista— “una encrucijada en la que el vacío se vuelve reliquia”.

Cada pedestal es único —como lo fueron las piezas de Panduro y sus infinitas réplicas por otros

3 Nota de les editores: No es clara la fecha de nacimiento de Pantaleón Panduro, algunos autores aseguran que es en 1830, mientras que otros apuntan 1847.

main chapel of the same building between 1937 and 1939. I am thinking in particular of the panel known by art historians as *Lo cientifico* [Science], and the relationship to the earth and the decline of the great civilizations and precolonial empires it portrays. In it, we can see an immense and dazzling wheel in motion that crushes and buries a vast set of pre-Columbian idols, objects, and architectural traces beneath it. Progress, mechanization, and speed prevail. *Tabula rasa*. No more awkward bumps, the protest has been dispersed, the territory conquered. OH, MODERNITY!

NOW YOU’VE REALLY LOST YOUR MIND.

Just a few meters away, another token—another amulet that we scattered at the outset of this conversation—glistens, literally. It is *Oro de tontos* [Fool’s Gold] (2017). A tiny fragment of pyrite that twinkles and creates a sharp contrast with the massive scale of *Marcha de tierra*. Do you remember the properties of pyrite?

Of course! Beyond being well known as fool’s gold—for passing as a precious metal while actually having minimal economic value—pyrite has been included in this exhibition because of its etymology. *Pyr* in Greek means fire. From it comes: *piropo*, *pírgano*,[3] pyrophoricity, pyromancy, pyrosphere, or a delicious *pirón*.[4] Take your pick! Above all, pyrite is famous because when you strike it against other metals, it makes . . . SPARKS! TRICKS! CAMOUFLAGE! Almost a new . . . PRY, even though that’s a little dyslexic.

Perhaps the most suggestive aspect of this small work is the relationship it establishes with the idea of fire that is tacitly present in many other of Gutiérrez’s pieces. Its connection to the history and conquest of Mexico—by virtue of its proximity to *Marcha de tierra*—is inescapable, as are its links to Huehuetéotl, Sekhmet, Prometheus, Kauil, Hestia, etc. Too many things listed in this conversation: ceramics, the sun, volcanic rock, bronze, destruction, etc.

Continuing along this tour through which, little by little, we are connecting the dots of the constellation of this exhibition, let us turn to two beautiful, resplendent museum cases that have been fixed to the wall. Inside them, on discrete cubic blocks of different heights, Cynthia has placed small replicas of pedestals in a range of different colored clay slips. They are light, clear ceramic reproductions of different pieces created by the well-known potter

3 Translator’s note: *Piropo* means compliment or flattery in Spanish. *Pírgano* is stem from a branch used to tie bundles of sticks. The English translation of the words in italics does not reflect the same etymological relationship to the Greek *pyr* as the Spanish. For the purposes of the author’s argument, I have left those words in the original.

4 *Pirón* is a dough made of manioc flour cooked in broth.

artesanos tanto coetáneos como posiblemente actuales— y cada uno encierra una historia trunca que, paradójicamente, les otorga una enigmática autonomía formal y un alto grado de seducción, cuales joyas de la corona.

¡No cargan ni sostienen nada!

Liberados de su razón histórica y su referente político, hacen estallar sus características formales y cromáticas. Algunos median entre basamentos de edificaciones precoloniales, prototipos minimalistas u obeliscos chatos de la Edad Antigua. También los hay directamente relacionados con el basamento de estatuas conmemorativas y sus respectivos garigoleos decorativos.

Avanza, sígueme por este laberinto de rocas volcánicas cuyas crestas contienen esferas de cerámica decorada con motivos tradicionales o de vidrio soplado. Sí, una vez más la perforación anormal, la acción de desbastar, de extirpar para generar vacíos y después —en lugar de tallar o esculpir— insertar, hacer un injerto, una operación de alta alquimia entre lo social y lo que entendemos por natural. El conjunto de estos híbridos lleva por título: *Preludio*.

Ello me hace recordar una de las citas de la hoja de sala de la exposición: "La Naturaleza no es sólo una idea. Es algo inmanente al espacio urbanizado, así como el espacio filosófico, mental y social". Una idea de Timothy Morton, autor del libro *Dark Ecology* (2018).[4]

Diviso ahora grandes y blancas cabezas de yeso —en el suelo, claro está—, un par yace solitario mientras que otras dos forman un ensamble bicéfalo. De sus sienes emergen puntales de acero que se elevan hasta el techo. ¿Qué ves tú?

Son bustos, moldes para producir esculturas y emplazarlas en alguna rotonda, parque o camellón supongo. Efigies de políticos o héroes nacionales a todas luces. Su aspecto y sus gestos de serena autoridad son inconfundibles. Me llama la atención la casi tierna o melancólica escena que forman el par de bustos unidos. Parecen hablarse, recordar sus hazañas, los buenos tiempos, la patria de antaño. Una nostalgia parecida, tal vez, a aquella escultura de Segal que mencionamos al inicio de esta conversación.

Puede ser, pero *Forjando patria* (2022) va más allá, porque esos puntales están sostenidos, apuntalando a la institución y, a la vez, transformando a esos próceres en anómalos vestigios, en cosas puestas ahí —cuales piedras o ladrillos— para cumplir la misión

4 Roc Jiménez de Cisneros, "Timothy Morton: una ecología sin naturaleza", en *Centro de Cultura Contemporánea de Barcelona: Posthumanismo(s)*. Consultado el 19 de julio, en: https://lab.cccb.org/es/timothy-morton-ecologia-sin-naturaleza/.

from Jalisco, Pantaleón Panduro (1830–1912).[5] Panduro was internationally prominent for his figurines, busts, and miniature monuments. He rendered and painted the likeness of many influential politicians but also created picturesque scenes and figures from everyday life. Titled *Retrato de sombras* [Portrait of Shadows] (2021), this work proffers—in the artist's own words—"a crossroads at which the void becomes a relic."

Each pedestal is unique—as were Panduro's original pieces and the infinite replicas by other artisans, both contemporary to him and working today—and each contains a truncated story that, paradoxically, endows each example with an enigmatic formal autonomy and a strong seductiveness, like the crown jewels.

They do not carry or support anything!

Freed from their historical raison d'être and their political referents, the formal and chromatic characteristics of the pieces are able to take over. Some of the pieces seem somewhere between the foundations of precolonial structures, minimalist prototypes, and the stubby obelisks of ancient times. While others seem to be directly related to the bases of commemorative statues ornamented with their respective decorative embellishments.

Come on, follow me along this labyrinth of volcanic rocks, whose ridges contain ceramic spheres decorated with traditional patterns and blown glass. Yes, once more we are confronted with strange perforations, the act of abrasion, of eliminating in order to generate holes, and then—rather than carving or sculpting—inserting, grafting, performing a complicated alchemical act between the social and what we understand to be natural. Together these hybrids bear the title: *Preludio* [Prelude].

This makes me think of a quotation from Timothy Morton, author of *Dark Ecology* (2018),[6] cited in the exhibition text: "Nature is not only an idea. It is something immanent in urbanized space, as well as in social, mental, and philosophical space."

Now I see large white gesso heads—they're on the floor, of course—one pair lies apart, while two others form a great two-headed ensemble. Iron rods emerge from their temples and rise up to the ceiling. What do you see?

They're busts, molds for producing sculptures

5 Editors' note: Pantaleón Panduro's date of birth is uncertain; some authors cite 1830, while others point to 1847.

6 Roc Jiménez de Cisneros, "Timothy Morton: una ecología sin naturaleza," *Centro de Cultura Contemporánea de Barcelona: Posthumanismo(s)*, December 13, 2016, https://lab.cccb.org/es/timothy-morton-ecologia-sin-naturaleza/.

constructiva, utilitaria del puntal. Que, de hecho, pudiesen parecer también astas vacías… como tantas y tantas de este complejo país. ¿Te fijaste que al menos una de estas figuras está fechada y firmada por el escultor tapatío Juan Gutiérrez?

CONCLUSIÓN I

Ese afán por ir al fondo de las cosas y una vez ahí seguir penetrando, rascando, buscando algún vestigio, alguna pista insospechada ha dotado a su práctica de un desconcertante equilibrio entre la manipulación de la materia, el espíritu crítico y la carga emocional inherentes al quehacer estético, poético. Sumergida en esta sigilosa obsesión, ha entretejido un posicionamiento vital y artístico de alto riesgo. Tal y como la artista alemana Eva Hesse (1936-1970), Cynthia es consciente de la necesidad de renunciar incluso al arte mismo para poder aspirar a crear algo sustancial a partir de lo ya imaginado, tocado, visto. Sólo en ello, tal vez, persiste algo fértil e informe. De ahí su recurrente incisión en la ruina, en la historia oficial y en las microhistorias, en la memoria colectiva, en los falsos originales, en el ocaso del ideal de progreso, en la repetición de silencios empolvados, fuera de órbita. Arrostrar el colapso no como fin, sino como única salida ante el derrumbe de los paradigmas sociopolíticos, culturales y medioambientales. El antropólogo Bruno Latour lanza en su libro titulado *Dónde aterrizar* (2017) la siguiente aseveración: "Cómo habitar la Tierra hoy es nuestro mayor desafío".[5] Cynthia parece responder con una dosis de ironía cariñosa: habitando el colapso, cobijándolo y eligiendo —o al menos buscando— siempre lo más difícil.

CONCLUSIÓN II

Esta exposición no es una retrospectiva que nos permita comprender el desarrollo artístico de Cynthia Gutiérrez. Una pena tratándose de una de las artistas mexicanas más sobresalientes en la actualidad. Sin embargo, me agrada pensar que estos escenarios revisionistas puedan salirse de los parámetros establecidos y experimentar otras estrategias para aproximarse a la necesidad de analizar el pasado y comprender el presente. Aquello que percibo en su planteamiento y despliegue de obras en el espacio expositivo es un deseo por hacer hincapié en aquellas directrices que definen la práctica de esta artista, pero no necesariamente a través de la selección de obras sobresalientes a lo largo de su trayectoria sino impulsando la producción de nuevos trabajos. Piezas que, además de enfatizar lo ya explorado, aspiren a generar otras vías de acción e interpretación. Más aún, tratándose de artistas en pleno potencial creativo como es el caso de Cynthia, cuyo campo de exploración es vasto al reparar en torno a modelos o nociones escultóricas y la pertinencia o papel del arte en espacios públicos.

5 Bruno Latour, *Dónde aterrizar: cómo orientarse en política* (España: Taurus, 2019), 154.

that would normally be placed in plazas, parks, or medians. Effigies of politicians or national heroes. Their appearance and expressions of serene authority are unmistakable. I'm struck by the melancholic—almost tender—scene that the fused busts form. They seem to be talking to each other, remembering their accomplishments, the good times, the nation of yesteryear. A nostalgia similar perhaps to the Segal sculpture you mentioned at the beginning of this conversation.

Maybe, but *Forjando patria* [Forging Homeland] (2022) goes further than that because these metal posts are supports, bracing the institution and simultaneously transforming these dignitaries into unusual vestiges, things—stones or bricks—that would usually be used with the posts in building construction. They could even be bare flagpoles . . . like so, so many in this complicated country. Did you notice that at least one of the figures is signed and dated by the Tapatío sculptor Juan Gutiérrez?

CONCLUSION I

Gutiérrez's eagerness to get to the bottom of things and, once there, to keep going deeper, scratching, searching for some vestige, some unexpected clue, endows her practice with an unusual balance of material manipulation, critical spirit, and the emotional charge inherent to poetic and aesthetic work. Immersed in her quiet obsession, she has woven together a high-risk, vital, and artistic position. Like the German-born US artist Eva Hesse (1936–1970), Cynthia is aware of the importance of refusal—even of art itself—in the process of trying to create something substantial out of so many things that have already been imagined, touched, and seen. Only there, perhaps, do fertile and undefined ideas persist. And it is from the position of refusal that she enacts her repeated incisions into ruins, into official history and microhistories, into collective memory, into false originals, into the declining idea of progress, into the repeating dusty silences that have fallen out of orbit. Confronting collapse not as an end, but as the only way out in the face of the imminent fall of our environmental, cultural, and sociopolitical paradigms. In his book *Down to Earth*, anthropologist Bruno Latour makes the following declaration, "Learning new ways to inhabit the Earth is our biggest challenge."[7] Cynthia seems to respond with a dose of tender irony: inhabiting collapse, sheltering it, and always choosing—or at least seeking—the most difficult.

CONCLUSION II

This exhibition is not a retrospective that allows us to fully understand Cynthia Gutiérrez's artistic development. A pity since she is one of Mexico's most outstanding contemporary artists.

7 Bruno Latour, *Dónde aterrizar: cómo orientarse en política* (Spain: Taurus, 2019), 154.

Y, simultáneamente, a distintas encrucijadas de la relación de las bellas artes con la artesanía, la tradición, la técnica y la transmisión de conocimientos y oficios. En plena formación de una nueva capa geológica denominada *Tecnoceno*, ella opta por lo opuesto: seguir excavando el pasado en presente, olvidar cualquier idea de futuro, generar inmensos y viscerales silencios, obviar la reproducibilidad de la imagen en cualquiera de sus múltiples interfaces, y desorientar, más que adoctrinar a propios y extraños.

Quería llegar al no arte, no connotativo,
no antropomórfico, no geométrico, no, nada,
todo, pero de otra índole, visión, tipo,
desde totalmente otro punto de referencia...
esa visión o concepto vendrá totalmente
a través del riesgo,
libertad, disciplina.
Lo haré.
---
no es lo nuevo, es lo que aún no se sabe,
se piensa, se ve, se toca pero realmente lo que no es.
y eso es.

Eva Hesse, 1968[6]

Nonetheless, I like to think that the revisionist scenarios might be able to escape some of the established parameters to experiment with other strategies for fulfilling the need to analyze the past and understand the present. What I perceive in her approach and display of her works in the exhibition space is a desire to emphasize the guidelines that define her practice as an artist, not necessarily through the selection of the most remarkable pieces of her career, but rather through the creation of new works. Pieces that, in addition to emphasizing familiar themes, aspire to generate other pathways of action and interpretation. This is especially true of an artist like Cynthia, who is at the height of her creative potential and whose field of exploration is vast with regards to ideas about sculpture models and the pertinence and role of art in public spaces. And about different points of intersections in the relationship between fine art and craft, tradition, technique, and the passing down of knowledge and trades. In the midst of the creation of a new geological stratum—the *Technocene*—she opts for the opposite: to continue excavating the past in the present, forgoing any idea of the future, generating immense and visceral silences, and disorienting, rather than indoctrinating both strangers and familiars.

I wanted to get to non art, non connotive,
non anthropomorphic, non geometric, non, nothing,
everything, but of another kind, vision, sort.
from a total other reference point . . .
that vision or concept will come through total risk,
freedom, discipline.
I will do it.
---
it's not the new. it is what is yet not known,
thought, seen, touched but really what is not.
and that is.

Eva Hesse, 1968[8]

6 Catherine de Zegher, ed., *Eva Hesse Drawing*, (Nueva York: The Drawing Center - Yale University Press, 2006).

8 Catherine de Zegher, ed., *Eva Hesse Drawing* (New York: The Drawing Center - Yale University Press, 2006).

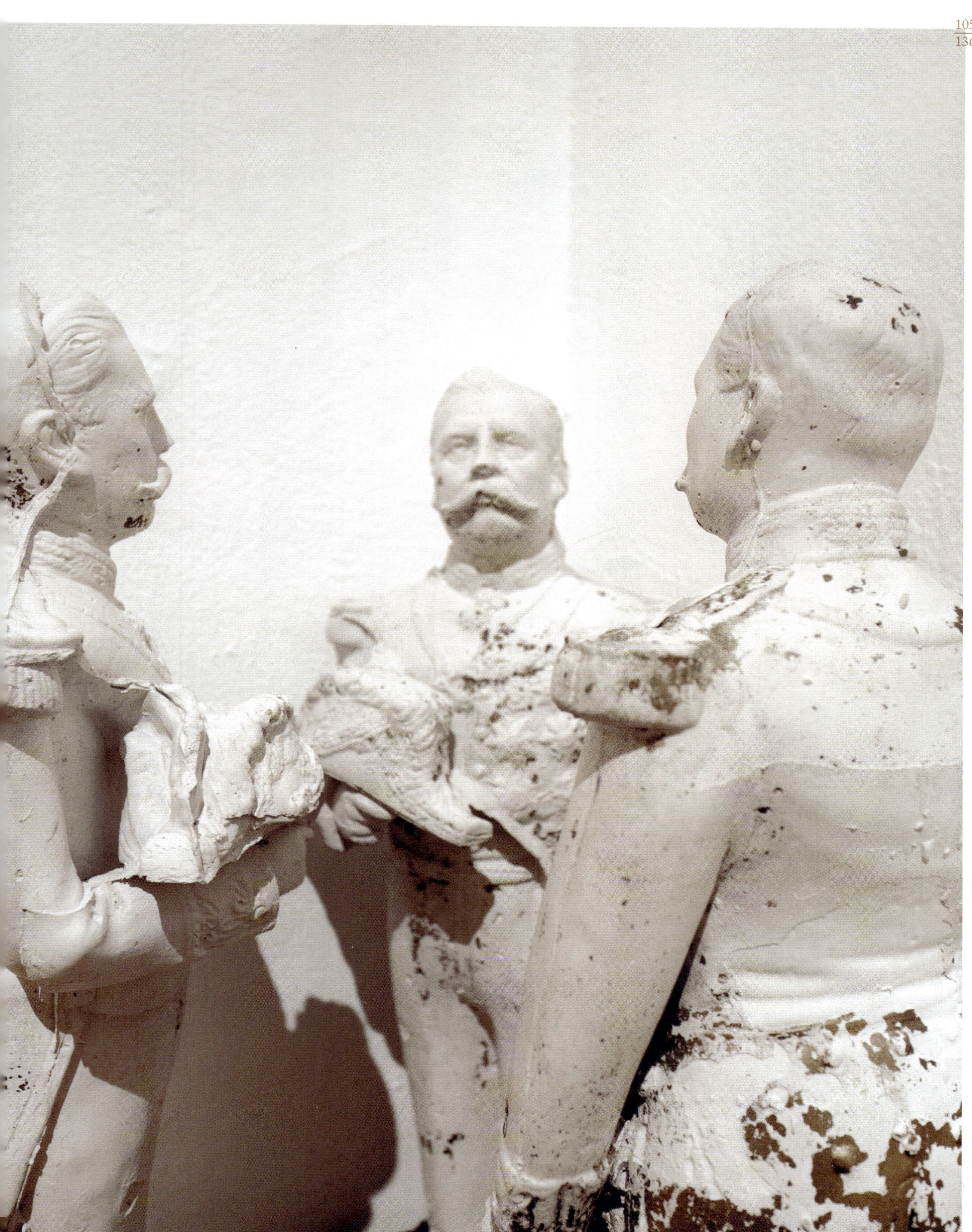

UNANIMIDAD [UNANIMITY], 2022
Yeso Plaster

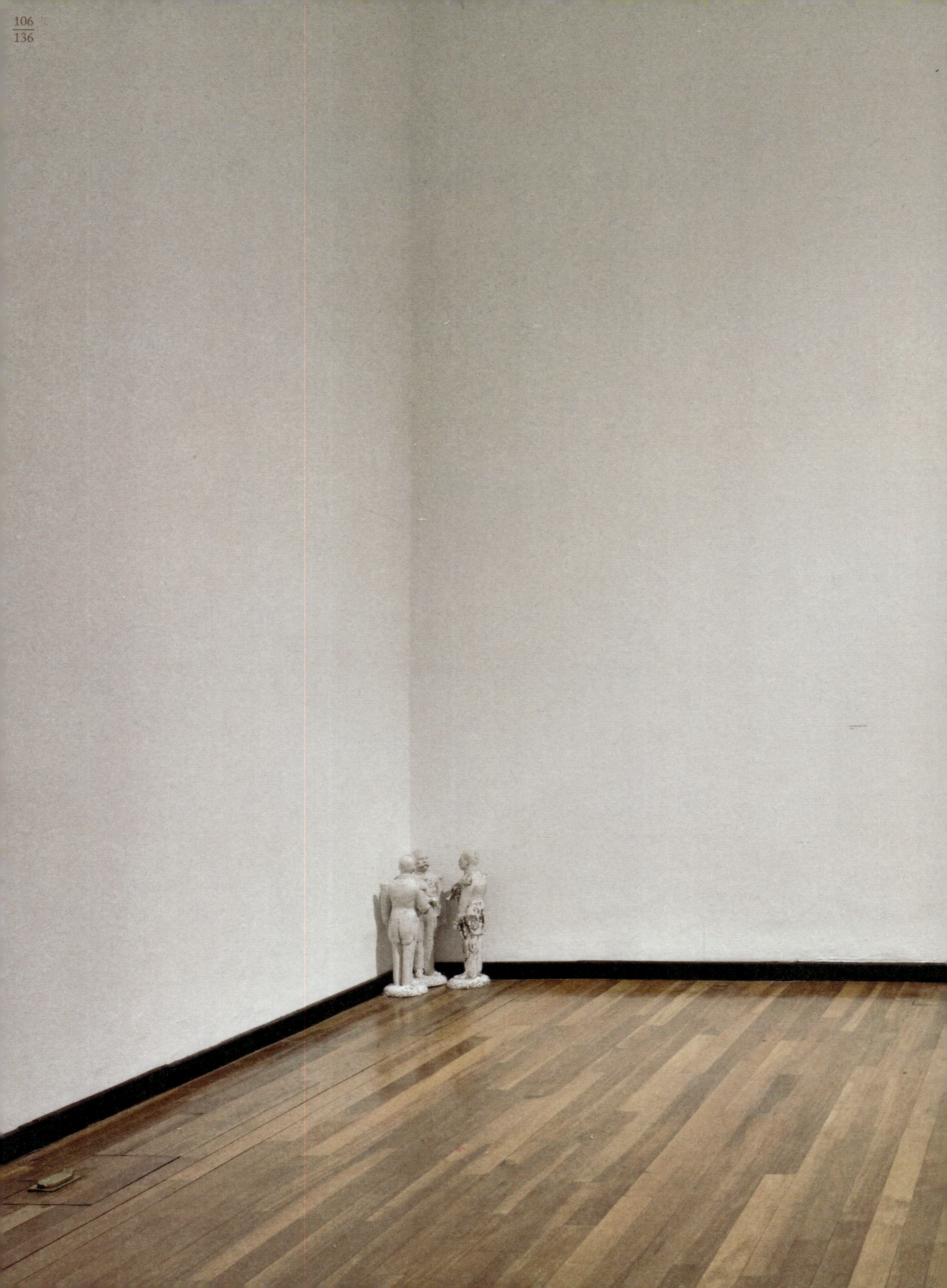

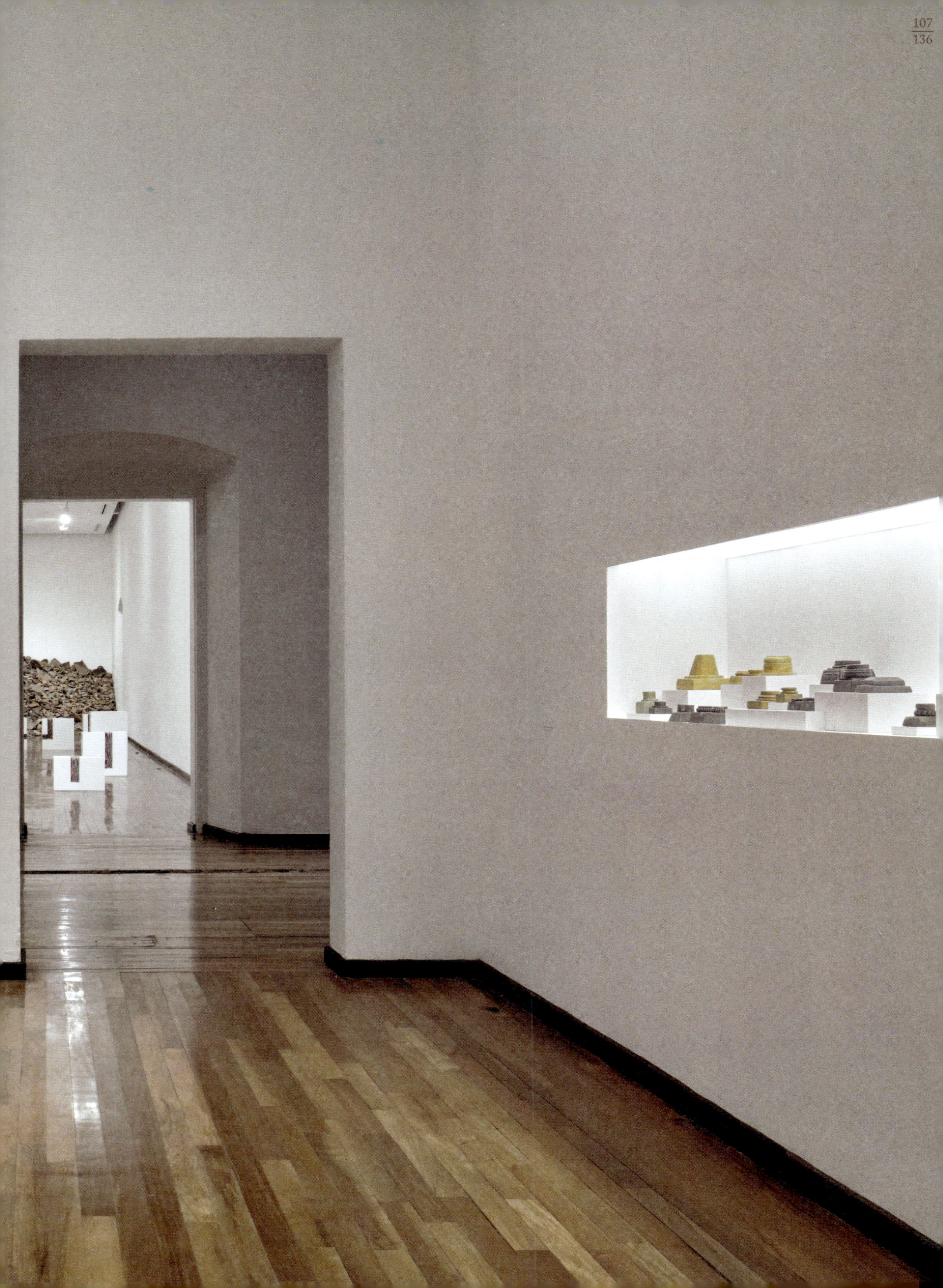

RETRATO DE SOMBRAS [PORTRAIT OF SHADOWS], 2021
Cerámica, engobe Ceramic, earth pigments

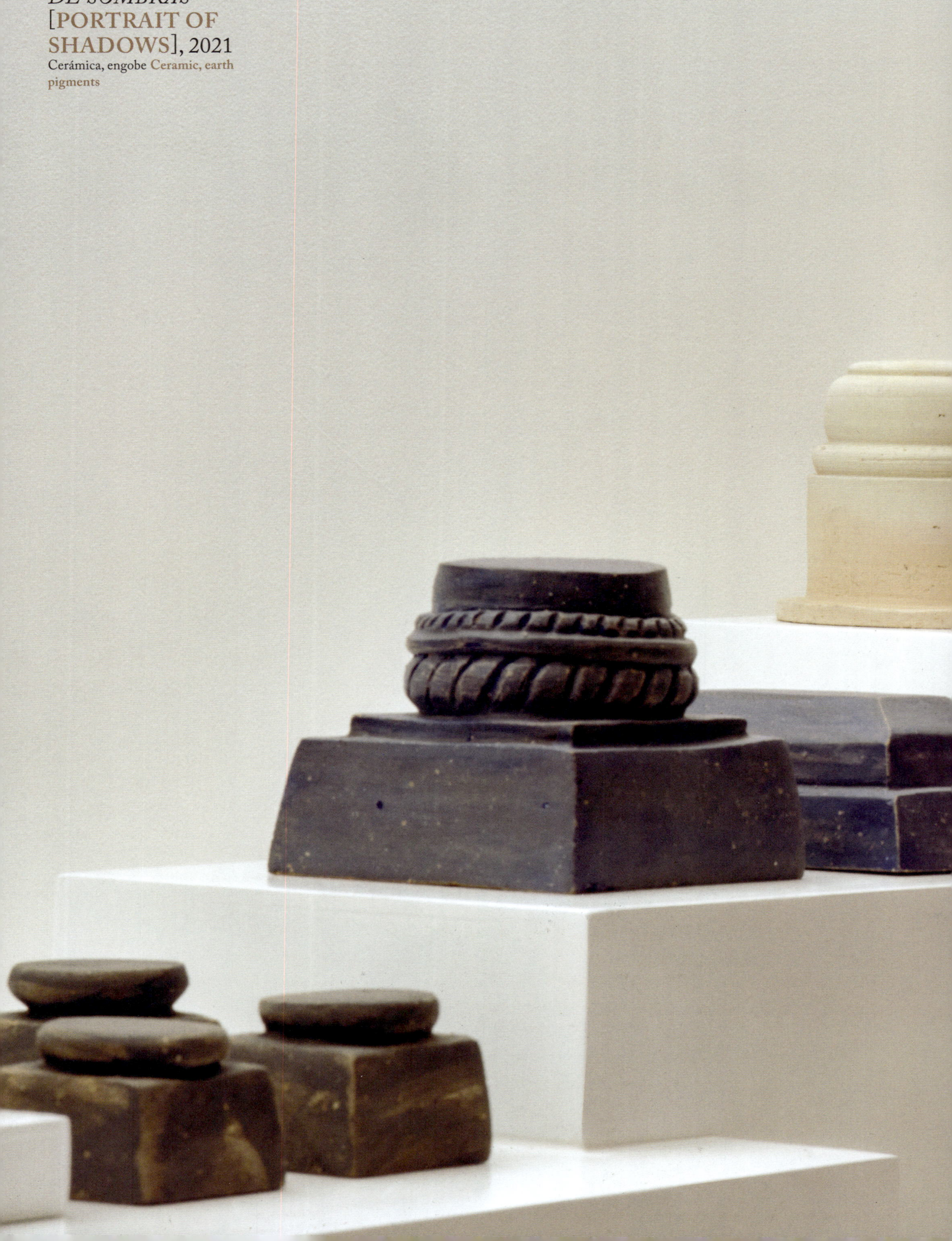

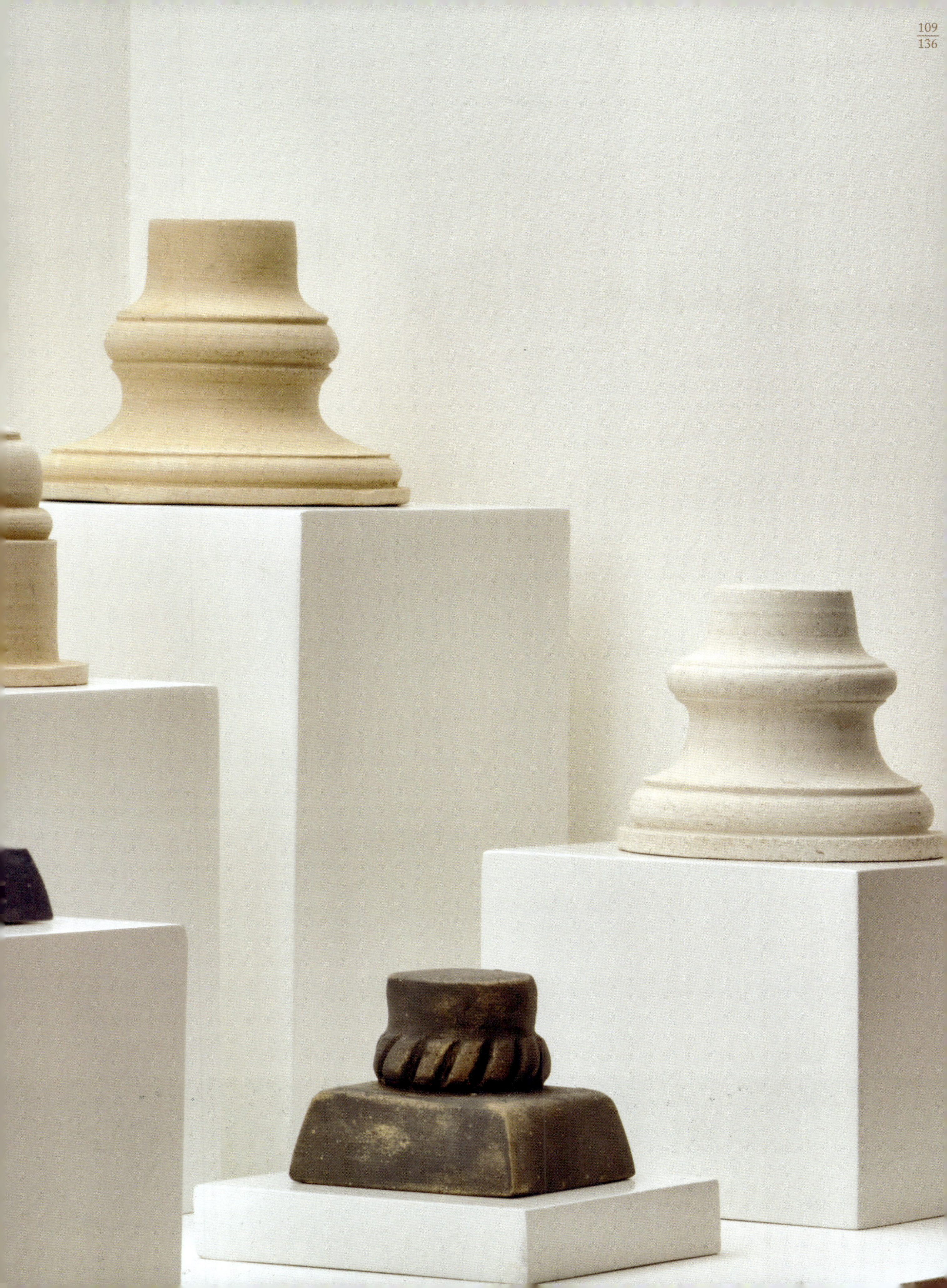

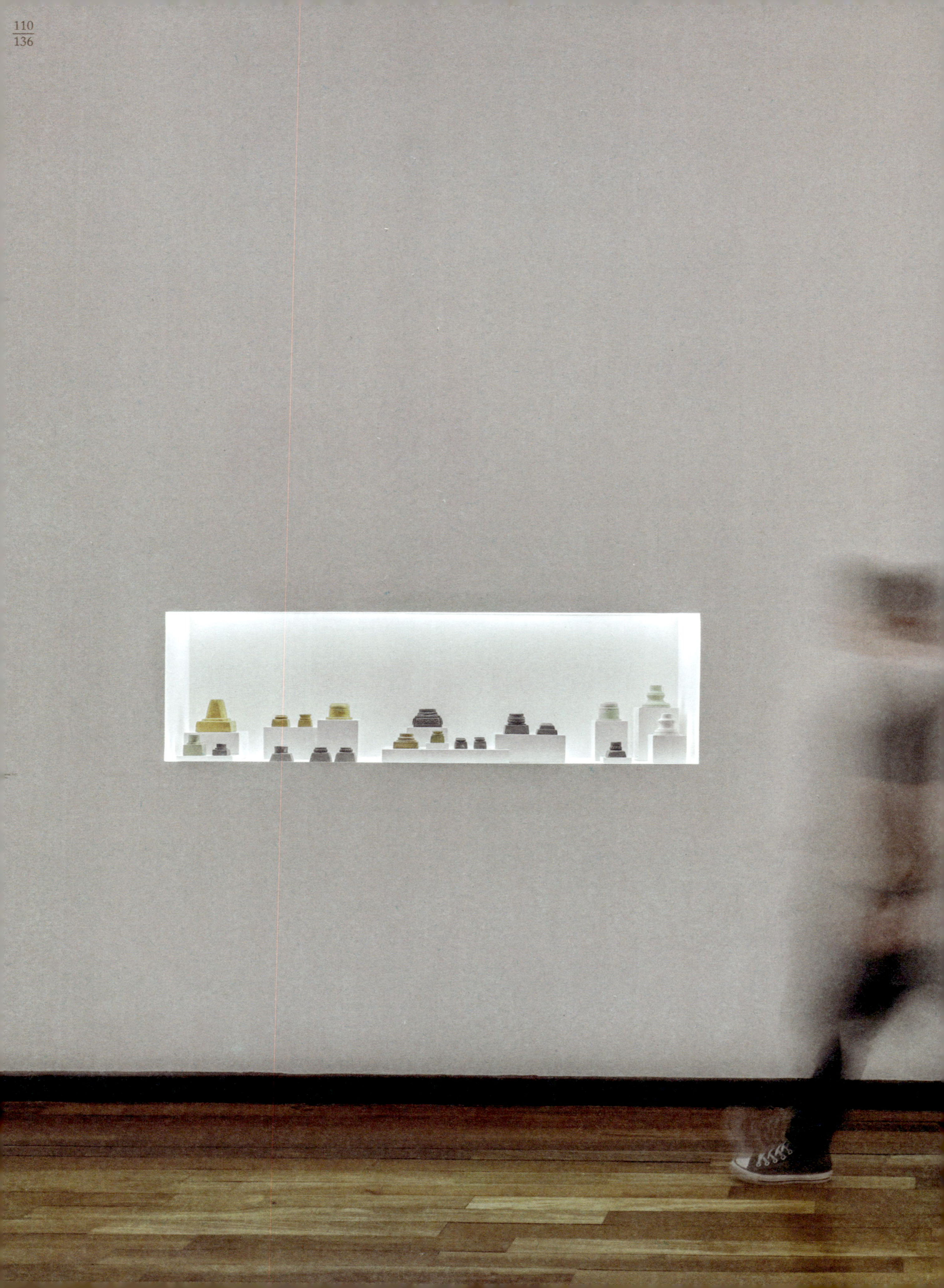

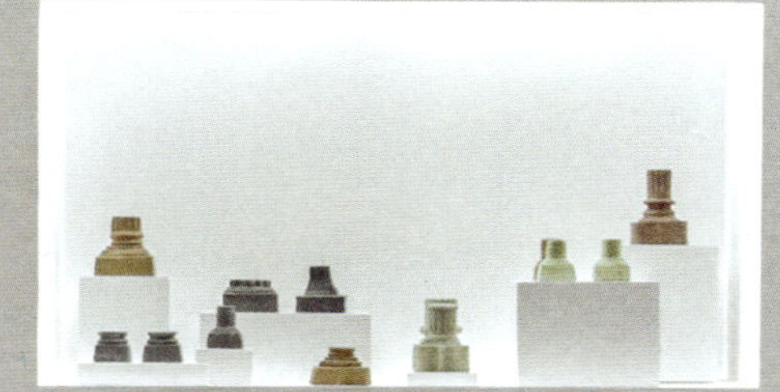

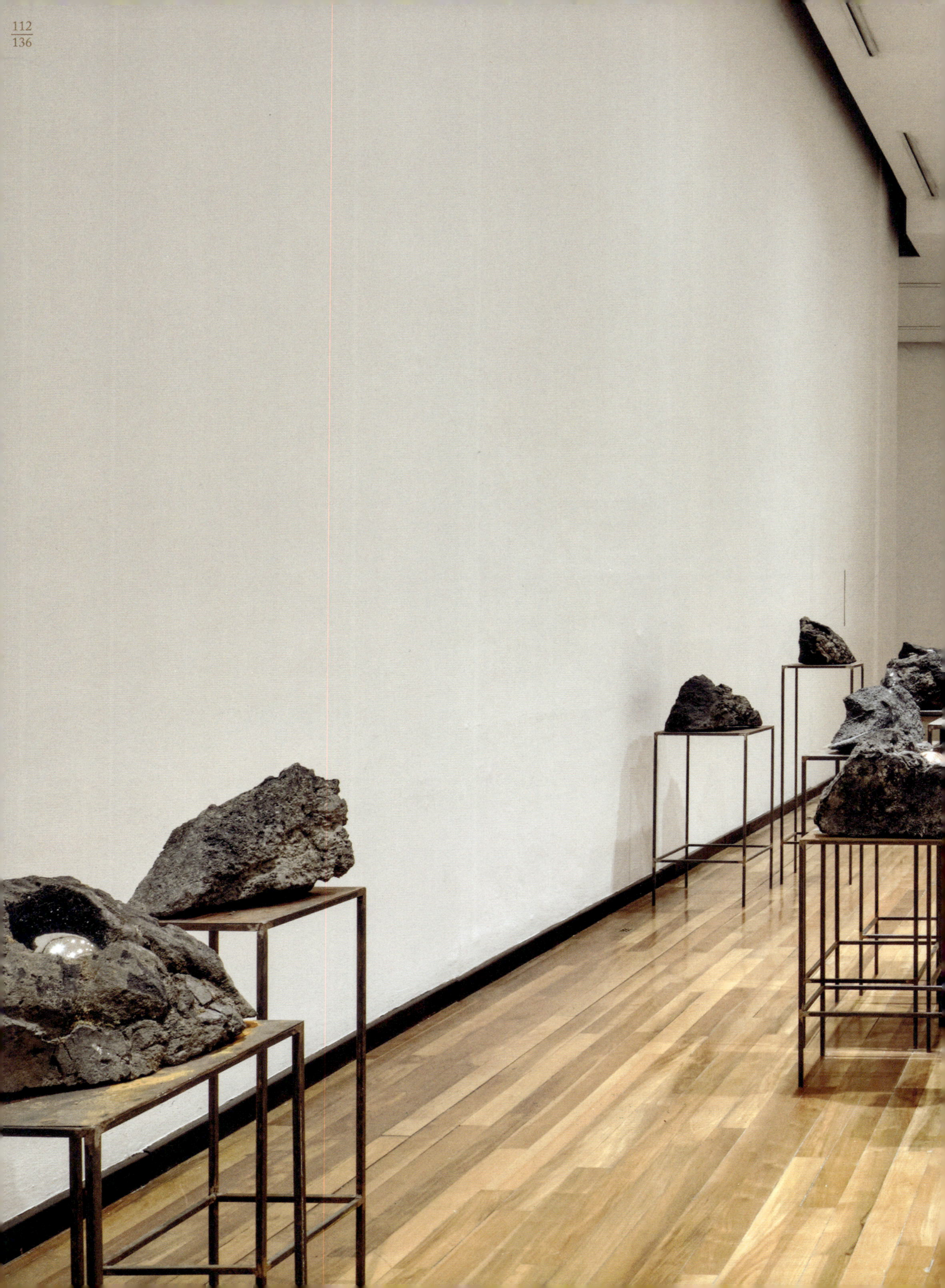

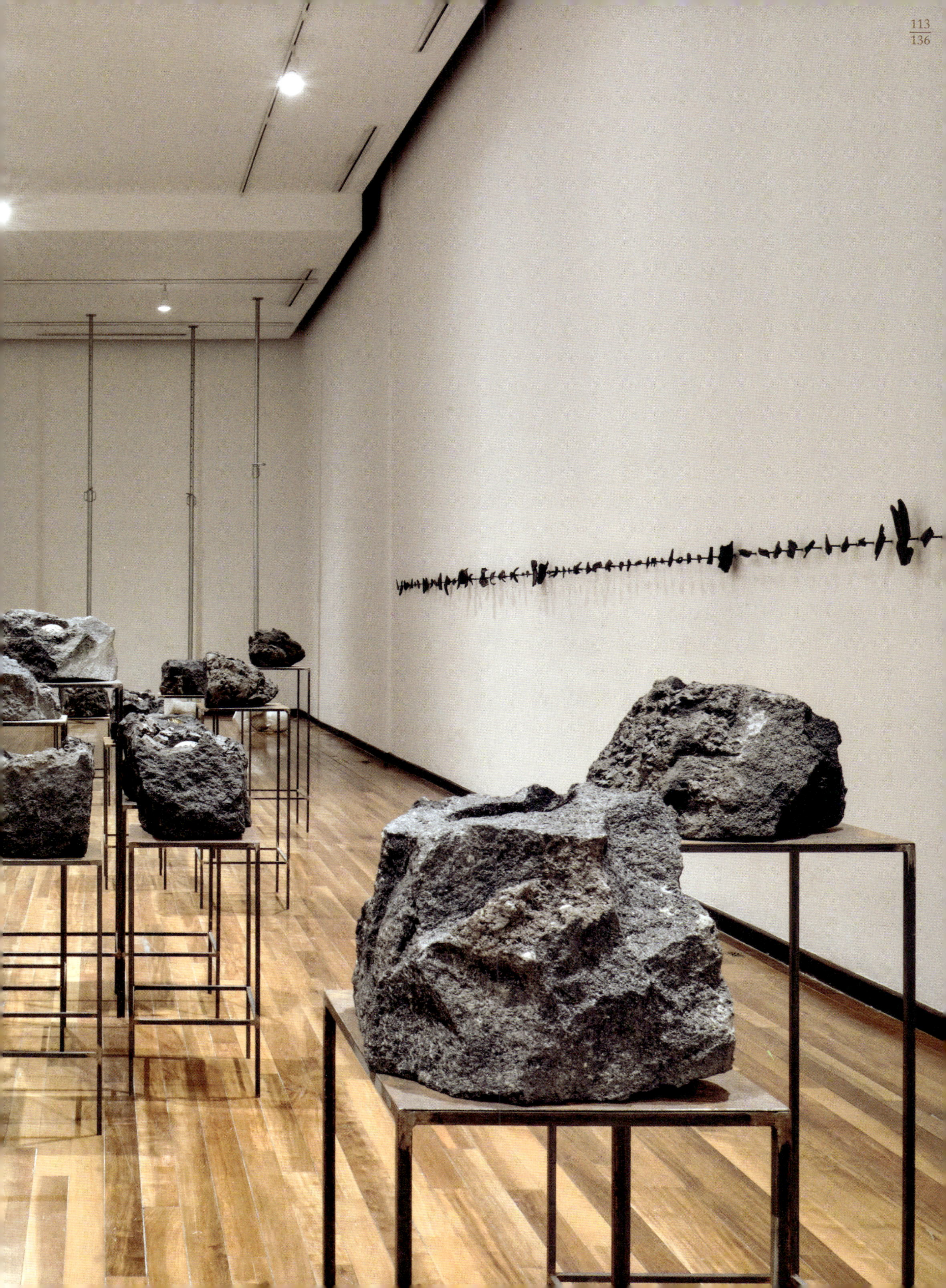

ALIENTO SUSPENDIDO [SUSPENDED BREATH], 2016
130 fragmentos de bronce 130 bronze fragments
Colección Collection Fundación CALOSA

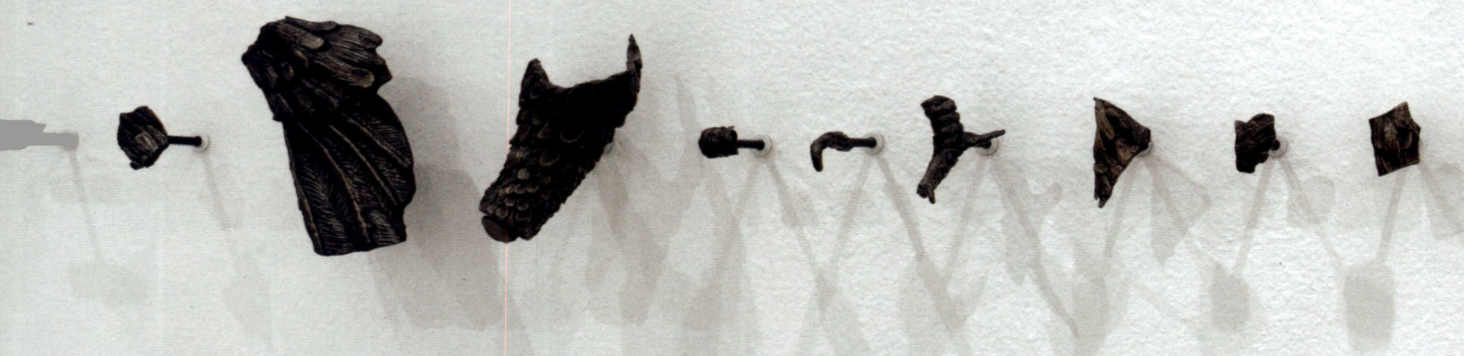

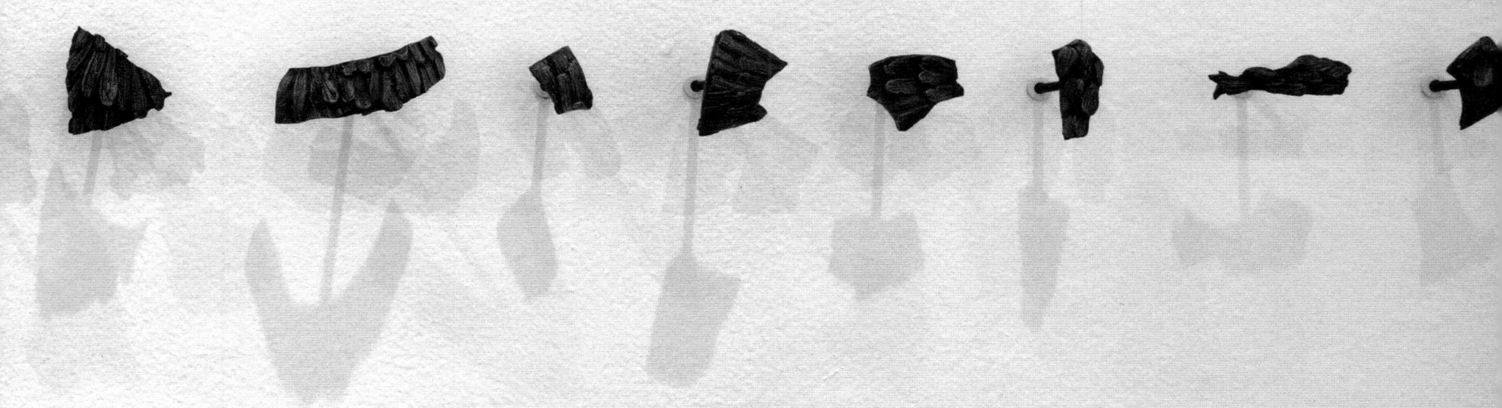

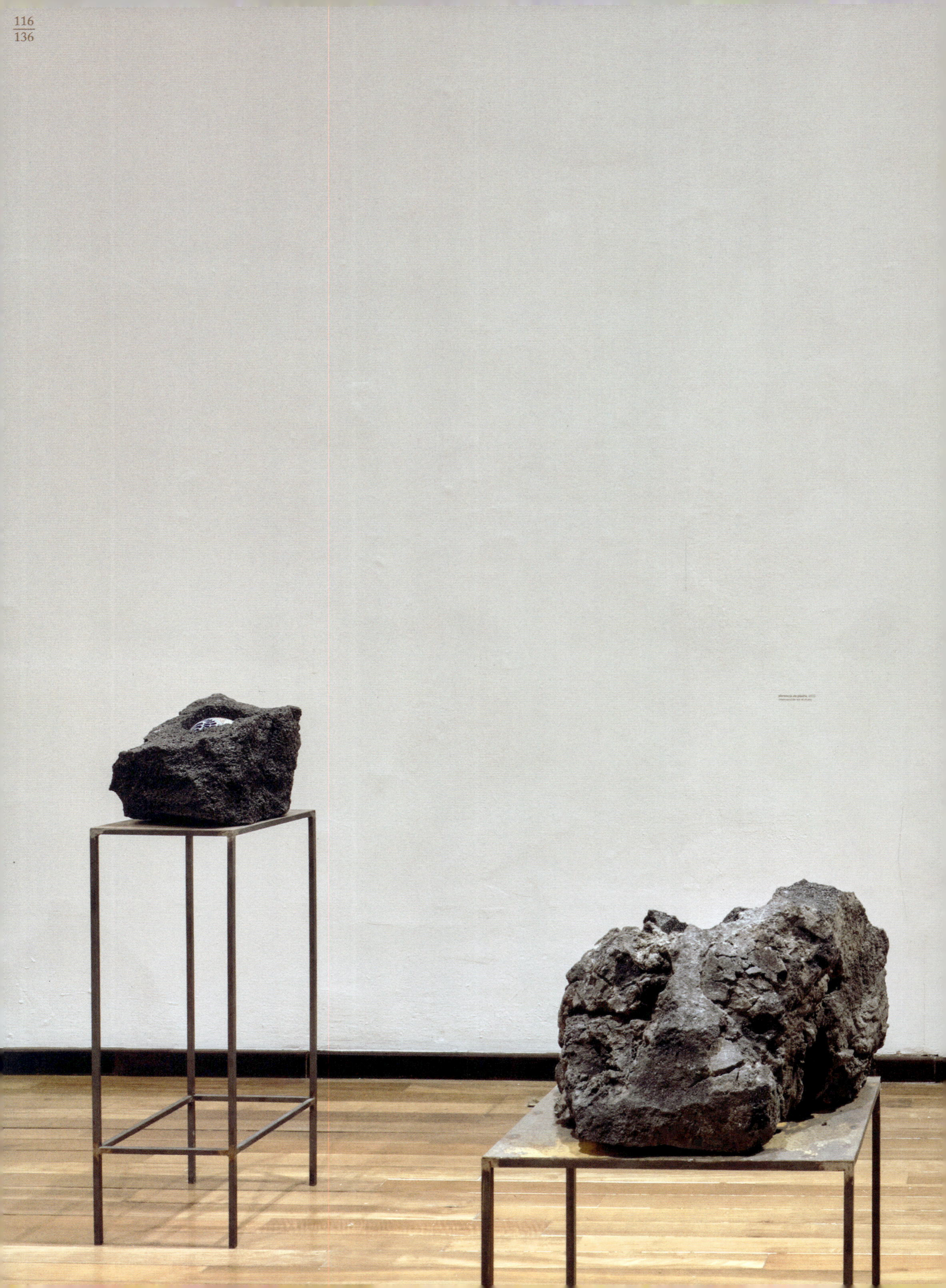

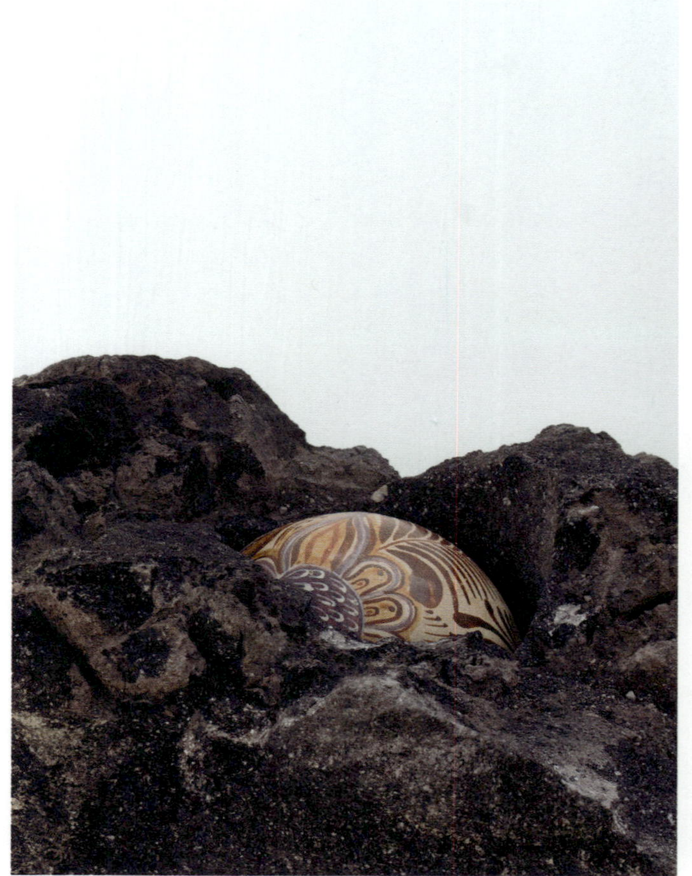

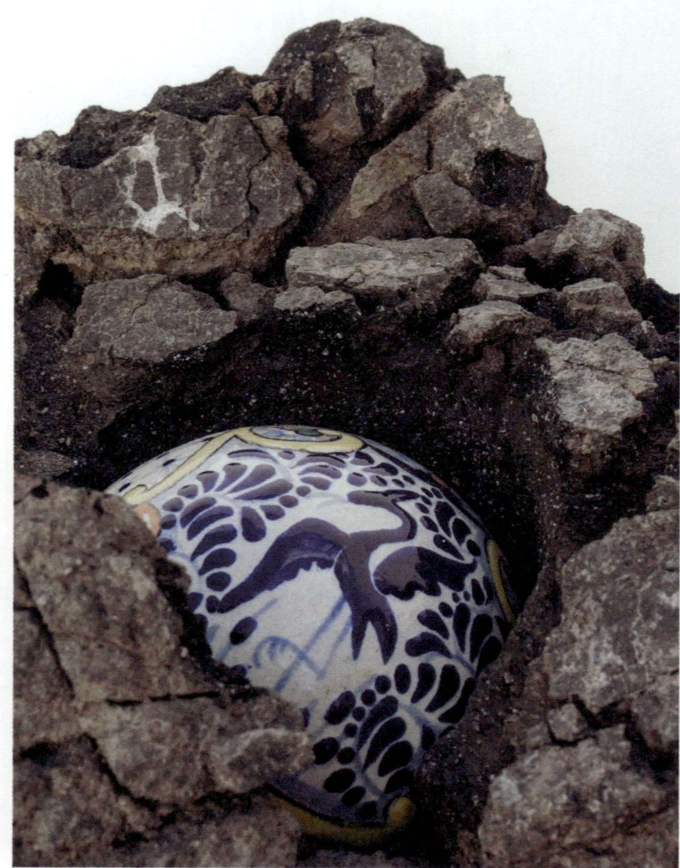

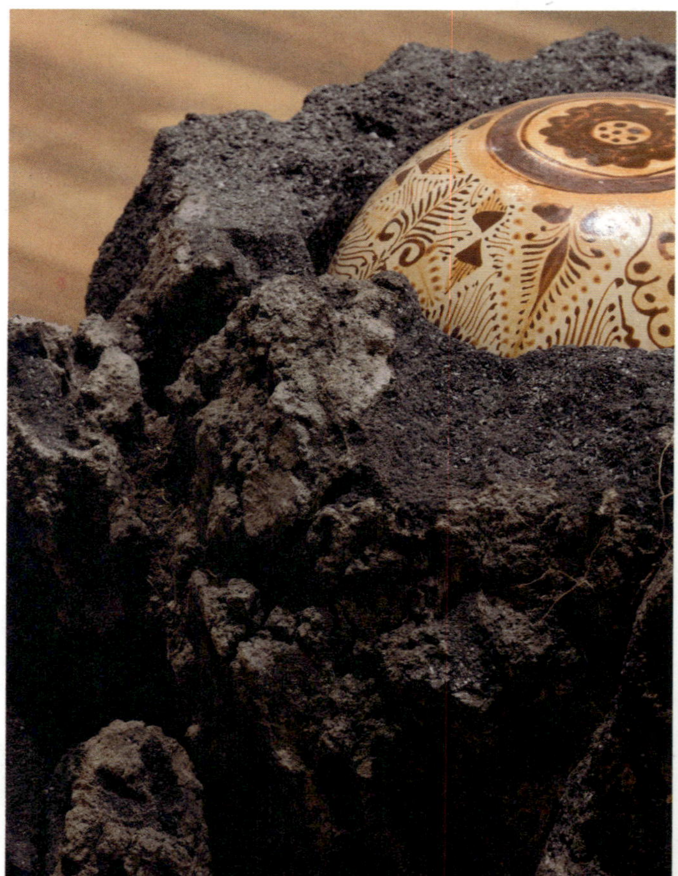

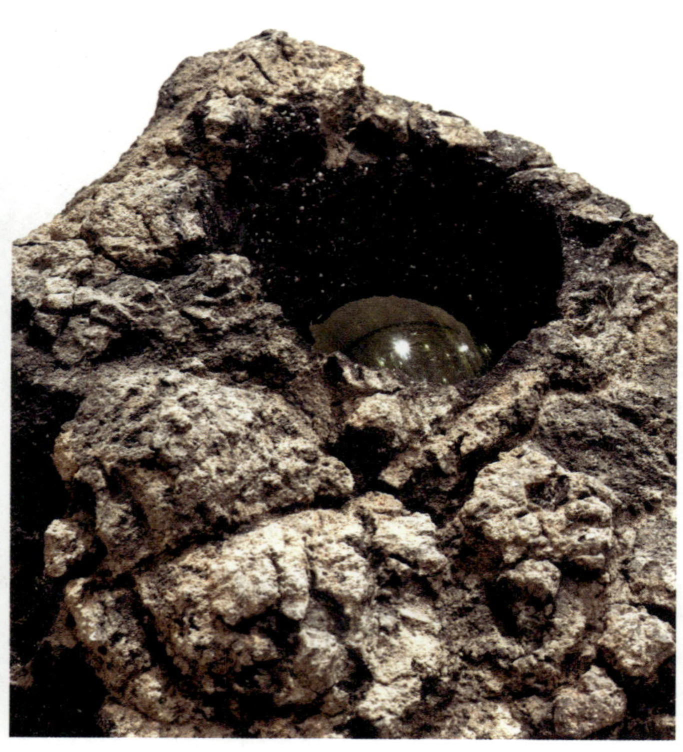

PRELUDIO XVI, XII, XXIII, XIII
[**PRELUDE XVI, XII, XXIII, XIII**], 2020
Rocas volcánicas **Volcanic rocks**, esferas artesanales **handmade spheres**, bases de hierro **iron pedestals**

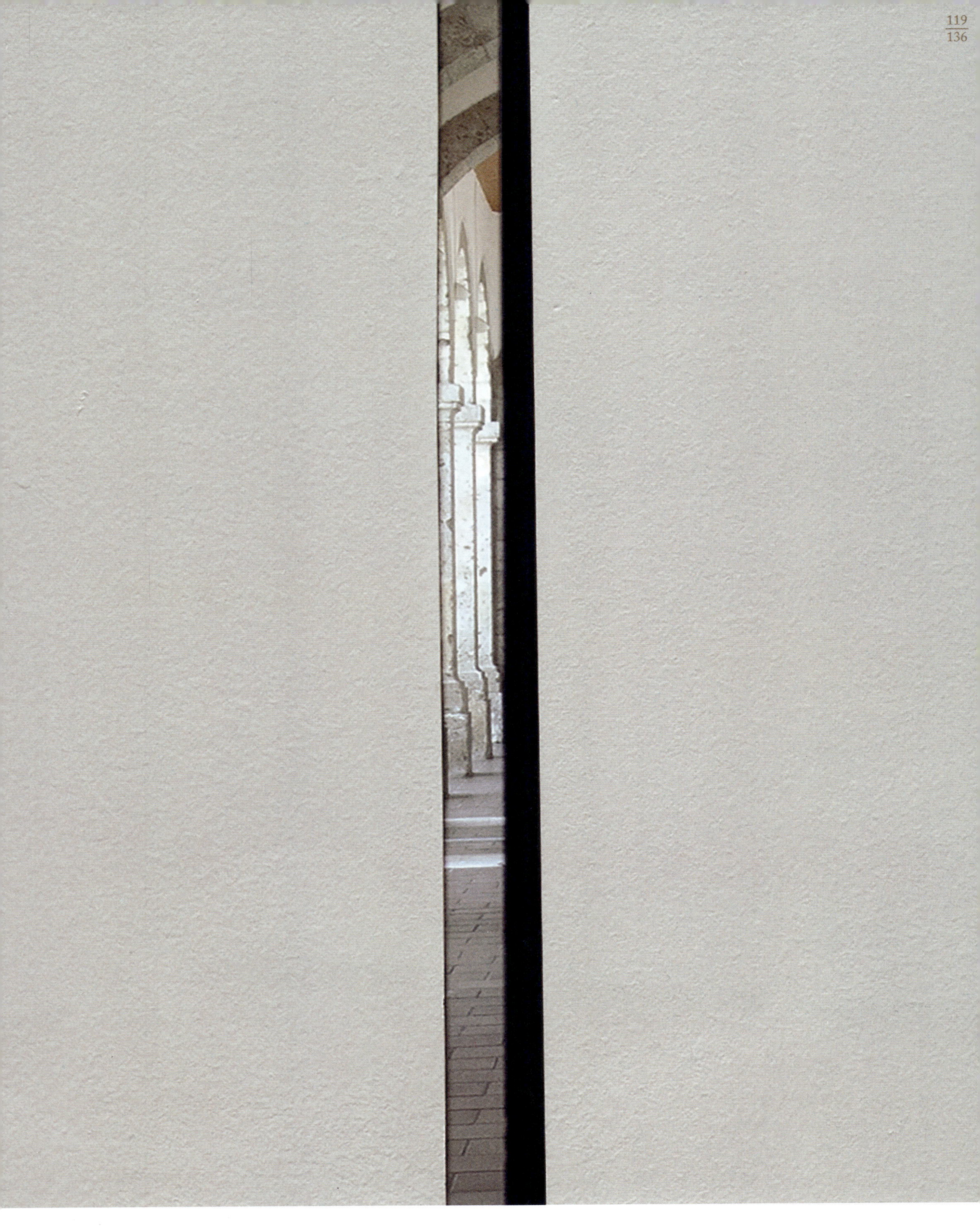

HERENCIA DE PIEDRA
[STONE INHERITANCE], 2022
Intervención en muro **Wall intervention**

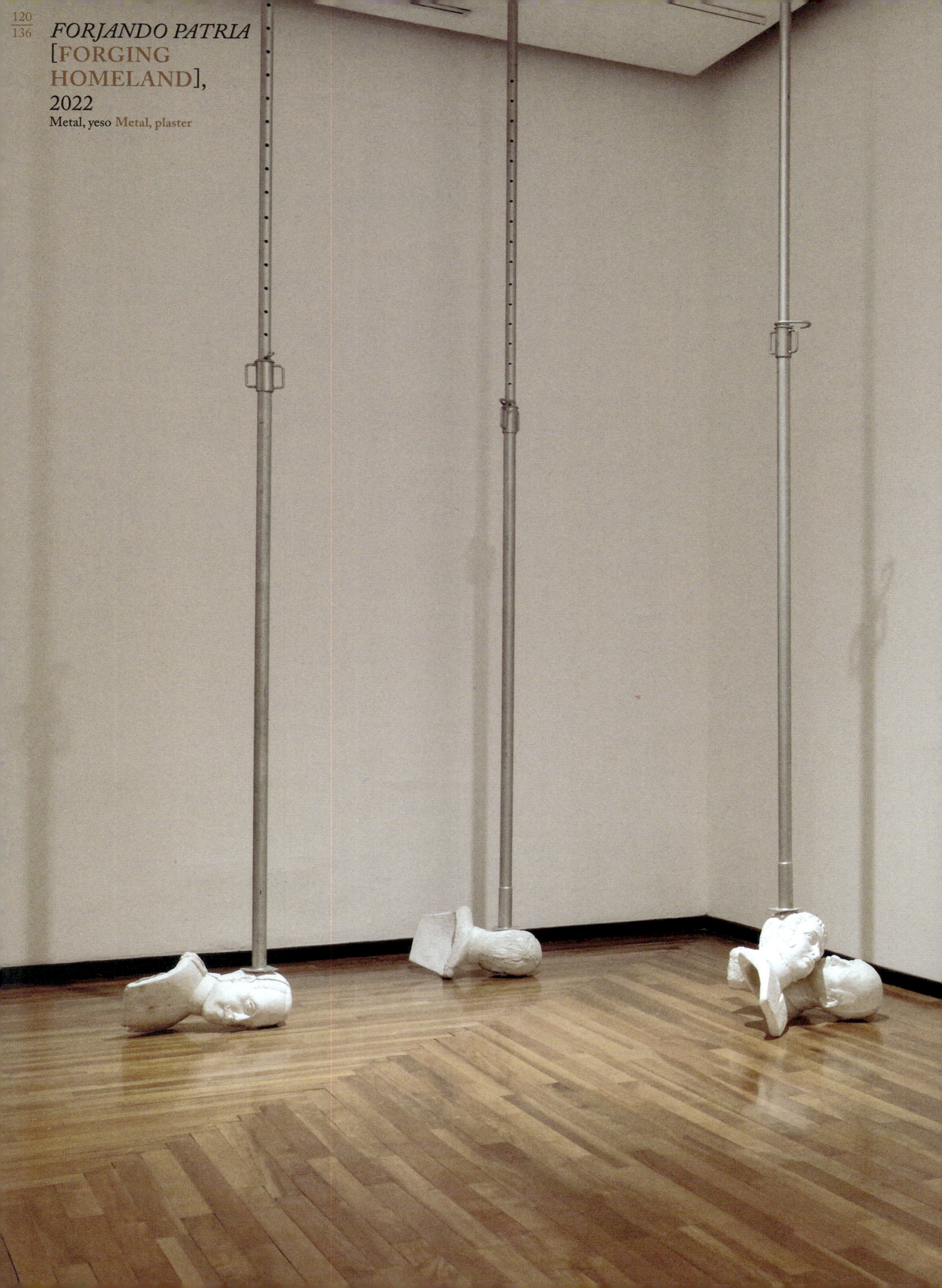

FORJANDO PATRIA [FORGING HOMELAND], 2022
Metal, yeso Metal, plaster

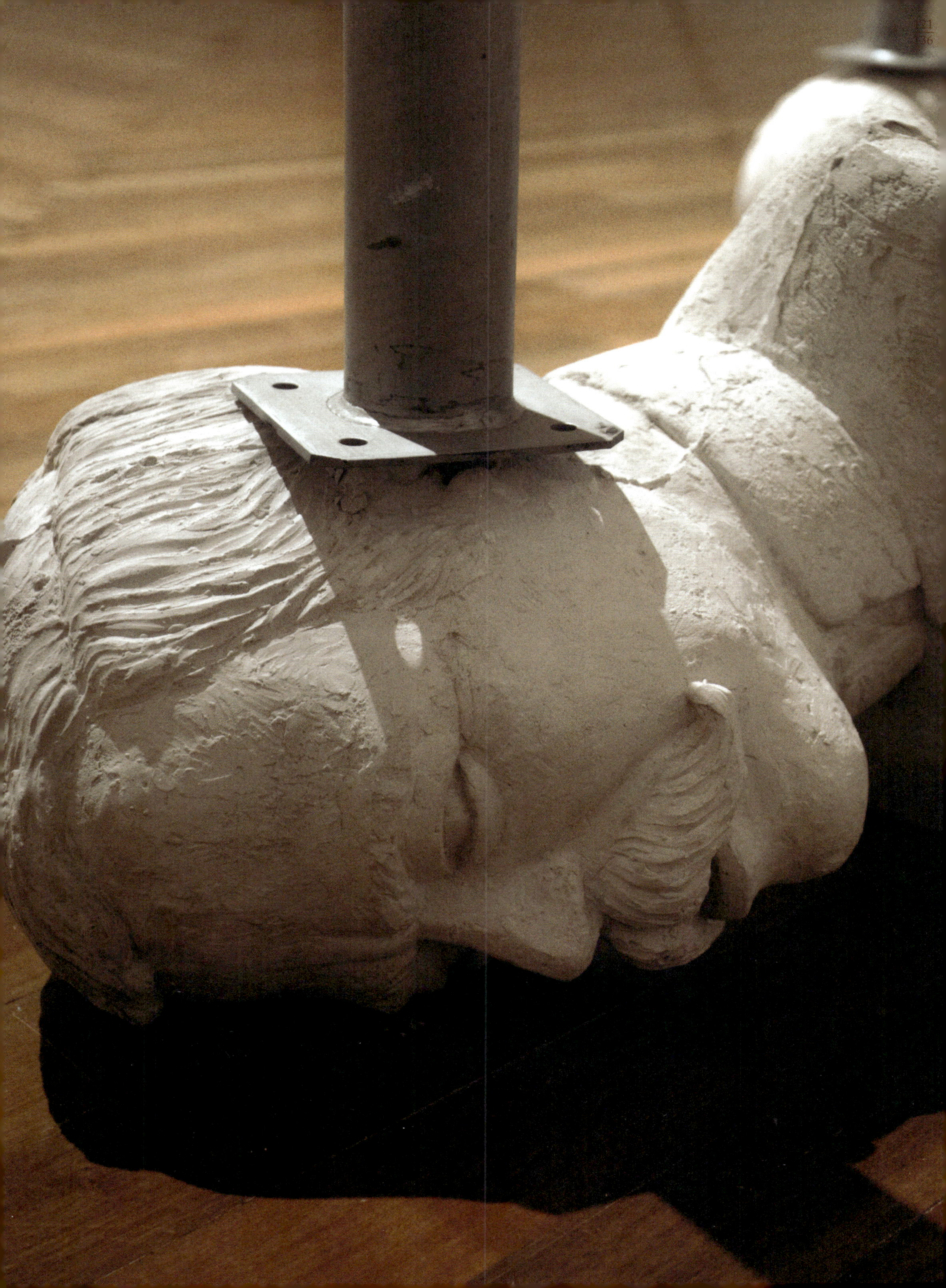

FALSOS PEREGRINAJES [FALSE PILGRIMAGES], 2022
Roca volcánica, madera, MDF, laca
Volcanic rock, wood, MDF, lacquer
Dimensiones variables
Variable dimensions

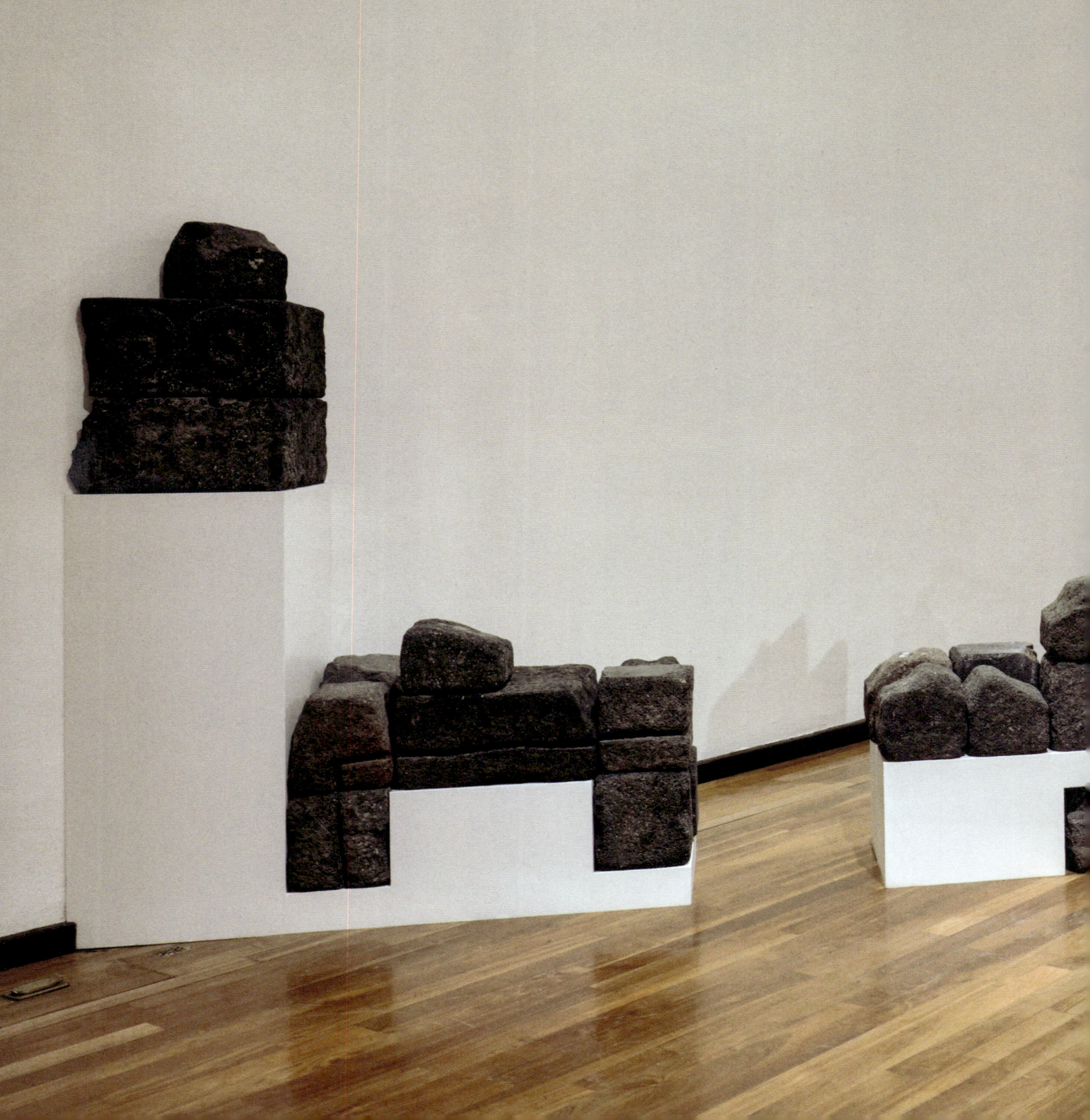

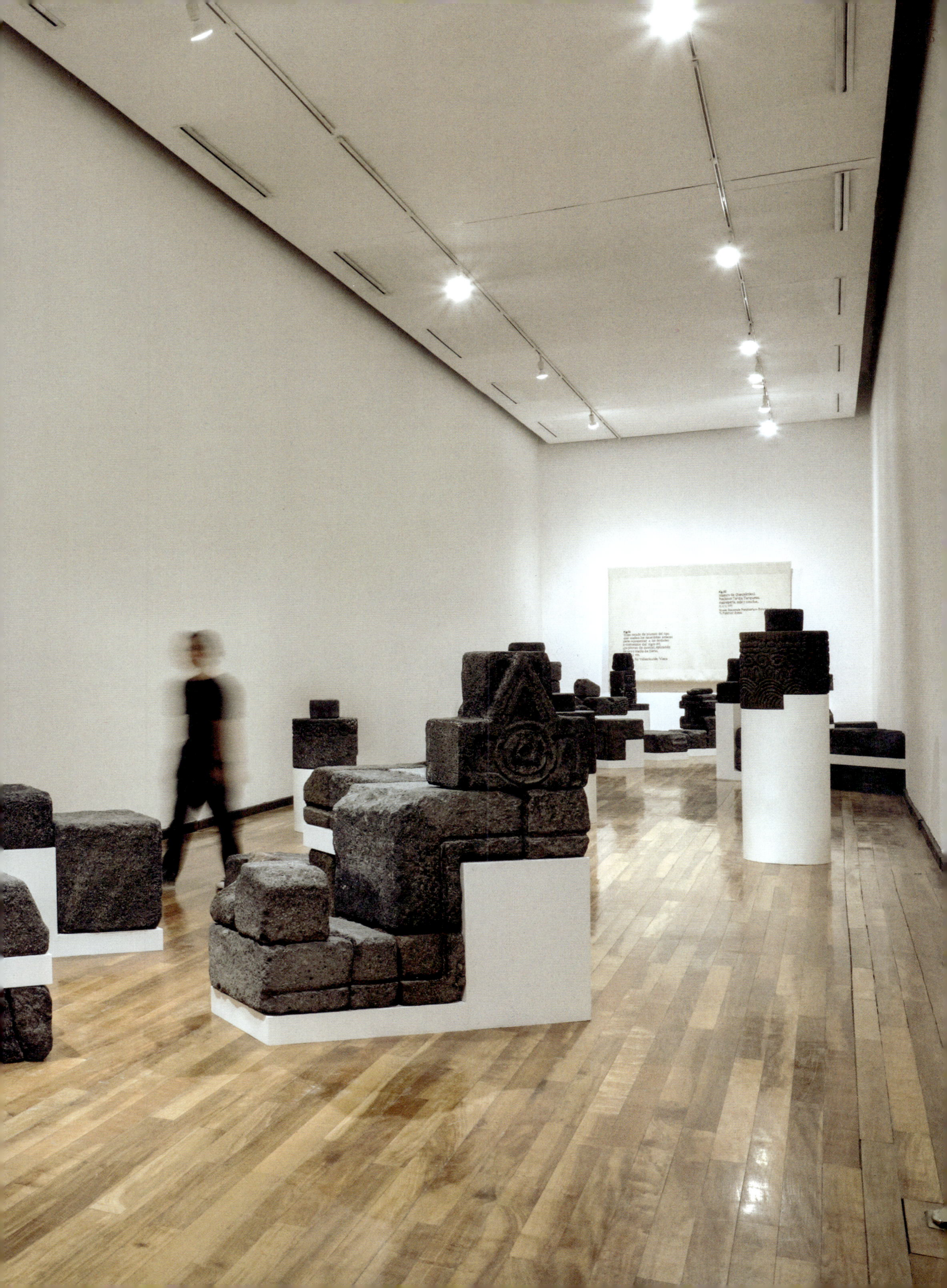

HISTORIA FLOTANTE [FLOATING HISTORY], 2018

Tapiz alto liso 100% lana
Handwoven wool tapestry, tejido por woven by José Antonio Flores y and Abraham Flores. Taller Mexicano de Gobelinos
200 x 266.7 cm

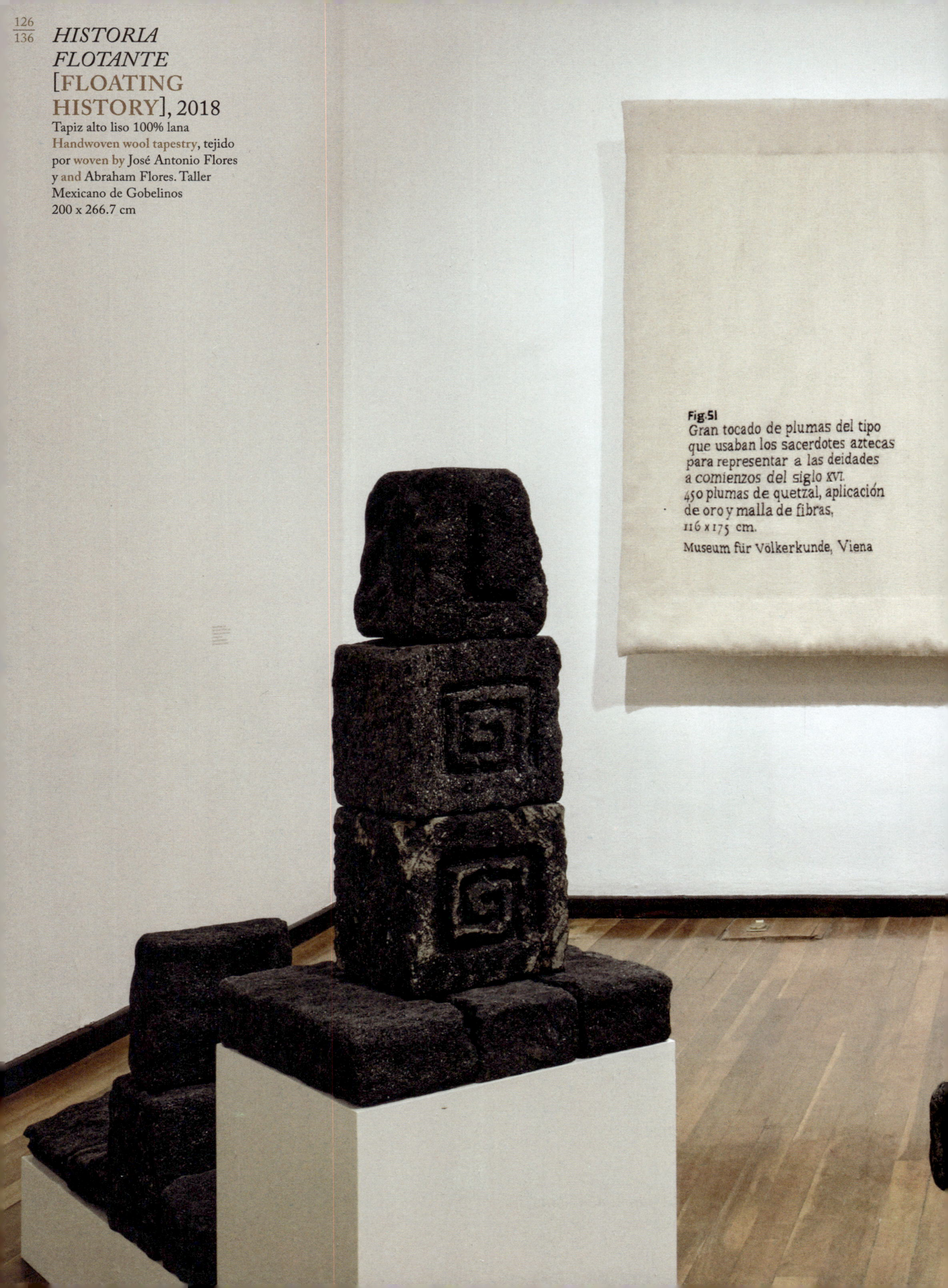

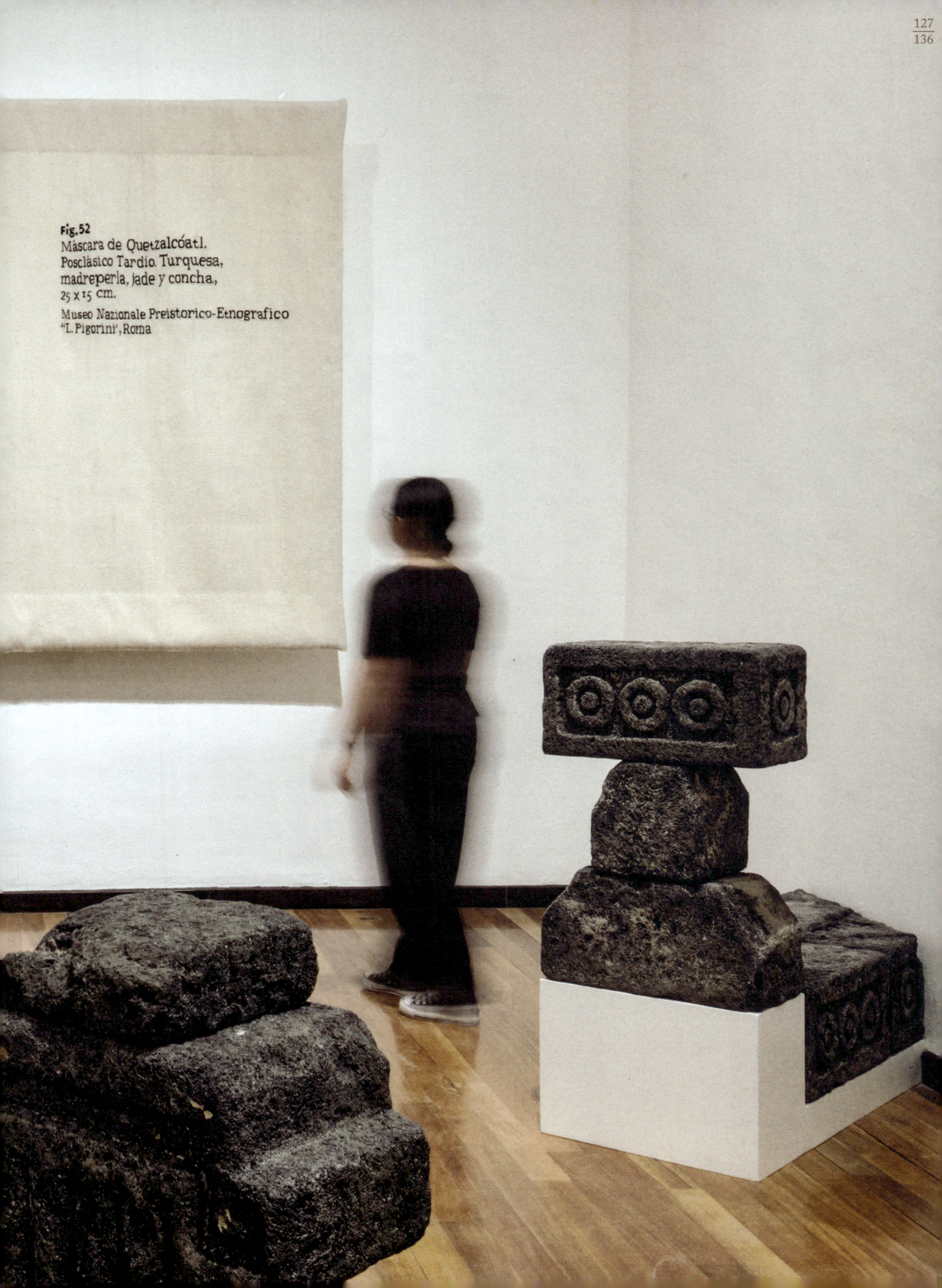

Fig.52
Máscara de Quetzalcóatl.
Posclásico Tardío. Turquesa,
madreperla, jade y concha,
25 x 15 cm.
Museo Nazionale Preistorico-Etnografico
"L. Pigorini", Roma

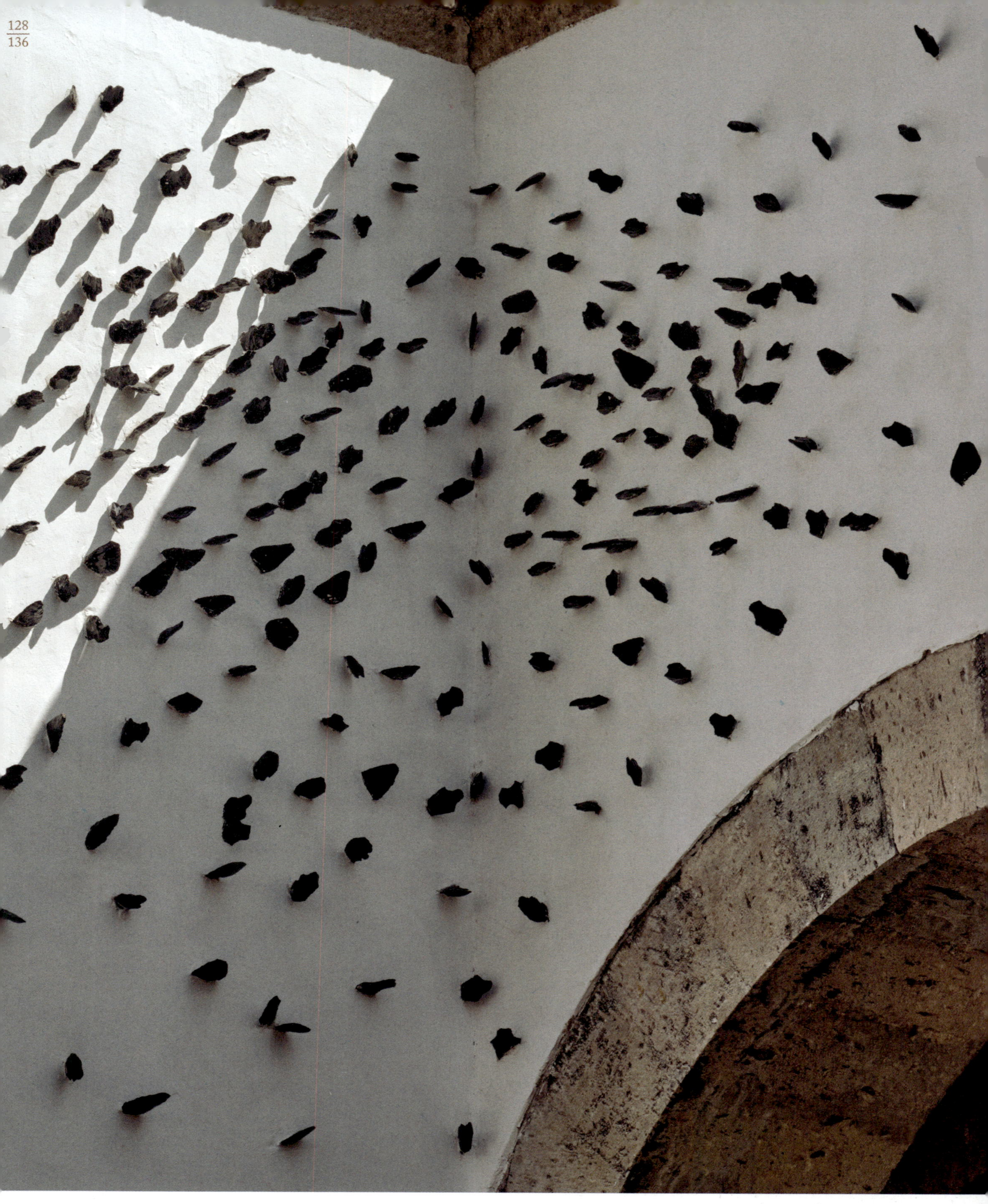

TRAYECTORIAS III
[TRAJECTORIES III], 2022
Puntas de flecha de obsidiana incrustadas en el muro
Obsidian arrowheads embedded in the wall
Dimesniones variables Variable dimensions

CYNTHIA GUTIÉRREZ

(Guadalajara, México Mexico, 1978)

La obra de Cynthia Gutiérrez se articula desde un entendimiento de la escultura más allá del medio. Sus aproximaciones a lo tridimensional, a través de distintos soportes, surgen desde una estrategia crítica que busca cuestionar y poner a prueba la vulnerabilidad y la estabilidad de aquello que es estructural, ya sea a nivel físico, conceptual o político. Sostenida sobre distintos referentes filosóficos, en la obra de Gutiérrez, la pregunta sobre el futuro vibra en una capa profunda. La relación entre pasado y presente, entre lo institucional como epítome de las estructuras de poder y control, y las distintas formas de representación política habitan su trabajo para abrir un diálogo que al menos nos permita, si no acudir a respuestas, accionar desde una conciencia sobre las tensiones que enfrentamos. De esta manera la construcción de memoria, de identidad nacional, la idea de progreso o fracaso, la ciclicidad del colapso, los aparatos de legitimación y su vínculo con el arte y la cultura, son frecuentemente abordados en sus piezas para interrogar y poner a prueba nuestra capacidad de discernir y negociar el espacio público, político y social.

Cynthia Gutiérrez ha exhibido y realizado proyectos específicos para distintos museos y espacios dentro y fuera del país, como el Museo Cabañas, el Museo de Arte Carrillo Gil y La Tallera en México; SCAD Museum of Art, Estados Unidos; Bienal de Venecia, Italia; e Izolyatsia Platform for Cultural Initiatives, Ucrania, por mencionar algunos. Con frecuencia sus exposiciones y presentaciones conllevan una conciencia de las dinámicas sociales que el arte convoca a partir del encuentro con sus públicos, al interior de la red de sus agentes, o como parte del lugar político que es el espacio cultural. Gutiérrez formó parte del colectivo LIPO, Clemente Jacqs Laboratorio y Aires de Occidente, una plataforma con fines de reflexión y aprendizaje conformada por artistas y gestores, todos en Guadalajara. También ha sido residente y ponente en instituciones como Insite Casa Gallina, MCA Denver y Frac des Pays de la Loire, entre otras.

Cynthia Gutiérrez's work is articulated from an understanding of sculpture beyond the medium. Her approaches to three-dimensionality—through different supports—arise from a critical strategy that seeks to question and test the vulnerability and stability of that which is structural, whether at a physical, conceptual, or political level. Supported by different philosophical references, this query about the future vibrates in a deep layer in Gutiérrez's work. The relationship between past and present, between the institutional as epitome of power and structures of control, as well as the different forms of political representation, inhabit her work to set up a dialogue that allows us, if not to resort to answers, to at least act from an awareness of the tensions we face. In this way, the construction of memory, of national identity, the idea of progress or failure, the cyclicality of collapse, the apparatus of legitimization, and its link with art and culture are frequently addressed in her pieces to interrogate and test our ability to discern and negotiate the public, political and social space.

Cynthia Gutiérrez has exhibited and created specific projects for different museums and spaces in Mexico and abroad, such as Museo Cabañas, Museo de Arte Carrillo Gil, and La Tallera in Mexico; SCAD Museum of Art, USA; Venice Biennale, Italy; and Izolyatsia Platform for Cultural Initiatives, Ukraine, to mention a few. Her exhibitions and presentations often entail an awareness of the social dynamics that art summons from the encounter with its audiences, within the network of its agents, or as part of the political place conformed by the cultural space. Gutiérrez was part of the collective LIPO, Clemente Jacqs Laboratorio, and Aires de Occidente, a platform for reflection and learning made up of artists and cultural managers, all in Guadalajara. She has also been a resident and speaker at institutions such as Insite Casa Gallina, MCA Denver, and Frac des Pays de la Loire, among others.

Escrita por Written by Lorena Peña Brito

EDUARDO ABAROA
(Ciudad de México Mexico City, 1968)

Artista y escritor que trabaja en los campos de la escultura, la instalación, el video y la acción en vivo. Desde principios de los noventa, Abaroa investiga la relación entre las prácticas artísticas y su contexto. Ha contribuido con textos para varias publicaciones dedicadas a la difusión del arte. En 2011, fue director del IX Simposio Internacional de Teoría sobre Arte Contemporáneo (SITAC) con el tema "Teoría y práctica de la catástrofe" y es autor de libros como: *Ensayos sobre el público* (2012) y *Destrucción total del Museo de Antropología* (2017).

Su trabajo forma parte de la colección de algunos de los principales museos de México. Ha mostrado sus obras en instituciones como The Museum of Contemporary Art (MOCA) en Los Ángeles, MoMA PS1 y el Institute of Contemporary Art (ICA) Boston en los Estados Unidos; el Museo Reina Sofía en España; Kunstwerke, Alemania así como en otras instituciones destacadas en el Reino Unido, Canadá, Nueva Zelanda y otros países. Participó en diversas ediciones de la Bienal de Mercosul en Porto Alegre, Brasil (2011), Busan, Corea del Sur (2008) y Cartagena, Colombia (2014).

Artist and writer working in the fields of sculpture, installation, video, and live action. Since the early nineties, Abaroa has been researching the relationship between artistic practices and their context. He has written for several publications dedicated to the dissemination of art. In 2011, he was director of the IX Simposio Internacional de Teoría sobre Arte Contemporáneo (SITAC) focused on "Theory and Practice of Catastrophe" and is the author of books such as: *Ensayos sobre el público* (2012) and *Destrucción total del Museo de Antropología* (2017).

His work is part of the collection of some of the most important museums in Mexico. He has shown his work in institutions such as The Museum of Contemporary Art (MOCA) in Los Angeles, MoMA PS1, and the Institute of Contemporary Art (ICA) Boston in the United States; the Museo Nacional Centro de Arte Reina Sofía in Spain; Kunstwerke in Germany, as well as in other prominent institutions in the United Kingdom, Canada, New Zealand and other countries. He participated in several editions of the Bienal de Mercosul in Porto Alegre, Brazil (2011), Busan, South Korea (2008) and Cartagena, Colombia (2014).

PAULINA ASCENCIO FUENTES
(Guadalajara Guadalajara, 1988)

Vive y trabaja entre Guadalajara y Nueva York.

Investigadora y curadora, con formación en Filosofía y Ciencias Sociales. Es Maestra en Estudios Curatoriales por el Center for Curatorial Studies (CCS), Bard College, Nueva York y desde el otoño de 2022 es parte del Doctorado en Antropología de la Universidad de Nueva York (NYU). Entre 2021 y 2022 realizó una estancia de investigación en el Departamento de Antropología del Museo Nacional de Historia Natural (NMNH), Smithsonian Institution, en Washington D.C.

Su investigación perfila modos transdisciplinares de producción y transmisión de conocimiento, analiza intercambios culturales entre México y Estados Unidos y se aproxima a museos, archivos y colecciones como zonas de contacto.

Lives and works between Guadalajara and New York.

Researcher and curator, with a background in Philosophy and Social Sciences. She holds an M.A. in Curatorial Studies from the Center for Curatorial Studies (CCS), Bard College, New York and since the fall of 2022 she is part of the doctorate program in anthropology at New York University (NYU). Between 2021 and 2022 she completed a research residency at the Department of Anthropology, National Museum of Natural History (NMNH), at the Smithsonian Institution in Washington, D.C.

Her research outlines transdisciplinary modes of knowledge production and transmission, analyzes cultural exchanges between Mexico and the United States, and approaches museums, archives, and collections as contact zones.

VÍCTOR PALACIOS ARMENDÁRIZ
(Ciudad de México Mexico City, 1973)

Desde el año 2019 es curador en jefe del Museo Cabañas, Guadalajara, Jalisco. De 2012 a 2018 fue Jefe de Artes Visuales de Casa del Lago, UNAM. Ha sido curador en jefe del Museo de Arte Carrillo Gil (2007-2009) y curador del Museo de Arte Moderno de la Ciudad de México (2009-2012), así como de la XIV Bienal FEMSA, *Inestimable azar* (2019-2020). Ha trabajado como asistente curatorial de la Bienal Europea de Arte Contemporáneo, Manifesta V, San Sebastián, España (2004) y asistente curatorial de la Sala de Arte Público Siqueiros y el Museo Rufino Tamayo Arte Contemporáneo (2000-2003). Es historiador del arte por la Universidad Iberoamericana y egresado del programa curatorial de De Appel Foundation, Ámsterdam, en Países Bajos. Ha colaborado para diversas publicaciones vinculadas al arte contemporáneo y a la crítica de arte como: *Curare, Velocidad crítica, La Tempestad, Art Nexus, Flash Art, Metrópolis M, Manifesta Journal, GasTV, Caín, Eras.* Entre sus curadurías más recientes en el Museo Cabañas destacan: *Apoderarse de todos los muros. Anteproyectos de José Clemente Orozco, Prótesis para una luna de miel mutante* de Cristian Franco, *Las épocas caleidoscópicas* de Elsa-Louise Manceaux; y *La línea, la noche, armas del texto* de Florencia Gullén.

Since 2019 he has been Chief Curator at Museo Cabañas, Guadalajara, Jalisco. From 2012 to 2018 he was head of Visual Arts at Casa del Lago, UNAM. He has been chief curator of the Museo de Arte Carrillo Gil (2007-2009) and curator of the Museo de Arte Moderno, Mexico City (2009-2012), as well as the XIV Biennial FEMSA, *Inestimable azar* (2019-2020). He has worked as curatorial assistant for the European Biennial of Contemporary Art, Manifesta V, San Sebastian, Spain (2004) and curatorial assistant for the Sala de Arte Público Siqueiros and the Museo Rufino Tamayo Arte Contemporáneo (2000-2003). He is an art historian from the Universidad Iberoamericana and a graduate of the curatorial program at De Appel Foundation, Amsterdam, The Netherlands. He has collaborated with several publications related to contemporary art and art criticism such as: *Curare*, *Velocidad crítica*, *La Tempestad*, *Art Nexus*, *Flash Art*, *Metrópolis M*, *Manifesta Journal*, *GasTV*, *Caín*, and *Eras*. Some of his most recent curatorial projects at the Museo Cabañas include: *Apoderarse de todos los muros. Anteproyectos de José Clemente Orozco; Prótesis para una luna de miel mutante* by Cristian Franco; *Las épocas caleidoscópicas* by Elsa-Louise Manceaux; and *La línea, la noche, armas del texto* by Florencia Gullén.

LORENA PEÑA BRITO
(Ciudad de México Mexico City, 1978)

Curadora, escritora y gestora cultural, Lorena Peña Brito creció en Los Cabos, Baja California Sur, tiene estudios en Crítica de arte y Gestión curatorial, y cursó la maestría en Teoría Crítica por el 17 Instituto de Estudios Críticos, Ciudad de México. Entre sus proyectos curatoriales más recientes se encuentran *El libro vivo sobre la salud* con PAOS GDL (Beca PAC Covid-19); Garage Jalisco y Garage Aguascalientes con Trámite Buró de Coleccionistas (2020 y 2021); *Enterrar los pies en el paisaje* con KADIST y Museo Cabañas (2021- 2022) sobre distintas problemáticas en el territorio costero; y la *XIX Bienal de Fotografía* con el Centro de la Imagen, Ciudad de México (2021). Ha escrito textos para diversas exposiciones y artistas en Guadalajara y Madrid. Su trabajo crítico ha sido parte de libros de artistas como Cynthia Gutiérrez, Santiago Merino y Eduardo Sarabia; y ha publicado en revistas como *Harper's Bazaar*, *La Tempestad*, *Terremoto* y *Replicante*, entre otras. Fue directora de PAOS GDL (2013-2019) y hasta el 2021 formó parte de su Consejo. Actualmente dirige el proyecto *Inari maru: arte, imaginación y costa* sobre problemáticas y construcción de memoria en el territorio costero.

Curator, writer, and cultural manager, Lorena Peña Brito grew up in Los Cabos, Baja California Sur, has studied art criticism and cultural studies, and holds a master's degree in critical theory from the 17 Instituto de Estudios Críticos, Mexico City. Her most recent curatorial projects include *El libro vivo sobre la salud* with PAOS GDL (BECA PAC / Covid-19); Garage Jalisco and Garage Aguascalientes with Trámite Buró de Coleccionistas (2020 and 2021); *Enterrar los pies en el paisaje* with KADIST and Museo Cabañas (2021-2022) on different issues around the coastal territory; and the XIX Bienal de Fotografía with Centro de la Imagen, Mexico City (2021). She has written texts for several exhibitions and artists in Guadalajara and Madrid. Her critical work has been part of books by artists such as Cynthia Gutiérrez, Santiago Merino, and Eduardo Sarabia; and she has published in magazines such as *Harper's Bazaar*, *La Tempestad*, *Terremoto*, and *Replicante*, among others. She was director of PAOS GDL (2013-2019) and until 2021, she was part of its board. She currently directs the project *Inari maru: arte, imaginación y costa* on issues and the construction of memory in the coastal territory.

SANDRA ROZENTAL
(Ciudad de México Mexico City, 1979)

Sandra Rozental es profesora-investigadora en el Departamento de humanidades de la Universidad Autónoma Metropolitana Unidad Cuajimalpa. Realizó su doctorado en Antropología social por la New York University y maestría en Estudios Latinoamericanos por la Georgetown University. Ha publicado artículos y capítulos de libro sobre las relaciones sociales en torno al patrimonio, con un enfoque en la extracción de objetos arqueológicos de comunidades en el Valle de México. Recientemente publicó un volumen editado sobre la historia y las trayectorias de las colecciones del Museo Nacional, *Museum Matters: Making and Unmaking Mexico's National Collections* (University of Arizona Press, 2021). Co-dirigió el largometraje documental *La piedra ausente* (2013) junto con Jesse Lerner, ha sido curadora de exposiciones y ha colaborado con artistas como Mariana Castillo Deball, Joachim Koester, Jorge Satorre, Eduardo Abaroa, Pablo Vargas Lugo y Emilio Chapela. Recientemente realizó *Estelas del río* con el proyecto colectivo Entre__rios. Sus nuevos proyectos de investigación se enfocan en las relaciones entre el patrimonio, el paisaje, y los cuerpos de agua.

Sandra Rozental is a professor-researcher in the Department of Humanities at the Universidad Autónoma Metropolitana Unidad Cuajimalpa. She received her PhD in Social Anthropology from New York University and her MA in Latin American Studies from Georgetown University. She has published articles and book chapters on social relations around heritage, with a focus on the extraction of archaeological objects from communities in the Valley of Mexico. She recently published an edited volume on the history and trajectories of the Museo Nacional's collections, *Museum Matters: Making and Unmaking Mexico's National Collections* (University of Arizona Press, 2021). She co-directed the feature documentary *La piedra ausente* (2013) with Jesse Lerner and has curated exhibitions and collaborated with artists such as Mariana Castillo Deball, Joachim Koester, Jorge Satorre, Eduardo Abaroa, Pablo Vargas Lugo, and Emilio Chapela. She recently made *Estelas del rio* with the collective project Entre__rios. Her new research projects focus on the relationships between heritage, landscape, and bodies of water.

CYNTHIA GUTIÉRREZ CV

ESTUDIOS EDUCATION

2001-2002
Taller de Arte Contemporáneo Contemporary art course "El Legado de Duchamp" impartido por by Cristián Silva, Guadalajara, México—Mexico

1997-2001
Licenciatura en Artes Visuales con orientación en escultura Degree in Visual Arts focusing on sculpture, Universidad de Guadalajara, México—Mexico

EXPOSICIONES INDIVIDUALES SOLO EXHIBITIONS

2022
Habitar el colapso, Museo Cabañas, Guadalajara, México—Mexico; Museo de Arte Carrillo Gil, México—Mexico

2019
Todos los siglos son un solo instante, La Tallera, Cuernavaca, México—Mexico

No para siempre en la tierra, Proyecto Paralelo, Ciudad de México, México—Mexico

2017
Persisting Monuments, Savannah College of Art and Design (SCAD Museum of Art), Savannah, Estados Unidos—United States

Roca, lastre, polvo, Fundación CALOSA, Irapuato, México—Mexico

2016
Paráfrasis del estrago, Museo Raúl Anguiano (MURA), Guadalajara, México—Mexico

2015
Abismo flotante, Batiente 0.6, Casa del Lago, Ciudad de México—Mexico City, México—Mexico

2014
Coreografía del colapso, Proyecto Paralelo, Ciudad de México—Mexico City, México—Mexico

2012
Casi puedo recordar el inútil paso del tiempo, WARE, León, México—Mexico

2011
Notas de carnaval, Museo de Arte de Zapopan (MAZ), Zapopan, México—Mexico

2010
Line out, La Vitrina, Guadalajara, México—Mexico

2009
Hombre muerto caminando la Luna, Las Monas, León, México—Mexico

2008
Escuela para cadáveres, Laboratorio 390, Museo de las Artes, Guadalajara, México—Mexico

2007
No pulp, just fiction, MURA, Guadalajara, México—Mexico

Milking a dead cow, Charro Negro, Zapopan, México—Mexico

2005
Motores vegetales, Arena México Arte Contemporáneo, Guadalajara, México—Mexico

EXPOSICIONES COLECTIVAS GROUP EXHIBITIONS

2022
Ing. Jorge Matute Remus. La técnica al servicio de la ciudad, Museo Cabañas, Guadalajara, México—Mexico

La casa que nos inventamos. Contemporary Art from Guadalajara, Oklahoma Contemporary Arts Center, Oklahoma, Estados Unidos—United States

2021
Cerámica Suro. Una historia de colaboración, producción y coleccionismo en el Arte Contemporáneo, MAZ, Zapopan, México—Mexico

Tierra, Galería Tiro al Blanco, Guadalajara, México—Mexico

No existe tal cosa como una biblioteca. Capítulo I: Paisajes particulares, Simón Bolívar 181, Guadalajara, México—Mexico

Un eco es un eco es un eco, Galería Juan Soriano Casa de la Cultura Jalisciense, Guadalajara, México—Mexico

Yo era muy bueno tirando piedras, La Tallera, Cuernavaca, México—Mexico

Time in / Time out, Proyecto Paralelo, Ciudad de México—Mexico City, México—Mexico

2020
20/20 Afinidades electivas, Torre Américas MIL500, Guadalajara, México—Mexico

Instantánea, Antigua Fábrica Kodak, Guadalajara, México—Mexico

2019
La Déesse Verte, Gare Saint Sauveur, Lille, Francia—France

American Fine Arts, an Allegory for Americas, part 7, ArtMovement LA, Los Ángeles, Estados Unidos—United States

2018
Fragmentos americanos. Lectura de la colección Proyecto Siqueiros, Sala de Arte Público Siqueiros, Ciudad de México—Mexico City, México—Mexico

Courage! Near Infra Red, Rinomina, París, Francia—France

Nacido en casa. Devenires y porvenires del oficio de la tapicería Alto Liso en Jalisco, 1968-2018, Museo Amparo, Puebla, México—Mexico

Ficción y tiempo, Centro Cultural Universitario Tlatelolco, Ciudad de México—Mexico City, México—Mexico

Vende Noticias, Fundación CALOSA, Irapuato, México—Mexico

Nunca fuimos contemporáneos, XIII Bienal FEMSA, Museo Rafael Coronel, Zacatecas, México—Mexico

Almost Solid Light. New work from Mexico, Paul Kasmin Gallery, Nueva York—New York, Estados Unidos—United States

Abstracción Textil, Casas Riegner, Bogotá, Colombia

2017
Modulaciones. Pintura 1898-2016, Galería Antonio López Sáenz, Culiacán, México—Mexico; MAZ, Zapopan, México—Mexico

Kitchen Debate, Rawson Projects y and Regina Rex, Nueva York—New York, Estados Unidos—United States

Chingaderas Sofisticadas, Kohn Gallery, Los Ángeles, California, Estados Unidos—United States

SABER ACOMODAR: Art and Workshops of Jalisco 1915–Now, Museum of Contemporary Art Denver, Denver, Estados Unidos—United States; ASU Museum of Art, Phoenix, Estados Unidos—United States; Instituto Cultural Cabañas, Guadalajara, México—Mexico

Lenin Lives, Roman Utkin, The Van Every Gallery en at Davidson College, Carolina del Norte—North Carolina, Estados Unidos—United States

Viva Arte Viva, 57ª Exposición de Arte Internacional, Biennale Di Venezia—Venice, Italia—Italy

Monumentos, anti-monumentos y nueva escultura pública, MAZ, Zapopan, México—Mexico; Museo Universitario del Chopo, Ciudad de México—Mexico City, México—Mexico

2016
Social Contract, Izolyatsia Platform for Cultural Initiatives, Kiev, Ucrania—Ukraine

Sálvese quien pueda, Laboratorio de Arte Jorge Martínez, Guadalajara, México—Mexico

Overburden, CCS Bard Hessel Museum, Nueva York—New York, Estados Unidos—United States

A Certain Urge (Towards Turmoil), EFA Project Space, Nueva York—New York, Estados Unidos—United States

Reconstrucción, MAZ, Zapopan, México—Mexico

2015
Como fantasmas que vienen de las sombras… y en las sombras, se van, ESPAC, Ciudad de México—Mexico City, México—Mexico

2015
Arquitecturas y espacios en la Colección Rac, CentroCentro Cibeles, Madrid, España—Spain

2014
Celemania. XXVIIIe Ateliers Internationaux, Frac des Pays de la Loire, Carquefou, Francia—France

Berlin Biennale 8, KW Institute for Contemporary Art, Berlín—Berlin, Alemania—Germany

2013
Grit: Contemporary Mexican Video – an arbitrary selection 1996-2012, Meet Factory, Praga—Prague; Goleb, Ámsterdam—Amsterdam, Forum Box, Helsinki

Tinnitus y Fosfenos. De lo sonoro a lo visual, MAZ, Zapopan, México—Mexico

Algunas Lagunas, Proyecto Paralelo, Ciudad de México—Mexico City, México—Mexico

2012
Zona Maco Sur, Centro Banamex, Ciudad de México—Mexico City, México—Mexico

2011
Fuerzas básicas. Formas del dibujo reciente en Jalisco, Museo de la Ciudad, Guadalajara, México—Mexico

Now: Obras de la Colección Jumex, Instituto Cultural Cabañas, Guadalajara, México—Mexico

Everything must go!, Casey Kaplan Gallery, Nueva York—New York, Estados Unidos—United States

2010
¡Sin techo está pelón!, Jumex / Universidad de Guanajuato (UG), Guanajuato, México—Mexico

Crossing Boundaries, "Qui Vive?" II Bienal Internacional de Arte Joven de Moscú, Winzavod Moscow Centre for Contemporary Art, Red Hall, Moscú—Moscow

Alegorías de la migración, Instituto Cultural Cabañas, Guadalajara, México—Mexico; Laboral Centro de Arte, Gijón, España—Spain

2009
Hecho en casa, Museo de Arte Moderno, Ciudad de México—Mexico City, México—Mexico

2008
Firulais, Museo de la Ciudad, Guadalajara, México—Mexico

El Norte del Sur, Galería Baró Cruz, São Paulo, Brasil—Brazil

2007
YÄQ, La Planta, Guadalajara, México—Mexico

One foot high and rising, The Balmoral, Venecia—Venice, California, Estados Unidos—United States

2006
Asimétrica, Instituto Cultural Cabañas, Guadalajara, México—Mexico

...un minuto por favor, Casa Taller José Clemente Orozco, Guadalajara, México—Mexico

2005
This Peaceful War, The Jumex Collection, Tramway, Glasgow, Escocia—Scotland, Reino Unido—United Kingdom

2004
Guadalajara de día, Galería Ramis Barquet, Monterrey, México—Mexico

2003
México Iluminado, Colectivo, Freedman Annex Wharehouse, Reading, Pensilvania—Pennsylvania, Estados Unidos—United States

2002
Caída libre, La Automovilística, Guadalajara, México—Mexico

Tabula Rasa, Haus der Kunst, Guadalajara, México—Mexico

PREMIOS, DISTINCIONES Y BECAS GRANTS AND AWARDS

Programa de Estímulos a la Creación y al Desarrollo Artístico de Jalisco, 2020

Miembro del Member of the Sistema Nacional de Creadores de Arte, 2016-2019

Ganadora de la convocatoria abierta Winner of the open call for interventions *Social Contract*, proyecto de intervención en el intervention project in Blvd. Tarassa Shevchenko, Izolyatsia Platform for Cultural Initiatives, Kiev, Ucrania—Ukraine, 2016

FONCA Jóvenes Creadores, 2013-2014

Consejo Estatal para la Cultura y las Artes, CECA, 2012

Programa de Estímulos a la Creación y al Desarrollo Artístico de Jalisco, 2010-2011

Programa de Estímulos a la Creación y al Desarrollo Artístico de Jalisco, 2006-2007

RESIDENCIAS RESIDENCIES

MCA Denver, Enero January 2018, Denver, Estados Unidos—United States

Insite Casa Gallina, 2017-2018, Ciudad de México—Mexico City, México—Mexico

28th Ateliers Internationaux, Octubre-Noviembre October–November 2014, Frac des Pays de la Loire, Carquefou, Francia—France

A+D Arte y Desarrollo, en torno al tema de la migración, Noviembre November 2009, LABoral Centro de Arte y Creación Industrial, Asturias, España—Spain

HABITAR EL COLAPSO
INHABITING COLLAPSE

Esta publicación es una revisión del trabajo de la artista This publication is a review of the work of the artist Cynthia Gutiérrez en el marco de la muestra on occasion of the exhibition *Habitar el colapso* [Inhabiting Collapse], organizada en el organized by the Museo Cabañas en at Guadalajara, México y curada por and curated by Víctor Palacios Armendáriz, en exhibición del on display from February 5 de febrero al through May 8 de mayo de of 2022 y, posteriormente, en el and subsequently at the Museo de Arte Carrillo Gil del from November 5 de noviembre del 2022 al through April 9 de Abril del 2023.

AGRADECIMIENTOS
ACKNOWLEDGEMENTS

Esta publicación ha sido posible gracias al generoso apoyo de This publication has been made possible thanks to the generous support of Colección Zarur, Colección Carolina García y Alfonso Castro y and Aimée Labarrere de Servitje. De igual manera, agradecemos el valioso apoyo de We are also grateful for the valuable support of Fundación Jumex, A. C.; así como del as well as the Consejo Nacional Adopte una Obra de Arte, A. C. y and Fundación BBVA. Esta publicación ha contado con el apoyo de la This publication was supported by Asociación Panamericana de Apoyo a las Artes A.C. (Asociación Terremoto) para su producción for its production.

DE LA ARTISTA
FROM THE ARTIST

Agradezco infinitamente a mi familia por apoyarme siempre y creer en mi trabajo I am infinitely grateful to my family for always supporting me and believing in my work: Emanuel Tovar, Mary & Juan Gutiérrez y and Lisa Gutiérrez.

Un agradecimiento especial a cada uno de los que conforman el equipo del Museo Cabañas por construir juntos la exposición Special thanks to each of the members of the Museo Cabañas team for working together to build the exhibition *Habitar el colapso* [Inhabiting Collapse].

Agradezco a I am grateful to Fundación BBVA, Consejo Nacional Adopte una obra de Arte A.C., Fundación Calosa, Taller Mexicano de Gobelinos, Proyecto Paralelo y al and the Programa de Estímulos a la Creación y al Desarrollo Artístico de Jalisco que hicieron posible la materialización de la exposición that made the production of the exhibition possible.

Muchas gracias a Many thanks to Ana Gabriela García, Jesús A. Villalobos Fuentes, Iván Martínez, Dorothée Dupuis, Ana Isabel Garduño Gutiérrez y a todo el equipo de and to the whole team at Temblores Publicaciones, por la gran labor, compromiso y energía invertidos en este proyecto a lo largo de varios años for the hard work, commitment, and energy invested in this project over several years. Estoy enormemente agradecida también con los autores quienes, mediante sus palabras, han tejido líneas con mi trabajo dando cuerpo a este libro. I am enormously grateful to the authors who, through their words, have woven lines with my work, giving body to this book.

A To Luisa Fernanda Gutiérrez por su mirada, retroalimentación, compromiso y trabajo en equipo for her insight, feedback, commitment, and teamwork.

Agradezco también a estas personas valiosas que han sido parte importante en el desarrollo de mi carrera I would also like to thank these valuable people who have been an important part of my career development: Cristián Silva, Rubén Méndez, Patrick Charpenel, Lorena Peña, Mónica Ashida, Jaime Ashida, Gabriela López Rocha, Pepis y Aurelio López Rocha, Michel Blancsubé, Patricia Martín, Geovana Ibarra, Alicia Lozano †, Mariana Munguía, José Noé Suro, Humberto Moro, Viviana Kuri, Issa María Benítez Dueñas, Víctor Palacios Armendáriz, Osvaldo Sánchez, Paulina Ascencio Fuentes, Michele Fiedler, Silverio Orduña y and Daniel Garza-Usabiaga.

A mis amigos y colegas cercanos por el diálogo, discusiones y trabajo colaborativo To my close friends and colleagues for the dialogue, discussions and, collaborative work: María Elena Larios, Susana Rodríguez, Luis Felipe Manzano, Cristian Franco, Edgar Cobián, Adriana Torres, Virginia Jáuregui, Gabriel Rico, Javier M. Rodríguez, Miriam Hernández, Carlos Maldonado e and Isa Carrillo, entre otros among others. ¡Gracias! Thanks!

DE TEMBLORES PUBLICACIONES
FROM TEMBLORES PUBLICACIONES

Temblores Publicaciones agradece profundamente a is deeply grateful to Cynthia Gutiérrez por su complicidad, por despertar en nuestra mirada la fuerza de un gesto, así como por confiar su potente práctica artística en nuestra labor editorial, y la paciencia, cariño y compromiso con la que ha llevado junto con nosotres este proyecto for her complicity, for awakening in our eyes the strength of a gesture, as well as for entrusting her powerful artistic practice to our editorial process, and for the patience, caring, and commitment with which she has carried out this project with us. También, queremos agradecer a We would also like to thank Eduardo Abaroa, Paulina Ascencio Fuentes, Lorena Peña Brito, Sandra Rozental y and Víctor Palacios por compartir sus reflexiones, afectos y cuestiones en torno al trabajo de for sharing their reflections, affections, and thoughts on the work of Cynthia. Gracias a las correctoras y traductoras que nos han apoyado en seguir trazando puentes para el flujo e intercambio de ideas Thanks to the copyeditors and translators who have supported us in building bridges for the flow and exchange of ideas. Así como a As well as Iván Martínez por sumarse una vez más a la aventura y dialogar desde el diseño con for joining the adventure once again and to dialogue from the design with Cynthia y su obra and her work.

Queremos agradecer a We would like to thank Víctor Palacios y al and the Museo Cabañas por su acompañamiento en la realización de esta publicación for their accompaniment in the production of this publication. Del mismo modo, agradecemos a Likewise, we thank Issa M. Benítez y and Proyecto Paralelo por su asesoría y apoyo for their advice and support. Finalmente Finally, Temblores Publicaciones agradece a would like to thank Diego del Valle Ríos por ser catalizador de este proyecto for being a facilitator of this project, al equipo de the team of Terremoto Magazine: Adrian de Banville, Carla Canseco, Luis Chávez, Tamara Crespin, Cecilia Juárez, Helena Lugo, Ana Laura Martínez Jaramillo y and Duen Sacchi, por su valioso respaldo for their valuable support.

Publicado por Published by
Temblores Publicaciones
Colección de monografías
Monograph Collection

EDITADO POR EDITED BY
Ana Gabriela García
Jesús A. Villalobos Fuentes

TEXTOS DE TEXTS BY
Eduardo Abaroa
Paulina Ascencio Fuentes & Sandra Rozental
Víctor Palacios Armendáriz
Lorena Peña Brito

TEXTOS SOBRE LA OBRA DE TEXTS ON THE WORK OF CYNTHIA GUTIÉRREZ
José María Avila
Alejandro Cámara Frías
Ana Gabriela García
Ana Isabel Garduño
Cynthia Gutiérrez
Jesús A. Villalobos Fuentes

DISEÑO EDITORIAL EDITORIAL DESIGN
Iván Martínez / studioivan.ml

DIRECCIÓN EJECUTIVA
EXECUTIVE DIRECTION
Dorothée Dupuis

DIRECCIÓN EDITORIAL
EDITORIAL DIRECTION
Ana Gabriela García

COORDINACIÓN EDITORIAL
EDITORIAL COORDINATION
Jesús A. Villalobos Fuentes

ASISTENCIA EDITORIAL
EDITORIAL ASSISTANCE
José María Avila
Ana Isabel Garduño

CORRECCIÓN DE ESTILO EN ESPAÑOL
PROOFREADING IN SPANISH
Susana Cabrera
Aída Cantú Artigas
Ana Laura Martínez Jaramillo

TRADUCCIÓN AL INGLÉS
ENGLISH TRANSLATION
Carla Canseco
Chloé Wilcox

CORRECCIÓN DE ESTILO EN INGLÉS
PROOFREADING IN ENGLISH
Tess C. Rankin
Ellen Freeman

REGISTRO FOTOGRÁFICO DE LA EXPOSICIÓN
INSTALLATION SHOTS
Noemí García
Luisa Fernanda Gutiérrez

Todas las imágenes y registros fotográficos son autoría y/o cortesía de la artista a menos de que se indique lo contrario. All images and photographic records are authored and/or courtesy of the artist unless otherwise indicated.

IMAGEN DE PORTADA COVER IMAGE
Otras posibilidades I [Other Possibilities I], 2021.
Losa de yeso fracturada Fractured plaster slab.
38.4 x 62.4 x 5 cm
Colección Collection Carolina García y Alfonso Castro

ISBN: 978-607-99397-0-0

PRIMERA EDICIÓN, 2023
FIRST EDITION, 2023

DISTRIBUCIÓN EN MÉXICO DISTRIBUTION IN MEXICO
Temblores Publicaciones
magazine@terremoto.mx
www.terremoto.mx

DISTRIBUCIÓN EN ESTADOS UNIDOS Y LATINOAMÉRICA DISTRIBUTION IN THE UNITED STATES AND LATIN AMERICA
Temblores Publicaciones
magazine@terremoto.mx
www.terremoto.mx

DISTRIBUCIÓN EN EUROPA
DISTRIBUTION IN EUROPE
Les presses du réel
info@lespressesdureel.com
www.lespressesdureel.com

Impreso en febrero de 2024, en los talleres de Offset Rebosán en la Ciudad de México. Se utilizaron las tipografías Adobe Caslon Pro, y se imprimió sobre papel Opalina de 125 g y Bond de 105 g. Se tiraron 800 ejemplares.

Printed in February 2024, at the workshops of Offset Rebosán in Mexico City. The typeset is Adobe Caslon Pro, and it was printed on 125 g Opaline and 105 g Bond papers. This edition is limited to 800 copies.

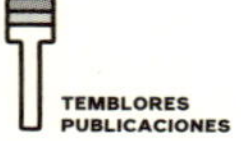

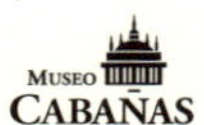

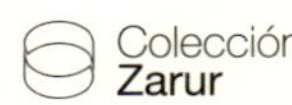

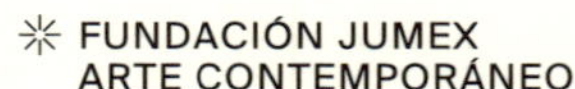

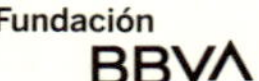

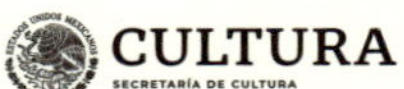

INBAL
MACG
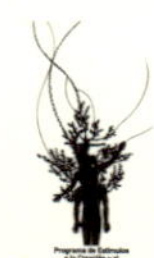
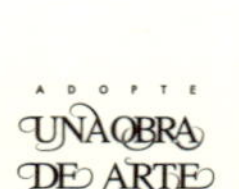

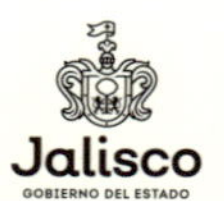

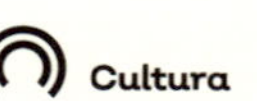